铸造伟大事业坚强领导核心

——新时期党的建设理论与实践研究

朱涛 著

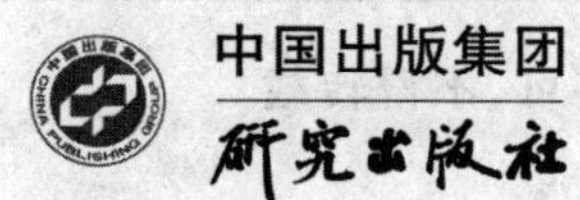

中国出版集团
研究出版社

图书在版编目(CIP)数据

铸造伟大事业坚强领导核心:新时期党的建设理论与实践研究/朱涛著.--北京:研究出版社,2019.11

ISBN 978-7-5199-0317-6

Ⅰ.①铸… Ⅱ.①朱… Ⅲ.①中国共产党—党的建设—研究 Ⅳ.①D26

中国版本图书馆 CIP 数据核字(2019)第 291785 号

出 品 人:赵卜慧
出版策划:杨 斌
责任编辑:刘春雨
助理编辑:孙晓萌

铸造伟大事业坚强领导核心:新时期党的建设理论与实践研究

作 者:朱 涛
发行总监:黄绍兵
出版发行:研究出版社
地 址:北京市朝阳区安定门外安华里 504 号 A 座
邮政编码:100011
电 话:010—53399376(发行中心) 63055259(总编室)
网 址:www.yanjiuchubanshe.com
印 制:北京亚吉飞数码科技有限公司
开 本:787mm×1092mm 1/16
印 张:16
字 数:207 千字
版 次:2020 年 3 月第 1 版 2020 年 3 月第 1 次印刷
书 号:ISBN 978-7-5199-0317-6
定 价:64.00 元

前　言

十九大提出,“不忘初心,牢记使命,高举中国特色社会主义伟大旗帜,决胜全面建成小康社会,夺取新时代中国特色社会主义伟大胜利,为实现中华民族伟大复兴的中国梦不懈奋斗”。这意味着我国继续前进,全面建成小康社会进入决胜阶段、中国特色社会主义进入新时代。

这个新时代,是承前启后、继往开来、在新的历史条件下继续夺取中国特色社会主义伟大胜利的时代,是决胜全面建成小康社会进而全面建设社会主义现代化强国的时代,是全国各族人民团结奋斗、不断创造美好生活、逐步实现全体人民共同富裕的时代,是全体中华儿女勠力同心、奋力实现中华民族伟大复兴中国梦的时代,是我国日益走近世界舞台中央、不断为人类做出更大贡献的时代。

十九大报告指出,要坚定不移全面从严治党,不断提高党的执政能力和领导水平。打铁必须自身硬。党要团结带领人民进行伟大斗争、推进伟大事业、实现伟大梦想,必须毫不动摇坚持和完善党的领导,毫不动摇把党建设得更加坚强有力。

本书以十九大报告为指导,对新时期党的建设理论与实践进行研究。本书共七章,在分析加强党的建设的必要性和重要意义、理论指导思想和借鉴其他国家政党建设经验的基础上,对党的思想建设、组织建设、作风建设、反腐倡廉建设和制度建设进行了全面的研究与探索。

本书在写作过程中参阅了很多学者的著作和文献,在此衷心感谢从事研究的专家学者以及那些默默无闻的实际工作者。党的建设永远在路上,它是一个不断创新和深化的过程,书中一些观点可能会随着时间的变化而不再具有新意。此外，由于水平和时间所限，有些观点难免有偏颇之处，恳请广大读者批评指正。

作　者

2019 年 3 月

目　录

第一章　新时期加强党的建设的必要性和重要意义

“中国共产党是中国工人阶级的先锋队，同时是中国人民和中华民族的先锋队，是中国特色社会主义事业的领导核心，代表中国先进生产力的发展要求，代表中国先进文化的前进方向，代表中国最广大人民的根本利益。”[①]因此，在新时期加强党的建设有其一定的必然性和重要意义。

第一节　新时期加强党的建设的必要性

党的十八大报告明确指出，不断提高党的领导水平和执政水平、提高拒腐防变和抵御风险能力，是党巩固执政地位、实现执政使命必须解决好的重大课题。本节就从历史的继承与时代的要求，提高党的执政能力、巩固党的执政地位，实现中国梦这一伟大梦想三个方面对新时期加强党的建设的必要性进行研究。

一、加强党的建设是历史的继承与时代的要求

中国共产党的建设系统思想最早形成于延安时期，在新中国成立后便被延续下来。但是，由革命党成为执政党的地位变化，促使毛泽东等中央领导人高度重视党脱离群众的危险，努力保持战争年代与人民群众的那种鱼水或血肉联系。为此，毛泽东反复强调并借助各种整党整风及其他运动反对官僚主义、命令主义、

① 李健等:《十八大以来最新党规党纪》，人民出版社 2017 年版，第 4 页。

形式主义,尤其是反对官僚主义。

改革开放后,以邓小平同志为核心的党的第二代中央领导集体更为重视党的自身建设,他们一边继承着党建的优良传统,一边也在不断地对一些教训进行反思。

执政党应该是一个什么样的党,执政党的党员应该怎样才合格,党怎样才叫善于领导?这是邓小平 1980 年时提出的一个包含着丰富历史内涵的发问,它表明中国共产党开始认真思考革命思维、行为与执政思维、行为的关系,因而真正开启了完整意义上的执政党建设历程。

鉴于党执政后的教训,邓小平十分重视制度建设,强调制度问题更具根本性、全局性、稳定性、长期性。这一思想反映到党建领域,引发人们对过去"运动治党"的反思。党的十三大特别提出:"在党的建设上走出一条不搞政治运动,而靠改革和制度建设的新路子。"①

20 世纪 90 年代后,以江泽民同志为核心的党的第三代中央领导集体面对随着市场经济迅速发展而呈现的社会阶层和利益多样化复杂局面,对党的历史方位问题更是着重进行了思考。换句话说,就是该如何对党进行界定,如何进一步巩固党的阶级基础和扩大党的群众基础,让党成为既是名副其实的工人阶级先锋队,同时又是利益各方的协调中心,代表着全国人民和中华民族的整体利益和根本利益。"三个代表"重要思想就是这种思考的理论成果。

接着以胡锦涛同志为总书记的党中央,明确提出了党的建设"科学化"的总要求,这一要求一方面内含着"五位一体"的党建布局的系统化,另一方面内含着党建理念、理论、实践与时俱进的追求。

党的十八大报告关于执政党建设的论述,可以说是对改革开放以来执政党建设成功经验与原则的大总结。进一步言之即"一

① 中共中央文献研究室:《十三大以来党的重要文献选编(上)》,人民出版社 1991 年版,第 54 页。

个总要求”“四大考验”“四种危险”“两大历史性课题”“一条主线”“五位一体”的党建布局，提高“四种能力”，实现“一个目标”的概括，内容全面、逻辑严谨。这主要体现为以下几点。

第一，点明了“以改革创新精神全面推进党的建设新的伟大工程，全面提高党的建设科学化水平”这一党建总要求。

第二，揭示出这一总要求的依据或背景，即面临的“四大考验”（长期执政、市场经济、改革开放、外部环境）、“四种危险”（精神懈怠、能力不足、脱离群众、腐化变质）和由此产生的“两大历史性课题”（不断提高党的领导水平和执政水平、提高拒腐防变和抵御风险能力）。

第三，为成功解决好两大历史性课题，经受住考验，克服潜在的危险，明确了党的建设主线——加强党的执政能力建设、先进性和纯洁性建设，同时要紧密围绕这条主线进行“五位一体”的建设，切实不断提升“自我净化、自我完善、自我革新、自我提高”的能力。

第四，明确执政党建设的所有要求和举措最终都是为了实现“建设学习型、服务型、创新型的马克思主义执政党，确保党始终成为中国特色社会主义事业的坚强领导核心”的目标。

以上述党建战略思想为背景，党的十八大提出围绕保持党的先进性和纯洁性，在全党深入开展以“为民、务实、清廉”为主要内容的党的群众路线教育实践活动，着力解决人民群众反映强烈的突出问题，坚守为人民服务的根本宗旨和以人为本、执政为民的最高政治标准。以党风廉政建设为突破口、首要着力点，将执政党建设推进到“全面从严治党”的新阶段。

随着社会经济的不断发展，中国国家实力和民众生活水平均有了巨大幅度的提升，已经成为第二大经济体、第一大贸易国，正处在全面建成小康社会的关键时期、冲刺阶段。这一时期的中国比历史上任何时期都更接近实现中华民族伟大复兴中国梦的目标，比历史上任何时期都更有信心、更有能力实现这个目标。但同时也要看到，越接近目标，面临的考验就越大，遇到的问题就越复杂。

就国际环境看，一方面，是经济全球化、世界多极化、信息化、文明多样化的深入发展；另一方面，新的贸易保护主义、单边主义和霸权行径、复杂的外交博弈和意识形态之争则又是“你方唱罢我登场”。一方面，随着中国经济实力的增长，中国的国际地位与影响力与日俱增；另一方面，国际资本对中国施加的强大压力甚至围堵则明显存在，中国增强国际话语权，参与国际规则制定甚至引领全球治理体系机制变革，以更好地维护自身和发展中国家权益的任务空前重要。就中国国内而言，一方面，社会主义现代化建设成就令国人骄傲、世人瞩目；另一方面，转变经济发展方式、实施供给侧改革任务艰巨，地区与城乡均衡发展和生态文明建设任重道远。在全面建成小康社会、实现共同富裕的历程中，要处理好各种事关全局的重大关系、打破固化的利益藩篱，要向贫困宣战，要全面深化改革、全面推进依法治国，要在建设高度物质文明的同时建设高度的精神文明，在市场经济和全方位对外开放的环境中，在社会阶层结构和人们价值追求、审美偏好日趋复杂与多元的背景下，弘扬和践行社会主义核心价值观等，这一切均构成严峻挑战与考验。就中国共产党自身而言，一方面，改革开放 40 余年的辉煌成就，证明了党作为中国社会主义现代化建设领导核心当之无愧，证明了只有坚持党的领导才能发展中国、发展社会主义，证明了与时俱进、与时代共舞是中国共产党的优秀品格也是其成功的奥秘；另一方面，在市场经济和长期执政的考验面前，部分党员干部理想信念不够坚定、目无组织纪律，脱离群众、高高在上，甚至大搞特权、贪污腐化，严重地侵蚀着党的先进性、纯洁性，侵蚀着党执政的基础。治国必先治党、治党务必从严，这是我们党宝贵的历史经验，也是现实和时代的呼唤。只有把党建设好，我们才能统筹好国际和国内两个大局，才能团结全国人民、凝心聚力，涉激流、历险滩，全面建成小康社会，实现中华民族的伟大复兴中国梦。

二、加强党的建设是提高党的执政能力、巩固党的执政地位的必然要求

（一）加强党的建设是提高党的执政能力和水平的必然要求

对于任何一个执政党来说，其执政能力和水平是决定执政地位和执政根基的最重要影响因素。2004 年 9 月，在第十六届中央委员会第四次全体会议上，党中央就正式做出了《中共中央关于加强党的执政能力建设的决定》，全面分析了当前的形势和任务，着重研究了加强党的执政能力建设的若干重大问题，深刻指出我们党成为执政党，是历史的选择、人民的选择，加强党的执政能力建设，是时代的要求、人民的要求，也是社会发展的必然要求。党的执政能力，就是党提出和运用正确的理论、路线、方针、政策和策略，领导制定和实施宪法和法律，采取科学的领导制度和领导方式，动员和组织人民依法管理国家和社会事务、经济和文化事业，有效治党治国治军，建设社会主义现代化国家的本领。从层级上看，党的执政能力既要受各级党委和领导干部的领导能力和领导水平的影响，也受党的基层组织和广大党员的素质的影响。加强党的执政能力建设是综合的系统工程，既需要在思想上进一步提高全党的马克思主义理论水平，在组织上进一步增强凝聚力和战斗力，也需要在作风上进一步保持和加强与人民群众的密切联系，在制度上进一步健全体现党的先进性的一整套完备机制。

加强党的执政能力建设，必须清醒地认识到，我国仍处于并将长期处于社会主义初级阶段，实现中国梦，创造全体人民更加美好的生活，任重而道远，需要我们每一个人继续付出辛勤劳动和艰苦努力。中国共产党是领导和团结全国各族人民建设中国特色社会主义伟大事业的核心力量，肩负着历史重任，经受着时代考验，党的执政能力和水平直接影响甚至决定着社会主义现代化建设事业的成败，决定着共产主义事业是否能够最终实现。为此，必须牢固树立提高执政能力和水平没有止境的思想，抓住机

遇、锐意进取，在全面建设小康社会的进程中把党的执政能力提高到一个新的水平。在这个过程中，党的制度建设通过完善党的内部权力结构、强化制度的刚性约束力、不断优化各级党委领导干部和基层组织及党员能力素质的方式，成为提高党的执政能力和水平的最重要载体形式。

提高党的执政能力和水平，是新时期推进党的建设新的伟大工程的重要内容，它既是历史性课题，又是现实性任务，既是综合性目标，又是具体的要求。任何政党执政都需要通过一定手段和形式来实现，都要以一定基本制度和具体制度安排互为依托。中国共产党也不例外，那些反映党的执政地位、执政本质、执政职能、执政目标等带有基础性、全局性和稳定性的制度，是我党行使职能的基本依据。是否具有健全的制度，是党内生活尤其是政治生活是否正常，整个国家能否沿着民主法治道路向前发展的一个关键因素；是否具有强烈的制度意识，是广大党员尤其是党的各级领导干部能否保持本色、为民执政、廉洁执政的一个关键问题。我们党的执政历史经验也表明，执政活动能否正常开展并取得良好效果，首先取决于党的制度安排是否科学合理，这也是衡量执政能力的一个重要方面。只有用制度来规范执政行为，建立按制度办事、靠制度管人的有效机制，才能从根本上保证党的科学执政、民主执政、依法执政。邓小平同志说得好："制度好可以使坏人无法任意横行。制度不好可以使好人无法充分做好事，甚至会走向反面。"因此，加强党的制度建设，提高党的执政能力，既要坚持立党为公、执政为民，又要坚持党要管党、从严治党，不断推进党内制度的制定和完善，以制度建设水平的不断提高来推动党的执政水平的提高。

（二）加强党的建设是巩固党的执政地位的必然要求

1945 年 7 月，黄炎培到延安考察，谈到"其兴也勃焉，其亡也忽焉"，称历朝历代都没有能跳出兴亡周期律。毛泽东表示，中国共产党已经找到能跳出这周期律的新路，就是民主，让人民来监督政府，政府才不敢松懈，人人负起责任，就不会人亡政息。党的十八大后，习近平总书记在和民主党派中央与全国工商联座谈时，重提这次历史周期律的谈话，称毛泽东和黄炎培在延安窑洞关于历史周期律的一段对话，至今对中国共产党都是很好的鞭策和警示。中国共产党成立至今已有近百年的历史，执掌新中国政权至今已有近 70 年时间。中国共产党之所以能够长期执政，既是来自中国人民的历史性选择，也是来自中国共产党出色的执政成就，来自社会主义民主政治的独特优势。党的执政地位不是与生俱来的，也不是一劳永逸的。但也要看到，社会转型中的中国共产党面临着从来没有像今天这么紧迫的问题，那就是如何着力解决好“其兴也勃焉，其亡也忽焉”的历史性课题，也就是如何有效破解执政周期律问题。按照执政周期律，60 年是一个关键点。因此，习近平总书记强调：“全党要牢记毛泽东同志提出的‘我们决不当李自成’的深刻警示，牢记‘两个务必’，牢记‘生于忧患，死于安乐’的古训，着力解决好‘其兴也勃焉，其亡也忽焉’的历史性课题。”必须居安思危，增强忧患意识，深刻汲取世界上一些执政党兴衰成败的经验教训，更加自觉地加强执政能力建设，始终为人民执好政掌好权。

党的执政根基是人民，人民拥护和支持是巩固党的执政地位的重要前提。党的制度建设，就是要加强党同人民的血肉联系，使全体党员包括领导干部都必须接受人民监督，同时通过严厉惩治腐败，获得人民的理解、信任和支持，只有这样才能真正巩固党的执政基础。具体来说，通过完善作风建设制度，制定严格管理党员干部作风问题的规章制度，发挥制度硬性约束作用，改变党员干部不良作风，密切党同人民群众的血肉联系。通过完善监督制度，建立党内监督、人大监督、舆论监督、群众监督的立体监督体系，确保监督机关和人民的监督权力有效实施，以巩固执政基础。通过完善反腐倡廉制度，建立健全教育、预防、惩治腐败的治理制度体系，切实解决人民关心的问题，树立党的良好形象，获得人民发自内心的支持。

先进性和纯洁性是一个政党能够长期执政的必然要求。从苏联亡党亡国的惨痛教训中不难发现，到苏共执政后期，大量的领导干部和党员长期腐化奢靡、严重脱离人民群众，无疑是苏共倒台的重要原因。在新时期我们党也面临着解决各种政治经济社会难题的艰巨任务，其中主要就是如何把党建设成为领导和团结全国各族人民建设中国特色社会主义事业的坚强核心，如何永远保持廉洁、高效、充满活力、集先进性与群众性于一体的组织体制。在深刻吸取苏共教训的基础上，结合我党在新形势下面临的各种挑战，2000 年 1 月江泽民在中共中央纪律检查委员会第四次全体会议上发表重要讲话时就首次提出了“治国必先治党，治党务必从严”这一重要论断，强调“治党始终坚强有力，治国必会正确有效”。实现“治国必先治党”和“从严治党”的辩证统一和有机结合，既是我们党的优良传统和宝贵经验，也是我们党的一贯方针。坚定不移地贯彻好这个方针，是保持党的先进性和纯洁性、增强党的凝聚力和战斗力的重要保证。

作为中国特色社会主义的领导力量，党的领导必须有一条正确的被广大人民所接受的政治路线，保持党内政治生活的正常秩序，维护党内的团结统一，严格党的纪律，切实发挥广大党员的模范表率作用，而这一切的巩固、发展和完善，都必须要以党的制度建设作为依托和保证。通过党的制度建设，彻底革除党的建设过程中的诸如贪污腐败、党性不强等影响党的肌体健康的“病症”，同时把党的良好作风和优良传统以制度的形式固化下来，通过教育的形式融入全体党员干部的血脉脑海和日常工作与生活，才能永葆党的先进性和纯洁性，真正为巩固党的执政地位夯实制度基础。

（三）加强党的建设是网络执政能力的必然要求

互联网带给当代中国的影响和变化是全方位、多方面、立体化的，这种影响和变化，与经济全球化、市场化以及全面深化改革的深入推进等政治经济变量相叠加，给中国共产党的长期执政带来了重大而基本的挑战，主要体现在以下几方面。

(1)对党执政环境的影响。执政环境是执政党治国理政的外部条件，对于执政党长期有效执政发挥着基础性的影响。互联网对于党的执政环境的改变，主要体现在以下方面：

第一，深刻改变了人们的生产生活方式。互联网的快速发展和信息化的深入推进，使得互联网经济、信息经济在社会经济中的比重越来越大，互联网成为人们生产生活方式的引擎和主导性选择。

第二，深刻改变了人们的社会交往方式。借助于互联网所带来的便捷化的沟通交流，人们的社会交往方式发生了根本性变化，泛在的、即时的、跨时空的交往方式开始占据主导，与此同时，人们的社会组成方式也正在发生深刻变化。

第三，深刻改变了人们的认知理解方式，共同分享、广泛表达、高频互动等信息交流方式的深入推进，使得开放、多样的思想舆论对人们产生了越来越大的影响。如何顺应和驾驭人们的生产生活方式、社会交往方式和认知理解方式的日益深刻变化，成为中国共产党必须认真对待的重大挑战。

网络民主影响政治参与，干扰了制度化民主政治建设进程。网络民主冲破了国家有效控制政治参与的阀门，强劲地影响着制度化的政治参与。

政治参与是一把双刃剑，在给民主政治建设带来机遇的同时，也对政治安全构成挑战和风险。社会民主政治建设必须在党的领导下有序进行，才能保证政治稳定，过急过快增长的民众政治参与诉求与相对稳定的政治体系满足民众诉求能力之间存在落差，在极端情况下民众的政治参与可能会变为非理性的“参与盲从”和“参与极端”，干扰正常的民主建设进程。

(2)对党执政安全的影响。“稳定压倒一切”，没有一个安全的执政地位，什么事都干不成。互联网对党的执政安全的挑战，主要体现在以下方面。

第一，互联网对我国主权安全带来挑战。网络主权现在已经成为国家主权的重要内容。由于互联网在信息传播和技术应用上具有跨国的特征，并且在互联网领域存在“西强我弱”的态势，美国等西方国家利用在互联网领域的规则、话语和技术强势地位，对我国的网络主权构成了严重威胁。在西方策动的发生在西亚北非地区的“颜色革命”中，互联网扮演了极不光彩的角色，即是明证。

第二，互联网对我国意识形态安全带来挑战。有硝烟的战争不常有，没有硝烟的战争天天有。互联网现在已经成为意识形态斗争的“主战场”。境内外各种势力和力量借助于互联网平台竞相发声，试图影响所有重大的思想舆论事件，与我们党争夺阵地、争夺人心。能否不断打赢这种“没有硝烟的战争”，事关党的思想防线能否有效守住这一重大政治问题。

第三，互联网对我国信息安全带来挑战。大数据是互联网时代的“石油”，谁掌控了大数据信息，谁就掌控了互联网时代。必须要看到，政府、企业和个人的大数据存储、传输、开发、使用的法律规制和政治政策考虑，在我国还处于初级阶段，容易被攻破、泄露和获取，成为我们党执政安全的一个软肋。

各种非马克思主义思想以及反马克思主义思潮充斥新媒体传播渠道，影响党的意识形态安全。传统媒体时代，党的意识形态工作部门通过电视、报纸、电台等传统媒体来传播主流意识形态，意识形态传播载体与传播内容高度统一，主流意识形态吸引力、感召力、凝聚力较为强大。但是在互联网时代，互联网、微博、网络论坛、微信等新媒体的出现，极大地拓宽了意识形态传播渠道，由于这些新媒体具有低门槛特征，其自然成为各种思想理论汇集的场域。同时，当前各种非马克思主义思想以及反马克思主义思潮充斥新媒体空间，容易让人们陷入某种思想认识误区，从而对马克思主义产生怀疑、动摇甚至背弃。我国的主流意识形态的吸引力、感召力由此受到影响和挑战。

(3)对党执政方式的影响。从组织方式看，中国共产党是以自下而上的科层制的方式组成的金字塔式的组织，这种组织方式与当时的社会组织方式是适应的，对于党过去长期执政起到了至关重要的作用。但是，在互联网时代，整个社会的组织方式开始呈现出扁平化的特征，如何与这种社会组织方式相适应，成为金字塔式的组织必须深刻思考的问题。从动员方式看，中国共产党以其泛在化的党的建设，实现了对于政府、企事业单位、人民团体、农村基层和城市社区的覆盖与动员。但是，互联网催生了许多新的社会阶层、新的社会组织形式和经济社会文化主体，传统的党建难以实现对它们的覆盖和动员，并且思维理念和方式方法也难以照搬过来。从领导体系看，过去中国共产党通过一整套的制度和机构设置实现了对经济、社会、文化的掌控，以及对政法工作、媒体宣传工作等的领导，形成了一整套领导体系。这种条块分割的领导体系，面对着互联网时代经济、社会、文化等各种要素日益融合的局面，出现了诸多不适应的方面。比如一些大的互联网企业，融政治、经济、文化、社会和外交等属性于一身，切分式的管理手段已经难以实现有效管控。

中国共产党处于领导核心地位，是领导一切的，这是由其执政地位和执政能力决定的。而在互联网时代，面对互联网给政治、经济、社会各方面带来的深刻影响和改变，又对中国共产党提出了加强网络执政能力建设的客观要求，因此，必须要不断加强党的建设，来管理引导互联网安全健康发展。

三、实现中国梦这一伟大梦想需要加强党的建设

习近平总书记主持起草的党的十八大报告站在新的历史起点，进一步描绘了全面建成小康社会、加快推进社会主义现代化的宏伟蓝图，重申了十五大首先提出的“两个一百年”。习近平总书记把实现这一目标与实现中华民族伟大复兴紧密联系起来，指出实现中华民族伟大复兴是中华民族近代以来最伟大的梦想，强调现在我们比历史上任何时期都更接近中华民族伟大复兴的目标，比历史上任何时期都更有信心、有能力实现这个目标。实践让我们越来越深刻地认识到，加强党的建设、管党治党不仅事关

党的前途命运，而且事关国家和民族的前途命运。只有进一步把党建设好，确保我们党永葆旺盛生命力和强大战斗力，我们党才能带领人民成功应对重大挑战、抵御重大风险、克服重大阻力、解决重大矛盾，不断从胜利走向新的胜利。今天，我国发展站到了新的历史起点上，中国特色社会主义进入了新的发展阶段，实现“两个一百年”奋斗目标、实现中华民族伟大复兴的中国梦，是我们党必须完成的历史使命。只有以更大的决心、更大的勇气、更大的气力抓紧抓好党的建设，更好地管党治党，坚定不移推动全面从严治党向纵深发展，把全面从严治党的思路举措搞得更加科学、更加严密、更加有效，才能确保党始终同人民想在一起、干在一起，引领承载着中国人民伟大梦想的航船破浪前进，胜利驶向光辉的彼岸。

总的来看，加强党的建设，提出并坚定推进全面从严治党，充分体现了以习近平同志为核心的党中央对我们党永葆先进性和纯洁性的深刻忧思，彰显了对国家、民族和人民前途命运的深刻把握，对中国特色社会主义伟大事业的责任担当，对正在进行的具有许多新的历史特点伟大斗争的深谋远虑，充分彰显了我们党自我净化、自我完善、自我革新、自我提高的无畏勇气和坚强决心。

第二节　新时期加强党的建设的重要意义

习近平指出：“面向未来，面对挑战，全党同志一定要不忘初心、继续前进。”那么就要高度重视党的建设问题，因为它具有重要意义。

一、加强党的建设可以为我国社会主义现代化建设事业提供最好的保障

实现现代化，是亿万中国人的百年梦想，作为一个后发型的社会主义大国，走向现代化的道路又有一定的艰难性。正是在中国共产党的领导下，我们坚定不移地沿着中国特色社会主义道路

前进,才使我国现代化建设的宏伟事业迎来了全面实现的胜利曙光。可以说,这项事业的最终实现,关键在党,关键在人。党的建设,可以激发广大人民群众更好地积极投身到社会主义现代化建设宏伟事业中去。

(一)加强党的建设尤其是制度方面的建设可以牢牢把握现代化正确方向

现代化以经济工业化和政治民主化为主要标志,它是人类社会从传统的农业社会向现代工业社会转变的必经阶段。自鸦片战争开始,在严重的民族危机、急迫的救国救民历史任务的促逼下,中华民族就开始了对近代化的探索。在一百多年的历史进程中,中国人曾经面临着如何走向现代化的痛苦选择,也走过曲折的探索道路。洋务运动时洋务派提出“中学为体,西学为用”“师夷长技以自强”,资产阶级维新派主张学习西方的科学技术和政治制度,主张兴民权、实行君主立宪,发展资本主义;资产阶级民主革命派主张学习西方的民主革命,推翻清朝统治,建立资产阶级共和国。辛亥革命推翻了清朝的统治,结束了我国两千多年的封建帝制,使民主共和国的观念深入人心。但是辛亥革命的胜利果实被袁世凯窃取,这次革命没有改变中国半殖民地半封建社会的性质,试图照搬英美模式、走西方现代化道路的试验也被证明完全行不通。在中国共产党的领导下,新中国成立的初期,我们试图照抄苏联高度集权的东方现代化模式,走封闭式的现代化道路,最终都归于失败。但是,改革开放以来的中国特色社会主义现代化发展道路实践及其取得的巨大成就,深刻证明“中国式的现代化”道路才是我国现代化发展的正确选择。因为它既坚持中国共产党领导,又坚持社会主义基本制度不动摇,牢牢把握住了在我国这样一个拥有十几亿人口的大国如何实现现代化的核心问题和基本方向。

一个国家的政党制度,实际上反映了一个国家的政党与国家和社会的关系。中国共产党是社会主义事业的领导核心,也是唯一的执政党，对国家和社会负有政治领导责任。在我国，“建党在先”“以党建国”的政党政治的生成逻辑，决定了中国共产党既是领导党又是执政党的双重政治角色。中国特色社会主义制度，是中国共产党领导下的政治制度。中国特色社会主义道路的成功开辟，当代中国的发展和进步，证明了中国共产党的领导和中国特色社会主义制度的价值和意义。

鸦片战争以来我国现代化道路的曲折历程表明，只有社会主义才能救中国。改革开放以来社会主义现代化事业所取得的伟大成就表明，只有中国特色社会主义才能发展中国，中国特色社会主义是当代中国现代化发展的根本方向。但近年来，国际国内社会民主主义、自由主义思想泛起，在相当程度上造成了人们对社会主义现代化建设发展方向的模糊。正是因为有了党的不断建设与自身完善，坚强领导和党的制度建设所提供的坚强保障，我们才坚定了中国特色社会主义道路的信念和决心，始终坚持我国现代化建设的社会主义方向，并在社会主义实践中将现代化建设事业推向新的高度。

中国现代化建设的巨轮已经起航，唯有保持方向正确，才可能到达胜利的彼岸。加强党的建设，尤其是党章对党的最高理想和最终目标、党的行动纲领、现代化建设中党的职责使命和必须坚持的基本原则等的规定，为中国现代化建设始终保持正确的社会主义方向提供最坚实的保证。党要完成自己的历史使命，必须有一整套与之相适应的路线方针和战略部署。这些路线方针与战略部署能否有效的贯彻执行，关键就看是否有一整套严密的制度体系来协调和统一全党的行动，否则全党就会一盘散沙，就会一事无成。过去我们曾经有失败的教训，那就是仅有正确的路线方针而没有严密的科学制度保证的话，党的事业不可避免地会遭受挫折乃至失败。当前在社会主义发展的初级阶段，尤其需要加强党的制度体系建设的保障作用，以此保证党的基本路线和战略部署在实践中有效施行，唯有如此，社会主义现代化建设才可能获得健康持久的发展。

(二)加强党的建设可以为现代化建设提供组织保障

我们党对社会主义现代化建设的领导,不是抽象的而是具体的,不是表面的而是实在的,必然体现在具体的现代化建设实践过程之中。我国改革开放 40 余年的实践历程,就是不断探索和回答什么是社会主义、怎样建设社会主义的历程。在不断澄清和深化什么是社会主义、怎样建设社会主义问题认识的过程中,我们成功走上了中国特色社会主义发展道路,构建起中国特色社会主义制度体系。作为中国特色社会主义制度体系核心的党的制度建设,为继续顺利推进我国现代化建设提供了最重要的组织保障。

首先,作为中国特色社会主义现代化建设的主力军,国有企业的顺利发展离不开党的制度建设的保障作用。2016 年在全国国有企业党的建设工作会议上习近平同志深刻指出,国有企业要成为党和国家最可信赖的依靠力量,成为坚决贯彻执行党中央决策部署的重要力量,成为贯彻新发展理念、全面深化改革的重要力量,成为实施“走出去”战略、“一带一路”倡议等重大战略的重要力量;成为壮大综合国力、促进经济社会发展、保障和改善民生的重要力量,成为我们党赢得具有许多新的历史特点的伟大斗争胜利的重要力量,必须一以贯之坚持党对国有企业的领导是重大政治原则,必须一以贯之建立现代企业制度是国有企业改革的方向。习近平同志还创造性地提出了“中国特色”现代国有企业制度就是把党的领导融入公司治理各环节、把企业党组织内嵌到公司治理结构之中、明确和落实党组织在公司法人治理结构中的法定地位,从而使党的建设与国有企业的发展内在地有机结合起来。加强国有企业党的建设,就是要通过相关制度设计,加强对国有企业领导人员的党性教育、宗旨教育、警示教育,严明政治纪律和政治规矩,突出监督重点,强化对关键岗位、重要人员特别是一把手的监督管理,并不断完善“三重一大”决策监督机制,严格日常管理,整合监督力量,形成监督合力,使全面从严治党在国企落地，切实发挥国有企业党组织核心作用，始终确保国有企业沿着正确的方向在现代化发展进程中发挥好主力军作用。

其次，通过反腐倡廉和作风建设等方面党建制度的规范，能够为现代化建设的组织肌体健康提供良好的保障作用。各级党委党组织在现代化建设中都发挥着重要的领导职能，组织肌体是否健康直接会影响现代化建设的成效和成败。改革开放以来，在各级党委政府中的腐败现象呈现屡禁不绝之势，一方面，是由于我国是一个封建制度历史悠久的国家，各种封建残余思想仍然在一定程度上和一定范围长期存在，甚至在一定历史条件下以各种形式凸显出来；另一方面，在实行改革开放和借鉴与吸收发达国家一切优秀文明成果的同时，西方资本主义腐朽的东西也可能渗透进来对少数党员干部产生侵蚀作用。深入推进党风廉政建设和反腐败斗争，要做好“破”和“立”两篇文章，全面深化改革，全面加强制度建设，这是深入推进党风廉政建设和反腐败斗争的必然要求，也是全面从严治党的题中应有之义。必须把法规制度建设贯穿到反腐倡廉各个领域、落实到制约和监督权力各个方面，建设好相关配套法规制度，这是推进反腐倡廉和作风建设从而确保组织肌体健康的必然选择。

最后，在社会主义现代化建设过程中需要应对复杂的国内国际环境的挑战，同样离不开党的制度建设的保障作用。在各种复杂环境中推进现代化建设，尤其需要审慎的正确决策，只有正确的决策方能引导党和国家的事业向前发展，错误的决策往往使党和国家的事业遭受重大挫折。现在回过头来反思我们曾经走过的弯路，不难发现，党的决策正确与否，与决策活动是否民主化、程序化和科学化密切相关。党在决策过程中不民主、程序不规范、不科学等因素，是造成决策失误的主要因素，而这又与党长期以来在制度体系上的不健全有着直接的密切关联。制度体系的不健全，导致在重大决策问题上出现了以个人意志代替全党意志的“一言堂”和“家长制”现象。党的制度建设对党的决策的民主化、程序化和科学化的保证作用，主要体现在以严密的条规条例保证决策过程的民主化、程序化和科学化。

(三)加强党的建设可以为现代化建设提供动力支撑

中国特色社会主义现代化建设,是一项前无古人的宏伟事业,充满着各种挑战,没有强大的动力支撑,没有全党全国人民的万众一心、艰苦卓绝的奋斗是不可能实现的。从马克思唯物主义的观点来看,这个动力,最关键的就是人的因素,最核心的就是人的主观能动性和创造力。而要激发全党全国人民积极投身于中国特色社会主义现代化建设的宏伟事业,就必须坚定不移地推动党的制度建设,以为现代化建设提供良好的动力支撑。这主要表现为以下两个方面:

第一,党的制度建设能够为现代化建设提供重要精神动力。精神上的动力,是现代化建设事业的最直接的动力。精神价值的力量是国家现代化的前提条件,也是社会长久繁荣兴旺的基础。从近现代以来无数国家的政治转型发展进程也可以看出,几乎所有制度转型都发端于社会传统价值的边沿部分,这种发轫于边缘制度、终结于中心制度的社会治理变迁过程,对我国社会由传统价值体系向现代价值体系转换提供了一个参考路向。因此,从某种程度上说,任何一个现代国家能否崛起和复兴,首先在于其精神和价值能否得到广泛传播和认同。党的十八大通过的《中国共产党章程》就明确提出要“实行依法治国和以德治国相结合,提高全民族的思想道德素质和科学文化素质,为改革开放和社会主义现代化建设提供强大的思想保证、精神动力和智力支持”。实践也反复证明,我们党就是在长期斗争实践中形成了理论联系实际、密切联系群众、批评与自我批评等优良作风,以自己的实际行动和良好形象赢得了全国各族人民的衷心拥护,成为领导革命事业的坚强核心,并不断塑造着现代国家发展的价值规范。我们党拥有 8 900 多万名党员和 450 多万个基层党组织,只要充分调动全党的积极性、创造性,全体共产党员特别是党的领导干部坚定理想信念、始终把人民放在心中最高的位置,永葆共产党人政治本色，矢志不移为党和人民的事业而奋斗，就必然能凝聚强大的正能量。为此，在现代化建设的历史进程中，尤其需要把党的作风建设制度化，把党的各种优良传统在新时代里发扬光大，并通过党风廉政建设、严肃党内政治生活制度等方式，切实把全体党员思想和行动统一到中央精神上来，保证党的组织履行职能，发挥核心作用，保证领导干部忠诚、干净、担当，发挥表率作用，保证广大党员以身作则，发挥先锋模范作用，从而汇聚起全国人民投身现代化建设的强大精神动力。

第二，党的制度建设激发现代化发展的社会合力。历史唯物主义告诉我们，从社会存在决定社会意识的前提出发，人民群众是历史的创造者，是社会物质财富和精神财富的创造者。2012 年 11 月 15 日，党的新一届中央政治局常委与中外记者见面会上的讲话中，新任中共中央总书记的习近平同志讲了这样一句话："人民是历史的创造者，群众是真正的英雄。人民群众是我们力量的源泉。"后来，习近平同志在多个场合反复强调，群众是真正的英雄，人民群众是我们力量的源泉，要尊重群众的首创精神，等等。这表明，对于中国特色社会主义现代化建设的宏伟事业来说，人民群众同样是生力军。在任何时候，共产党人总是少数人，党的力量和大小就在于是否能够以及在多大程度上激发人民群众的力量。只有带领和依靠人民群众，现代化事业才可能取得成功。加强党的制度建设，对于充分调动广大党员和群众积极投身于社会主义现代化建设伟大事业的积极性、创造性具有十分重要的意义。习近平同志就指出："正人必先正己，正己才能正人。中央怎么做，上层怎么做，领导干部怎么做，全党都在看。""工作作风上的问题绝对不是小事，如果不坚决纠正不良风气，任其发展下去，就会像一座无形的墙把我们党和人民群众隔开，我们党就会失去根基、失去血脉、失去力量。改进工作作风，就是要净化政治生态，营造廉洁从政的良好环境。"党风好，社会风气就好，党风不好，社会风气也会受影响。党的各级领导干部和党员的一言一行对于人民群众都具有很强的示范效应，新形势下加强党的制度建设，就是要扎紧制度笼子，规范领导干部手中权力、严肃党内政治生活、规范党员言行，从而以党风带动民风，以“打铁还需自身硬”的风范激发多元社会主体参与到中国特色社会主义现代化建设事业中来。

二、加强党的建设可以更好地协调推进“四个全面”战略布局

（一）加强党的建设可以为协调推进“四个全面”战略布局把握正确的方向

党的十八大以来，以习近平同志为核心的党中央从坚持和发展中国特色社会主义全局出发，提出并形成了全面建成小康社会、全面深化改革、全面依法治国、全面从严治党的战略布局。这个战略布局，既有战略目标，也有战略举措，每一个“全面”都具有重大战略意义。其中，全面建成小康社会是我们的战略目标，全面深化改革、全面依法治国、全面从严治党是三大战略举措，而全面从严治党又是各项工作顺利推进、各项目标顺利实现的根本保证，在“四个全面”战略布局中有着特殊而重大的作用。因此，这就是中国共产党中国特色社会主义事业的领导核心。党的纯洁性和先进性，党员的先锋模范作用，党组织的战斗力，直接影响党的权威、形象，影响党的号召力、向心力、凝聚力，关系党的领导资格、执政地位。只有全面加强党的建设，从严治党，才更有能力有力量解决国家的事情，带领全国各族人民团结奋斗，全面推进深化改革，全面推进依法治国，全面建成小康社会，实现中华民族伟大复兴的中国梦。

习近平总书记强调：“人民对美好生活的向往，就是我们的奋斗目标。”这个目标，是全党的工作方向，更是加强党的建设、从严治党的新要求。在全面建成小康社会的进程中，全党上下只有牢记党的宗旨，全面从严治党，才能坚持人民主体地位、实现社会公平正义、走共同富裕道路，才能正视贫富差距拉大、官员腐败现象

严重、生态环境恶化等诸多新问题新矛盾，在经济、政治、文化、社会、生态等各方面全面提升水平，实现生活富裕、精神富足、社会富有、祖国富强，建成全体人民的小康、共建共享的小康。

从全面深化改革角度看，党的十八大以来，改革已逐步进入攻坚期和深水区，面对错综复杂的利益格局和各种观点的碰撞论争，党的十八届三中全会明确了全面深化改革的方向。只有在推动实现改革总目标的过程中加强党的建设，坚持从严治党，才能保证改革不走神、不走题、不走样，有定力、有合力、有活力，只有全面从严治党，才能在把握改革的方向、立场、原则的基础上，知道改革要改什么，不改什么。

新中国成立以来特别是改革开放以来，我们党带领人民不断探索，成功走出了一条中国特色社会主义法治道路，依法治国被确立为党领导人民治理国家的基本方略，与坚持党的领导、人民当家做主构成有机统一的整体。在全面依法治国的今天，只有不断加强党的建设，坚持全面从严治党，才能认真吸取历史上人治带给我们的惨痛教训，更好地做到党依据宪法法律治国理政、依据党内法规管党，有序推进国家和社会生活法治化；才能有力抵制各种错误法治思维，坚定不移走中国特色社会主义法治道路，充分实现人民当家做主；才能坚定方向，把加强党的依法治国总目标和各项任务落到实处。

（二）加强党的建设可以为协调推进“四个全面”战略布局提供根本政治保障

中国特色社会主义是当代中国发展进步的根本方向。作为中国特色社会主义事业的领导核心，党在思想、政治、作风、反腐倡廉以及制度建设的任何一方面建设与治理状况，都会对党的领导、党的形象、党的凝聚力和感召力产生直接影响，事关“四个全面”战略布局的推进进程与实践成效。只有坚持全面从严治党，才能在任何时候、任何情况下都不偏离中国特色社会主义的本质要求，确保正确的发展方向。

第一，全面从严治党是全面建成小康社会的根本要求。

全面建成小康社会是中国共产党历经革命、建设和改革不同时期，在中国社会执政近百年、领导改革40余年基础上提出的发展目标和任务，是实现社会主义现代化、迈向中华民族伟大复兴的关键一步。实现这样的目标，不管对于中国特色社会主义的发展，还是对中国社会的发展进步来说，都具有划时代的意义，同时也必然对作为全面建成小康社会领导核心的党本身，提出了更为严格的要求。这样的要求，既体现为执政党需要使自己促进中国社会发展进步的任务不断取得新的成就，更多的体现于党必须不断适应新的形势与新的实践对党自身建设提出的新要求之中。而全面建成小康社会既然是一种涉及全局性、整体性的发展目标，党自身也就只有全面的而非单一的、从严的而非一般的管党治党，才能保证全面建成小康社会的发展不因目标、决策的偏移出现大的失误，不因领导能力、水平的不足造成消极后果，不因自身存在的缺陷、问题付出巨大成本。

第二，全面从严治党是全面深化改革的必然体现。

首先，全面深化改革是一场涉及深层次矛盾与问题的攻坚战，改革能否达到预期目标，能不能取得新的突破，在很大程度上实际就是对党能否有效发挥领导改革的作用，能不能解决深层次体制机制问题的考验，党如果不能保证自己在改革方向上的明确，改革路径上的可行和执政行为上的科学、民主、法治与廉洁，就难于胜任自己所担负的历史职责。

其次，全面从严治党本身也是全面深化改革的重要内容，按照“完善和发展中国特色社会主义制度、推进国家治理体系和治理能力现代化”的要求，党本身必须深化党的建设制度改革，通过管党治党体制机制的深层次改革，做到在异常艰巨的改革发展任务面前，依靠党的领导水平和执政水平的不断提高，依靠党拒腐防变和抵御风险能力的不断提高，使党始终成为全国人民的主心骨，推进全面改革的不断深化。

第三，全面从严治党是全面依法治国的政治保证。

这种保证作用，既体现于党对全面依法治国方向、性质与目标的把握之上，也体现于党领导人民群众科学立法、严格守法、带头执法的实践之中。这两方面的体现，都对全面依法治国进程中全面从严治党提出了明确的要求，这就是说，党在保证法治建设沿着建设中国特色社会主义法治国家目标前进的进程中，也要按照建设法治国家、法治政府、法治社会的要求，严格管党治党，实现党的组织和党员干部严格在宪法和法律的范围内活动，各级政府严格依法行政、维护法律权威。党的各级组织和党员干部不仅要模范遵守国家法律，而且要按照党规党纪以更高标准严格要求自己，防止以权阻挠执法、干预司法、非法剥夺公民权利的行为，由此实现党的建设与治国理政的统一，为全面依法治国提供坚强政治保证。

（三）加强党的建设为协调推进“四个全面”战略布局确立科学的发展目标

历史经验反复证明，什么时候党的建设搞得好，中国革命和社会主义建设事业就会目标科学，呈现蓬勃发展的良好局面；反之，就会出现“左”或右的错误，损害广大人民群众的根本利益。因此，什么是社会主义、怎样建设社会主义，建设什么样的党、怎样建设党与实现什么样的发展、怎样发展，始终是我们党在建设和发展中国特色社会主义进程中不断探索总结和科学回答的重大问题。

党的十八大以来，以习近平同志为核心的党中央坚持统筹国内国际两个大局，着力提升党治国理政的能力和水平，提出了协调推进“四个全面”战略布局，揭开了我国改革开放和社会主义现代化建设的新篇章，是我们党建设中国特色社会主义的最新理论成果[①]。

在协调推进“四个全面”战略布局过程中，我们党坚持党要管党、从严治党，深入开展反腐败斗争，坚持党的群众路线，扎实开

① 苏从勇：《全面从严治党在“四个全面“战略布局中的作用》，载《光明日报》2015年12月22日。

展“三严三实”专题教育和“两学一做”学习教育，不断推进党的建设新的伟大工程，一项项科学发展目标水到渠成、应势而出。党的十八届三中全会对全面深化改革做出了总体部署，提出了完善和发展中国特色社会主义制度，推进国家治理体系和治理能力现代化的全面深化改革总目标，形成了全面深化改革的顶层设计和总体思路。党的十八届四中全会明确了全面推进依法治国的总目标、五大体系的总体布局和六个方面的重点任务。党的十八届五中全会提出了全面建成小康社会新的目标要求、新的发展理念和具体要求。

总之，中国共产党是中国特色社会主义事业的领导核心，协调推进“四个全面”战略布局是当前乃至今后相当长一段时期我国的一项重要任务。只有坚持全面从严治党，始终保持中国共产党的先进性，才能科学有序、坚定不移、与时俱进、一步一个脚印地领导人民实现“四个全面”的发展目标。

（四）加强党的建设、全面从严治党与其他三个“全面”构成一个有机整体

“四个全面”是一个有机整体，彼此相辅相成、相互促进、相得益彰。推进全面从严治党，不能就党建论党建，而应把它放在“四个全面”战略布局中来理解和把握全面建成小康社会以三大战略举措为支撑和依托。全面深化改革、全面依法治国如鸟之两翼、车之两轮，分别为全面建成小康社会提供发展动力和法治保障。全面从严治党是根本保证，是至关紧要的战略举措。只有全面从严治党，使党的肌体保持健康，使党的领导坚强有力，才能确保其他三个“全面”的正确方向；才能使全面深化改革、全面依法治国这两个轮子高效运转，推动全面建成小康社会战略目标的实现[①]。而且，全面从严治党也有赖于其他三个“全面”。全面建成小康社会是实现“两个一百年”奋斗目标的第一步，也是关键一步，既对全面从严治党等三大战略举措形成倒逼机制，同时也为其全面推

① 夏春涛：《“四个全面”战略布局 全面从严治党是根本保证》，载《人民网—理论频道》2015 年 8 月 6 日。

进提供了广阔舞台。从改革角度讲，推进国家治理体系现代化包括深化党的建设制度改革，加强民主集中制建设，完善党的领导机制和执政方式。推进国家治理能力现代化主要指提高制度的执行力，而“能力不足”是我们党所面临的四大危险之一。从法治角度讲，党的领导必须依靠社会主义法治。党依宪执政、依法执政，自身必须在宪法和法律范围内活动。任何人都没有超越宪法、法律的特权，必须正确处理权与法的关系，严格划清公与私的界限，绝不允许知法犯法、以言代法、以权压法、徇私枉法。总之，全面深化改革、全面依法治国明确提出全面从严治党，这一做法将加强和改善党的领导推到一个新高度，顺应了时势需要。“全面”指党建格局和路径，意味着统筹推进党的思想建设、组织建设、作风建设、反腐倡廉建设和制度建设，形成合力，治标与治本兼顾，着力建立改进作风和治理腐败的有效机制、长效机制：不敢腐靠保持严惩腐败的高压态势，形成威慑；不能腐靠完善制度，改变“牛栏关猫”现象，把权力关进制度的笼子里；不想腐靠思想教育，重点用马克思主义中国化最新理论成果武装全党，从思想根源上解决“总开关”问题。“从严”指要求与执行力，意味着“严”字当头，克服失之于宽、失之于软现象，从严要求，从严落实、从严查处、从严管理，重点是从严管理干部。“治”是落脚点，目标是实现党的自我净化、自我完善、自我革新、自我提高，使党始终成为中国特色社会主义事业的坚强领导核心，为推进其他三个“全面”提供根本保证。

（五）加强党的建设、全面从严治党为协调推进“四个全面”战略布局凝聚强大的中国力量

“四个全面”战略布局集中体现了中国共产党人的执政理念、思想感情和价值追求，我们只有以全面从严治党为先导，才能团结带领全国人民，调动方方面面的积极因素，集中力量把事情办好。

中国共产党有凝聚最广大范围中国力量的政治优势和能力基础。我们党的根本宗旨是全心全意为人民服务，党能够根据中

国社会发展的客观条件和要求，正确把握全国人民的整体利益、长远利益和根本利益，制定出符合科学发展规律的路线、方针、政策。中国共产党作为执政党，能超越西方那种党派之争和各种利益集团的干扰，在调整利益格局的过程中能统筹兼顾各地区、各部门、各阶层、各利益群体、各民族、各党派的利益关系，最大限度地维护和实现人民的根本利益，但我们也要清醒地认识到，"十三五"时期，我国发展仍处于可以大有作为的重要战略机遇期，也面临矛盾叠加、风险隐患增多的严峻挑战。同时，脱离群众、形式主义、官僚主义等问题，也一定程度上影响着人民群众对党的信任和党的事业的发展。我们必须牢牢把握加强党的执政能力建设、先进性和纯洁性建设这条主线，坚持党要管党、从严治党，全面加强党的思想建设、组织建设、作风建设、反腐倡廉建设、制度建设，做到始终保持党同人民群众的血肉联系，立党为公、执政为民，使党的凝聚力、战斗力和核心作用得以充分彰显，更加有效地应对各种风险和挑战，不断开拓发展新境界。

因此，在协调推进"四个全面"实践中要把加强党的建设、全面从严治党的要求落到实处，即：

一是要培育坚定的从严治党意识，为全面从严治党奠定思想认识基础。落实全面从严治党的要求，第一位的要求就是增强管党治党、从严治党的意识。习近平总书记在党的群众路线教育实践活动总结大会上的讲话中指出："从严是我们做好一切工作的重要保障。我们共产党人最讲认真，讲认真就是要严字当头，做事不能应付，做人不能对付，而是要把讲认真贯彻到一切工作中去，作风建设如此，党的建设如此，党和国家一切工作都如此"，这段话告诉我们，行动上的自觉缘于思想上的清醒，要从"做好一切工作的重要保障"的定位上把握从严治党的意义，前提是培育全面从严治党的意识。要适应全面从严治党的新要求，自觉地同一段时间以来一些人习惯了的以"自由裁量"对待制度规范，以"何必当真"看待存在问题，以"下不为例"处理问题的心态和做法划清界限，形成思想认识上的高压线与分水岭，培育坚定的从严治党意识。当前特别突出的是要培育守纪律讲规矩的意识。通过学习把握党章、党纪、国法以及党的优良传统这些必须遵守的基本规矩,促进广大党员干部牢固树立纪律和规矩意识,营造守纪律、讲规矩的浓厚氛围,夯实全面从严治党的思想认识基础。

二是要完成重点任务与重点要求,为全面从严治党探索具体的实践途径。全面从严治党,涉及党的建设各个方面、各个环节,必须突出重点,从重点任务与重点要求上入手,在重点领域和重点问题上突破。全面从严治党的重点内容、任务与要求,就是习近平总书记在党的群众路线教育实践活动总结大会的讲话中关于加强党的建设、全面从严治党提出的八方面要求,即落实从严治党责任、坚持思想建党和制度治党紧密结合、严肃党内政治生活、坚持从严管理干部、持续深入改进作风、严明党的纪律、发挥人民监督作用和深入把握从严治党规律。这八方面要求,揭示了全面从严治党面临的突出问题,反映了全面从严治党必须完成的基本任务,抓住了这些内容,解决了这些内容所涉及的问题,全面从严治党就获得了最根本性的突破,改革开放和发展社会主义市场经济条件下全面从严治党就找到了基本的途径。因此,要以这八方面要求为重点,不断实践,积极探索,不断形成全面从严治党的新做法、新经验,逐步深化关于全面从严治党的规律性认识①。

三是要突出责任落实与制度执行,为全面从严治党提供有力的机制保障。大量事实表明,在发生违反党规党纪的问题时,当事人本身和党的组织缺乏明确的责任和严格的责任问责,不能按照党规党纪严格要求、严格执行,构成重要的导因,它留给我们基本的启示就是,没有明确责任,不能保证责任的落实,缺乏严格的责任追究,从严治党就是一句空话。因此,全面从严治党,必须突出责任落实与制度执行,把党规党纪的贯彻落实作为重点,完善

① 张志芳:《全面从严治党是协调推进"四个全面"的关键》,载《人民网—中国共产党新闻网》2015年4月16日。

相应的责任追究机制。为此,要从责任落实与制度执行的各个环节入手,制定科学的责任与执行目标,明确落实到岗、落实到人的责任与执行主体,细化具体可行的责任与执行程序,严格奖惩分明的责任与执行监督,由此形成责任落实与制度执行的机制保障。

在突出责任落实与制度执行的实践中,要把各级领导干部的责任落实与制度执行作为重点,这不仅是各级领导干部的职责所系,还在于领导干部的责任落实与制度执行行为,具有很强的社会示范效应,有了领导干部的带头作用,就能在责任落实与制度执行方面自上而下,一级带一级,层层抓落实,做到以"钉钉子精神"一抓到底促进责任与制度落实"抓铁有痕、踏石留印"。

全面从严治党旨在提高党的执政能力,既是"四个全面"战略布局的重要组成部分,更为全面建成小康社会、全面深化改革、全面依法治国提供根本保证。党中央专题研究全面从严治党,既是经验总结又是全面部署,这标志着党中央"四个全面"的战略布局总体框架逐步完善。

将全面从严治党始终贯穿"四个全面"战略布局,既着眼于为其他三个"全面"提供坚强的政治保证,也是一个执政党对自身提出的严格要求,充分体现了我们党的使命意识、责任意识以及敢于担当、励精图治的精神状态。从严治党,不进则退。站在新的历史起点上,我们党面临的"四大考验"是长期的、复杂的、严峻的,"四种危险"也更加尖锐地摆在全党面前。

当前,党风廉政建设和反腐败斗争形势依然严峻复杂,解决管党治党失之于宽、失之于松、失之于软的问题,比以往任何时候都更为紧迫。新的历史条件下,我们要更好地进行具有许多新的历史特点的伟大斗争,推进中国特色社会主义伟大事业,就必须以更大力度推进党的建设,坚定不移推进全面从严治党,切实把党建设好、管理好,确保党始终成为坚强领导核心。

三、加强党的建设可以使党更加积极有效地应对党内存在的一些问题

经过40余年的改革开放，在党的领导下，我们虽然取得了一些举世瞩目的成就，但是党内的一些问题也随之暴露出来。这主要体现在以下几个方面。

第一，一些党员干部理想信念不坚定，失去了对马克思主义的信仰和对社会主义、共产主义的信念，导致精神上缺"钙"，患上"软骨病"，是非观念淡薄，原则性不强，正义感退化，糊里糊涂当官，浑浑噩噩混日子，在重大问题上缺乏政治定力，经不起权力、金钱、美色的诱惑，使精神懈怠危险更加尖锐。

第二，随着改革开放的不断深入和国内外环境的不断变化，一些党员干部不注重自身修养、不加强学习，在涉及党的领导和中国特色社会主义道路等原则性问题的政治挑衅面前态度暧昧、消极躲避、不敢亮剑，使得能力和素质与党肩负的历史使命不相适应，学习能力和创新能力跟不上时代的要求，出现本领不足、本领恐慌、本领落后的问题，难以驾驭国内外改革开放的大局，从而使能力不足的危险更加尖锐。

第三，由于官本位思想根深蒂固，官僚主义日益泛滥，一些党员干部党章意识、宗旨意识日益淡薄，加之缺乏制度信仰，忘记了忧患意识和艰苦奋斗作风，产生了自满情绪，出现贪图享乐和功利主义思想，丢掉了艰苦奋斗的作风，"圆滑官""老好人""推拉门""墙头草"干部越来越多，从而使脱离群众的危险更加尖锐。

第四，改革开放以来，一些党员干部价值观扭曲，法制观念比较淡薄，有法不依、执法不严甚至徇私枉法问题严重，重大违纪违法案件频繁发生，影响恶劣，权力缺乏监督和制约机制，权力寻租现象日益严重，消极腐败危险更加尖锐。

面对以上这些危险的考验，唯有加强党的建设，坚持全面从严治党，在思想上强化理想信念，增强宗旨意识和忧患意识，加强学习，提高能力和水平，改进作风，把好世界观、人生观、价值观的

“总开关”,才能有效防止,并为坚持和发展中国特色社会主义、进行具有许多新的历史特点的伟大斗争作准备。

本章主要研究的是新时期加强党的建设的必要性和重要意义。中国共产党是中国特色社会主义事业的领导核心,因此,加强党的自身建设有其必要性。历史的继承与时代的要求,提高党的执政能力、巩固党的执政地位,实现中国梦这一伟大梦想都需要加强党的建设。加强党的建设可以为我国社会主义现代化建设事业提供最好的保障,加强党的建设可以更好地协调推进“四个全面”战略布局,加强党的建设可以使党更加积极有效地应对党内存在的一些问题。

第二章　党的建设理论指导思想与其他国家政党建设经验借鉴

中国共产党成立近100年、执政70年和领导改革开放40余年的历史充分证明，只有不断加强和改进党的建设，只有把党自身建设好了，党所领导的事业才有最为牢靠的保证，党才能团结和领导人民取得革命、建设和改革事业的一个又一个胜利。加强党的建设不仅要有正确的思想做指导、及时总结自身经验，也要吸收借鉴其他国家的经验，取长补短，不断完善。

第一节　马克思主义经典作家及我国领导人的党建理论

马克思主义经典作家及我国领导人的党建理论是历经时间和实践检验的、正确的理论，其是党和国家事业发展的坚实的理论基础、正确的前进方向和强大的精神动力，对于我们回答"建设什么样的党""怎样建设党"这一问题有着深刻的指导意义。

一、马克思、恩格斯的建党学说

马克思、恩格斯在总结各国建党经验的基础上，在同机会主义的斗争中，写了《哥达纲领批判》《反杜林论》等著作，科学地阐明了建立群众性的无产阶级政党的理论和路线，进一步发展了党建思想。具体来说，马克思、恩格斯的建党学说主要包括以下几点。

(一)无产阶级必须建立自己独立的政党

马克思认为，无产阶级发展经历了两个阶段。在无产阶级发展的第一个阶段,无产阶级的觉悟还不高,阶级组织还不完善。在这个阶段,无产阶级的政治斗争,还是依附在资产阶级反对封建的斗争之中的,无产阶级仅仅作为一个“自在的阶级”而存在。无产阶级在一次又一次的失败中,才逐渐认识到自己独立的阶级利益。这时他们就不再满足于跟在资产阶级之后做其附庸了,而产生了自己独立的阶级意识和阶级追求。这时,无产阶级就逐渐由“自在的阶级”变为“自为的阶级”。随着阶级意识的发展和成熟,无产阶级建立自己政治组织的要求也被提上日程。无产阶级只有建立这样一个能够代表本阶级利益,体现本阶级意志的政党组织,才能使自己强大起来,从而使无产阶级获得彻底解放。马克思和恩格斯在《共产党宣言》《中央委员会告共产主义者同盟书》《国际工人协会临时章程》以及许多重要通信中,都从理论上阐述了这一原理。

1889 年 12 月,恩格斯在致格·特利尔的信中,进一步阐明了建立无产阶级政党的必要性,他说:“要使无产阶级在决定关头强大至足以取得胜利,无产阶级必须(马克思和我从 1847 年起就坚持这种立场)组成一个不同于其他所有政党并与它们对立的特殊政党,一个自觉的阶级政党。”这就是说,建立自己的政党,是无产阶级在政治上独立和成熟的重要标志。只有建立无产阶级的政党,才能使无产阶级的政治力量不断团结壮大。

(二)无产阶级政党的理论必须以科学的理论为行动指南

马克思、恩格斯认为共产党必须以新的科学的世界观即辩证唯物主义和历史唯物主义为指导,并且指出:“我们的理论是发展的理论,而不是必须背得烂熟并机械地加以重复的教条。”也就是说,这个理论是行动指南,要懂得这个理论,“最好的道路就是从本身的错误中,从痛苦的经验中学习”。

(三)无产阶级政党必须制定正确的纲领

首先,马克思、恩格斯指出了党的纲领的重要性。马克思和恩格斯认为纲领是一面公开树立起来的旗帜，而外界就是根据它来判断这个党的。其次，马克思和恩格斯全面阐述了党的纲领的内容。其主要包括党的最近目标和最终目标，分别是推翻资产阶级统治和建立共产主义社会。最后，马克思和恩格斯指出了实现党的纲领的正确道路，即通过暴力革命，打碎旧的国家机器，建立无产阶级专政。他们还指出，要实现党的纲领，必须制定正确的斗争策略。

（四）无产阶级政党必须按照民主集中制的原则组织起来实行严格的组织和制度

马克思、恩格斯一方面强调民主选举、党内平等等原则，要求党的各级委员会和各级领导人要由选举产生等；另一方面，又指出党的集中统一、党的纪律等原则，要求党内必须有统一的纲领和章程、统一的组织系统等，要严格执行党的纪律。这些观点体现了民主集中制的基本思想。

二、列宁的建党学说

（一）共产党是以马克思主义理论武装的工人阶级先进部队

这一观点首先说明，党是工人阶级先进的部分，而不是全部，应当把作为工人阶级先进部队的党同整个阶级区别开来。列宁认为，孟什维克宣布每个罢工者都可以自行列名入党，是企图削弱党的先进性，混淆党和阶级的区别。其次说明，党是以马克思主义理论武装起来的，这是它的先进性的根本标志。党必须掌握马克思主义理论，并把自己的全部活动建立在马克思主义理论的基础上，从而确定自己的奋斗目标，确定正确的纲领、路线、斗争策略和活动方式。

（二）党是工人阶级有组织的部队

列宁提出，党应有严密的组织和统一的纪律，有从中央组织、地方组织和基层组织构成的统一体系，每一个党员都必须参加党的一个组织，执行党的决议，遵守党的纪律。同时，列宁明确规定了党的组织原则和活动准则是民主集中制。

（三）党是无产阶级阶级组织的最高形式，是无产阶级专政和社会主义建设的领导力量

列宁认为，党要在政治上领导无产阶级，并且通过无产阶级领导全体劳动群众。不这样，便不能实现无产阶级专政。同时，党必须领导社会主义经济建设，大力发展社会生产力，不断提高人民的物质文化水平。

（四）党必须根据本国的具体情况制定正确的纲领、战略和策略

列宁认为，一个政党如果没有纲领，就不可能成为政治上比较完整的、善于在任何转折时期始终坚持自己的路线的有机体。而正确的战略和策略是实现党的纲领的保证，是实现正确的政治领导的保证。列宁根据马克思主义的理论和客观实际情况，提出了丰富的战略策略思想，其指出无产阶级政党必须根据本国的具体情况制定正确的纲领、战略和策略。

三、毛泽东的党建理论

（一）思想建设放在首位，把组织入党与思想入党相统一

首先，思想建设要解决思想路线问题。思想路线的实质就是树立马克思主义认识论和辩证法，克服唯心主义。土地革命战争时期，针对党内存在的教条主义的主要倾向，毛泽东在《反对本本主义》中提出了“马列的书要读，但要反对本本主义”“没有调查，就没有发言权”，这就告诉我们必须反对教条主义，一切从中国实际出发。毛泽东在《矛盾论》《实践论》《改造我们的学习》《整顿党的作风》等文章中进一步指出，实践是检验真理的标准，马克思主义的一个基本原则是理论与实践相统一，实事求是，中国共产党

人必须以此"作为我们行动的向导"。这些论断充分说明思想路线在思想建设中的重要地位。思想路线正确与否,直接影响党的各项路线、方针、政策的确定和贯彻。

其次,思想建设要加强理论建设。随着党员文化水平的提高和斗争经验的积累,理论建设显得愈加重要。早在井冈山时期,毛泽东提出思想建设之初就十分重视理论问题。他起草的《古田会议决议》针对不同表现形式的非无产阶级思想问题,找出其具体"症状"、具体"病因",然后开出"药方",对症下药,并从理论层面加以解决,他规定的党内教育材料中就有关于"马克思列宁主义的研究"。

毛泽东始终将党的思想建设放在党建的首位。思想上建党关系到党的性质,也关系到党在组织上的团结统一。只有解决思想上的问题,才能解决组织上的问题,从而保证党的工人阶级先锋队性质,把思想入党与组织入党统一起来推进党的建设。

(二)密切结合政治路线,把党的建设与完成党的中心任务相统一

党的建设不能离开党的政治路线,党的政治路线决定着党的建设方向,决定着党的巩固和发展;同时,党的政治路线离不开党的建设,只有加强党的建设,才能领导全国人民执行党的政治路线,完成党的中心任务和历史使命。二者是紧密结合、相互制约、相互促进的辩证关系。党的建设与完成党的中心任务相统一是毛泽东对党的历史经验的科学总结,也是多年来党的一条宝贵经验。

(三)密切联系群众,把建设工人阶级先锋队与中华民族先锋队相统一

党在 1935 年 12 月的瓦窑堡会议决议中就指出:"中国共产党是中国无产阶级的先锋队",同时"又是全民族的先锋队"。党在理论和实践上创造性地提出的"两个先锋队"思想,是建立在对马克思主义关于工人阶级和人类解放关系一致性深刻认识的基

础上,结合中国实际进行理论概括并丰富和发展的。毛泽东始终把建设工人阶级先锋队与中华民族先锋队结合起来推进党的建设。建设工人阶级先锋队与中华民族先锋队相统一是工人阶级利益、人民利益和民族利益一致性的必然要求。

(四)坚持民主集中制的根本原则,把广泛民主与高度集中相统一

广泛民主和高度集中相统一的民主集中制是马克思主义政党组织建设的根本原则,是把党建设成为有凝聚力、战斗力的组织堡垒的重要保证。“民主集中制”最早是由列宁明确提出的。十月革命后,民主集中制推广成为各国共产党的组织原则。在无产阶级夺取政权后,民主集中制发展成为社会主义国家机关和人民团体的组织原则。民主集中制也是中国共产党和中华人民共和国的根本组织原则。毛泽东创造性地运用民主集中制原则,坚持集中指导下的民主与民主基础上的集中相结合,深刻揭示出广泛民主与高度集中相统一的辩证关系。以毛泽东为核心的党中央根据民主集中制原则制定了规范党内政治生活、处理党内矛盾的制度,形成了我们党在组织建设和制度建设上的鲜明特征。

四、邓小平的党建理论

党的十一届三中全会以后,邓小平在成功领导改革开放和社会主义现代化建设的伟大实践中,以无产阶级政治家、战略家、理论家的非凡胆略和创造精神,总结以往正反两方面经验教训,集中全党的集体智慧,着眼时代要求,立足新的实际,发展了马列主义、毛泽东建党思想,提出了新时期党的建设的新目标、新原则、新思路、新观点、新办法,形成了独具风格的邓小平新时期执政党建设的理论。

(一)把马克思主义执政党建设理论推向一个新的阶段

马克思主义政党学说主要包括两方面内容,即夺取政权时期党的建设和执政时期党的建设。包括中国共产党在内的许多马

克思主义政党，在马克思主义关于夺取政权时期党的建设理论的正确指导下，成功地把自己建设成为强大的工人阶级先锋队组织，成为领导本国革命事业的坚强核心，并领导革命取得了胜利。

关于执政时期党的建设的理论，马克思、恩格斯、列宁、毛泽东都做了很多科学的论断，但是正所谓社会存在决定社会意识，历史不断进步，理论也要随之不断发展。邓小平承担起了发展马克思主义关于执政时期党的建设理论的历史任务。他敏锐地把握时代发展的脉搏和契机，把马克思主义基本原理同新时期中国的国情党情和时代特征结合起来，比较系统地提出了马克思主义执政党建设的思想，这使我们党对马克思主义执政党建设规律的认识进一步深化，表明我们党开始进一步站在执政党的高度深刻认识和系统解决新时期党的建设问题，从而在马克思主义政党的学说发展史上形成一次历史性的跨越。

(二)形成了比较完整的理论体系

邓小平党建理论内容十分丰富，其系统回答了“为什么建设党”“建设一个什么样的党”“怎样建设党”“为谁建设党”等问题。

1. 邓小平党建理论的理论起点

邓小平党建理论的理论起点体现在对“为什么建设党”这一问题的回答上。邓小平认为，中国的社会主义现代化建设事业由共产党领导的原则不能动摇，否则就会导致中国分裂和混乱。为了坚持党的领导，必须努力改善党的领导，改善党的工作状况、组织状况，改革党和国家的领导制度。

2. 邓小平党建理论的理论主题

邓小平党建理论的理论主题体现在对“建设一个什么样的党”的问题的回答上。邓小平指出，要把党建设成一个有战斗力的党，成为领导人民进行社会主义建设的坚强核心。中国正处在社会主义初级阶段，因此一个真正的马克思主义政党一定要通过发展生产力逐步提高人民的生活水平。

3. 邓小平党建理论的理论展开

邓小平党建理论的理论展开主要是回答“怎样建设党”的问题。邓小平强调党要管党，从严治党。党要管党员和干部，特别是高级干部。他还强调领导制度、组织制度的根本性、全局性、稳定性和长期性。在政治建设上，邓小平强调党的基本路线不能动摇；在党的思想建设方面，他强调必须坚持解放思想、实事求是的思想路线，根据新的情况，认识、继承和发展马克思主义；在党的组织建设上，他强调正确的政治路线要靠正确的组织路线来保证。党的干部要实现革命化、年轻化、知识化、专业化，必须用逐步改革和完善干部制度来加以保证。在党的作风建设方面，他强调要坚持党的优良作风，反对官僚主义、教条主义、形式主义和主观主义。

4. 邓小平理论的理论归宿

邓小平党建理论的理论归宿是对“为谁建设党”的问题的回答。党的全部任务就是全心全意为人民服务。要把人民拥护不拥护、赞成不赞成、高兴不高兴、答应不答应作为制定各项方针政策的出发点和归宿。密切党同人民群众的联系，一切工作都要走群众路线，无论做什么都要相信和依靠群众，重视群众的经验，尊重群众的首创精神。

（三）正确指明了执政条件下党自身建设的方向和道路

十一届三中全会以后，邓小平始终坚持和要求从党情出发来思考和解决问题，围绕把坚持和改善党的领导、使党成为领导两个文明建设的坚强核心，作为坚持党的先进性的核心内容这个主题，从党的建设的方针、内容和方式上，初步提出了一整套完整的思路，使党的建设走上了一条正确的道路。在邓小平党建理论的指导下，我们党逐渐加深了对“什么是执政条件下党先进性”的科学认识,从根本上解决了新时期党的建设的目的问题。

五、江泽民的党建理论

(一)党要提高自身领导水平和执政能力

江泽民指出,我们的各项工作能否做好,我们能否在激烈的国际竞争中始终掌握主动,我们的事业最终能否成功,很大程度上取决于我们党的领导水平和执政能力。他在科学把握党的执政条件和社会环境发生的深刻变化的基础上,明确提出了加强党的执政能力建设的重要思想和战略任务,要求各级党委和领导干部在实践中掌握新知识、积累新经验,不断提高科学判断形势的能力、驾驭市场经济的能力、应对复杂局面的能力、依法执政的能力、总揽全局的能力。这"五种能力"构成了党的执政能力的重要方面,提高这"五种能力"是加强党的执政能力建设的重要任务。

(二)始终坚持立党为公、执政为民

立党为公、执政为民,是中国共产党同一切剥削阶级政党的根本区别,也是我们党具有先进性的根本标志。坚持立党为公、执政为民,坚持以人民群众为本,始终保持党同人民群众的血肉联系,是江泽民的执政党建设思想突出的一个本质要求。江泽民的执政党建设思想认真总结国际国内经验,深刻揭示了我们党的立党之本、执政之基、力量之源归根到底在于人民群众的支持和拥护,明确提出了坚持立党为公、执政为民和坚持以人民群众为本的重要思想,并且指明了实践立党为公、执政为民和以人民群众为本的根本途径。

(三)必须实现好、维护好、发展好最广大人民的根本利益

江泽民强调,必须实现好、维护好、发展好最广大人民的根本利益。党的一切工作和方针政策,都要以最广大人民满意不满意为根本准则,努力使工人、农民、知识分子和其他群众共同享受到

经济社会发展的成果。各级领导干部要带头实践全心全意为人民服务的宗旨,带头实践党和人民的利益高于一切的根本原则。党的各级领导干部都应该处理好先富与共同富裕的关系,要支持和帮助群众富起来,而不能只考虑自己如何富,更不能利用手中的权力谋取不正当的利益。全党要自觉地同"既得利益"错误思想倾向做斗争,必须旗帜鲜明、毫不动摇地反对腐败。党内决不允许有腐败分子的藏身之地,对任何腐败行为和腐败分子都要一查到底,决不姑息,决不手软。

六、胡锦涛的党建理论

(一)强调思想理论建设是党的建设的根本

2005 年 4 月 27 日胡锦涛在人民大会堂会见了出席中央实施马克思主义理论研究和建设工程工作会议的全体代表。他强调,思想理论建设是党的建设的根本。胡锦涛指出,改革开放以来,我国广大理论工作者坚持以马克思列宁主义、毛泽东思想、邓小平理论和"三个代表"重要思想为指导,研究回答重大理论和实际问题,为加强党的理论建设,全面推进党的建设新的伟大工程,促进社会主义物质文明、政治文明和精神文明的协调发展,做出了重要贡献。希望大家进一步增强责任感和使命感,满腔热忱地投身于马克思主义理论研究和建设工程,始终坚持解放思想、实事求是、与时俱进,大力弘扬理论联系实际的马克思主义学风,深入研究马克思主义基本原理,深入研究邓小平理论和"三个代表"重要思想,深入研究重大的理论和实际问题,为马克思主义在中国的发展,为全面建设小康社会、开创中国特色社会主义事业新局面做出新的更大的贡献。

(二)把加强执政能力作为执政党建设的重要任务

加强党的执政能力建设,是党的十六大提出的一个重大战略任务。为了落实十六大的战略决策,党的十六届四中全会专题研究加强党的执政能力建设问题并做出决定。加强党的执政能力建设，是事关党和国家长治久安的全局性、根本性和长期性的重大课题，是巩固党的执政地位的必然要求，是我们党适应新时期执政条件和社会环境深刻变化的客观需要，也是当前党的建设亟待解决好的一个重大而紧迫的问题。贯彻落实十六大和十六届四中全会精神，切实加强党的执政能力建设，对贯彻落实"三个代表"重要思想，全面推进党的建设新的伟大工程，全面建设小康社会，实现中华民族的伟大复兴，具有十分重大的意义。

（三）提出建设马克思主义学习型政党的重大战略任务

2004 年 9 月 19 日，十六届四中全会《决定》强调：要"重点抓好领导干部的理论和业务学习，带动全党的学习，努力建设学习型政党"。2009 年 9 月 18 日，十七届四中全会召开，则把"建设学习型政党作为重大而紧迫的战略任务"提到了全党面前。建设学习型政党，提高全党思想政治水平，是党的十七届四中全会《中共中央关于加强和改进新形势下党的建设若干重大问题的决定》提出的一项重大而紧迫的战略任务。全党上下必须按照科学理论武装、具有世界眼光、善于把握规律、富有创新精神的要求，把建设马克思主义学习型政党抓紧抓好。建设马克思主义学习型政党是深刻总结 90 多年来党的建设历史经验得出的重要结论；建设马克思主义学习型政党是深刻反思苏共走向衰败的惨痛教训的理论警醒；建设马克思主义学习型政党是世情、国情、党情的深刻变化对党的建设提出的迫切要求；建设马克思主义学习型政党是解决当前党内在学习方面存在诸多问题的现实需要；建设马克思主义学习型政党是提高党的执政能力的需要。建设一个学习型政党，是我们这个时代对于执政党提出的必然要求，是执政的中国共产党居安思危、加强自身建设的必然选择。

第二节　国外政党建设的经验与启示

政党作为现代政治文明的有机构成，影响和引领社会发展，在各国政治生活中占有重要地位并发挥独特作用。虽然各国国情不同、政党建设千差万别，但其中也存在共通之处，能为我国的政党建设提供经验借鉴并有所启发。

一、越南共产党加强党内民主建设的做法及启示

（一）越南共产党加强党内民主建设的做法

1. 加快高层领导人新老交替步伐，逐步实现干部队伍年轻化、知识化

实行革新开放后，越共吸取国际共产主义运动的经验教训，重视党的高层领导人新老交替，党和国家的领导人基本上是依照法律和选举程序产生。省市和中央级领导的任职有相应的年限和任职年龄规定，5 年一个任期，可连选连任，但到了规定年龄就失去了参选资格。

越共十分注重党员干部队伍的年轻化、知识化建设，党的各级领导班子实行老中青三结合，注意及时发现和推荐德才兼备的年轻干部进入领导班子。同时，积极发展年轻党员，特别是注意吸收优秀大学生和学生青年入党，在近几年来发展的新党员中，18～30 岁的年轻人超过一半。为了培养党的后备干部，越共十大重新设置中央候补委员（“七大”取消了该设置），明确规定候补委员当选的首要条件是年富力强，并向企业和科研领域的优秀人才倾斜。为进一步提高干部队伍素质和知识水平，越共加大选派年轻党政干部赴国外培训的力度，一批批年轻干部被派往中国、澳大利亚、日本、新加坡、德国等国家接受培训。

2. 加强基层组织建设，打牢执政党的组织基础

越南在革新开放的过程中，不断强调加强党的建设。早在革新开放之初召开的越共六届五中全会上，就专门讨论党建工作。进入 21 世纪后，越共更加重视党的自身建设，始终强调要发挥党的领导核心作用和工人阶级先锋队作用，坚持加强党内民主和基

层民主建设。针对干部队伍和精神文化领域存在的问题,越共专门召开多次中央全会,研究解决办法并通过了相应决议。越共将党建工作的关键环节和重点内容概括为两方面:第一,自我革新;第二,自我整顿。通过不断的自我革新和整顿,使党内民主和基层民主制度化、机制化,从而不断提升党的领导能力和战斗力。

1997年越南太平省发生大规模农民上访游行事件,此后又发生两次西原少数民族骚乱事件,一度造成社会动荡。越共总结经验教训,认为导致上述事件发生的一个重要原因就是基层党组织涣散,基层民主建设不健全,这促使越共加大了对基层党组织和基层民主建设的重视程度和建设力度,具体做法包括以下几点。

(1)扩大党的基层组织覆盖面,将新经济体和新职业人群纳入党的组织范围内

越共是由党的中央组织、各级地方组织和基层党组织构成的严密而完整的组织体系。在这个体系中,基层党组织是基础,也是基层组织体系的政治核心。越共的基层组织分为乡、坊(街道)、镇的基层组织;企业单位的基层组织;行政机关的基层组织;事业单位的基层组织;军队、公安武装力量的基层组织五个类别。越共注重在私营企业和外资企业中发展党组织,还针对律师、会计师、职业培训师、职业经理人、电子商务职业者等新出现的职业人群的实际情况,采取一定的组织形式,把每一个党员都编入党的一个基层组织,使其都能参与党的生活,接受党的教育。通过党内批评和自我批评等党组织活动,提高自己的政治素质和道德水平,不断提高基层党组织的战斗力。按照民主集中制的组织原则,党的基层组织置于中央和各级地方组织的领导之下,统一意志、统一行动。

(2)强化基层党组织的纽带和监督作用

基层党组织既是人民充分发挥当家做主权利的执行机构,也是党员对基层政治体系的监督机构,每个党员无论职务多高,资格多老,都要参加党的某一基层组织活动,接受党的基层组织的教育、管理和监督。越共充分发挥基层党组织的纽带特性和监督

功能，注意密切党的基层组织与人民群众的直接、经常、密切的联系，深入周围群众中，倾听他们的呼声，了解群众的喜怒哀乐，及时向当地政府和上级组织反映群众的愿望和要求。群众也可通过党的基层组织来了解党的路线、方针、政策。由于改善和加强了党的基层组织建设，越共各基层党组织健全并较好地发挥了桥梁与监督作用，促进经济发展和社会稳定。

(3)全面推进基层民主建设

建立基层民主制度是越共加强基层组织建设的一项具体措施，它涵盖了乡坊、行政机关、国有企业三个基层层面。1998 年 12 月，越共中央政治局颁布了《关于制定和实行基层民主制度》的 30 号文件，决定在乡坊、行政机关、国有企业三种类型的基层党组织中率先实行基层民主制度。国会常委会和政府根据 30 号文件精神，先后颁布了《关于在乡级实行民主制度》《关于在机关活动中实行民主制度》和《关于国有企业实行民主制度》三项制度，并制定出乡坊、行政机关和国有企业基层民主制度的实施细则。越共中央还专门成立了指导小组，对基层民主制度实施工作加强指导和监督检查，切实保障“人民知晓、人民讨论、人民动手、人民检查”的民主权利落在实处。

3. 推进党内民主建设，完善执政党的政治基础

(1)实行差额民主选举

在越共组织建设中，以发扬党内民主为重点，突出党员的主体地位，在民主集中制的基础上实现党内民主，逐步实现党内组织生活民主化。其中最引人注目的是党内选举制由过去的等额选举改为差额选举，而且差额选举由基层支部逐渐推向中央政治局，已在全国范围内普遍推行。

(2)实行质询制度

从 1992 年起，越南各级国会和党代会实行质询制度。国会代表由过去的间接选举改为全国各选区选民直接选举产生，每个候选人都要听取本选区选民意见，接受选民质询并向选民陈述自

己的“竞选主张”。国会定期、不定期地将政府各部门的一些负责人请来，由国会代表对其工作进行质询和审议，并对其工作是否称职进行评判。2002年国会的质询制正式实行，国会代表有权就国家主席、国会主席、政府总理和政府其他成员、最高人民法院院长和最高人民检察院检察长各自的职责范围的事项向他们提出质询，被质询者必须做出如实回答，且质询场面向全国进行现场直播。近年来，这种质询制度推广到涉及民生、腐败案件等公共领域，质询活动更多，范围更广泛。

(3)实行民主决策和民主监督

越共在民主制度建设中制定出了许多规章制度，例如，规定各级组织的政务要公开、财务要公开、检查监察工作结果要公开；党内选举和每年的党员测评要以无记名投票方式进行，并要通过群团组织征求群众意见作为参考。越共中央的重要政策和文件出台前，往往要征求各方面意见，经过广泛讨论。从越共九大开始，党代会政治报告草案通过新闻媒体提前公布，在全党全民范围内广泛征求意见，供党代会讨论修改。越共十大政治报告草案公布后一个月内收到全国各地上万条意见和建议，并最大限度地予以吸收。越共强调，要保持政治透明和政务公开，自觉接受公众监督。越共重视舆论监督的作用，通过颁布《新闻法》保障新闻媒体的监督权利。对党和政府部门工作的批评和建议，已成为越南报纸和电视报道的主要内容之一，各种网络媒体也积极参与对党和政府的监督。越南近来发生的一些重要腐败案件，差不多都是由新闻媒体披露后而得到惩处的。

4. 加强廉政建设和反腐败工作，构筑长期执政的群众基础

在实行多种所有制和分配制度及多层次的开放格局中，越共一部分党员干部甚至一些高级干部都存在行贿受贿、贪污腐败、奢侈浪费、腐化堕落等违法乱纪行为，并愈演愈烈，引起广大人民群众的强烈不满，集体上告、聚众请愿等事件时有发生。为此，越共重拳出击，坚持“反腐无禁区”、常抓不懈的方针，严厉打击党内

腐败分子，依法严惩党政干部中出现的官员走私、贪污受贿、挥霍浪费等以权谋私行为。

(1)从健全法律和制度方面入手，从源头上遏制党内腐败的发生

1998年2月，越南国会常务委员会通过了《反贪污腐败法》《干部、公务员法》，为深入开展反腐斗争提供了有力的法律武器。越共中央纪检监察部门先后出台了许多规章制度，如实行干部及公务员财产申报制度。2005年11月，越南国会制定了新的《预防和惩治腐败法》，2006年越共十届三中全会通过《加强党对反腐败工作领导》的决议，成立中央防治腐败指导委员会，指导协调、检查和监督全国的反腐工作。越南公检法机关也着力对一些贪污、走私大案要案进行调查、起诉和审判，边防、海防和海关密切配合，加强水上、陆路、铁路巡逻和检查，打击党员干部的走私活动。市场管理、工商、税务等部门通力合作，加强对市场的管理和监控，对本部门工作人员和干部的违法乱纪行为也认真进行查处。近年来，越南出台了许多新的反腐措施，越南国会也通过了新的《反腐败法》。此外，越南还在官方网站上设立专门网页，鼓励民众在网上检举揭发腐败案件。

(2)加强对党员的道德教育和对党的纪检部门自身廉政建设

如何防止党员干部在政治、思想、道德和生活作风上蜕化变质，有效遏制腐败蔓延，成为越共党建工作的燃眉之急。除运用法律和制度外，越共还注重在实践中以胡志明为榜样，加强党员干部的道德培养和道德作风教育，防止和扭转部分党员干部在政治思想、道德作风上的衰退，克服个人主义、地方主义、官僚主义等现象，保证干部、党员有坚定的政治立场，团结一致，统一意志和行动，正确执行党的纲领、章程和国家法律，按党的决议说话和办事。越共中央通过了关于加强党的纪律检查工作的决定，对纪检工作的内容、对象以及做好信访工作和发挥人民群众当家做主权利等都提出了明确的要求。越共还要求中央检查委员会加强对公安、检察、法院等部门的检查和监督工作，并发动群众和新闻

媒体对这些部门的工作进行监督，促进纪检部门自身廉洁。越共中央领导集体高度重视反腐工作，强调反腐败无禁区，号召中央和各级领导干部要在反腐败斗争中起表率作用，坚决、及时、公开惩治腐败分子。

(3)开展党内整顿运动，加大对腐败的处理力度

1999 年 1 月底，召开八届六中全会第二阶段会议，决定自 1999 年至 2001 年，在全党开展为期两年的党的建设和整顿运动，越共中央政治局对党建和整顿运动做出了具体要求和规定。为配合党的建设与整顿运动，越共先后召开了全国干部工作会议、组织工作等重要会议，还出台了一系列配套措施，强调要加大对党员干部贪污受贿等腐败行为的处理力度，要求各级党组织对腐败决不宽容，处理时绝不手软。近年来，越南党和政府加大反腐力度，多名高级官员落马。丁罗升是受到党纪处分级别最高的越共干部，这显现了越共打击腐败、从严治党的决心。

(二)越南共产党加强党内民主建设的启示

1. 思想建设是执政党凝聚人心、融合社会的重要手段，必须通过创新，以增强党的思想理论的说服力和吸引力

共产党与社会主义是生命共同体，党的执政地位能否长久与社会主义制度能否稳固息息相关。作为共产党执政的社会主义国家，越南支持共产党的领导，反对西方多党制；坚持社会主义方向，反对西化和分化；坚持人民代表大会政体，反对西方议会民主制；坚持以民主集中制的原则组织和管理国家机关。坚持社会主义方向、坚持共产党领导、坚持民主集中制，既是越南政党建设必须坚持的基本原则，也是其进行党内民主建设的基本经验。

西方国家为了演变社会主义国家，往往从丑化、抹黑共产党，攻击马克思列宁主义入手，在意识形态领域和社会制度等方面混淆是非，搞乱人的思想。然后对青年一代进行价值观影响和渗透，对社会主义国家的中高级领导人及亲属拉拢利诱，暗中支持

和鼓励"持不同政见者"攻击社会主义国家执政党的路线方针政策，离间党同人民群众的关系。针对这一挑战，同时也为了解决革新开放和全球化背景下一些人对社会主义的理想信念动摇等思想认识问题，越南执政党特别重视党的思想理论建设，通过理论创新和思想教育，突出解决与共产党价值目标相背离的道德水平下降，拜金主义、享乐主义、极端个人主义蔓延，生活方式蜕变，贪污盛行等腐化问题。越共坚持社会主义原则和共产党理想信念不动摇，注重党的思想建设和理论创新，创立了越南特色社会主义理论体系，善于用发展着的社会主义理论武装头脑，澄清理论是非，坚定共产党人的理想信念，构筑抵御西方和平演变的思想长城。越共领导人清醒地认识到，人的思想认识和价值理念直接影响到人的行为方式和生活态度，如不抓紧抓好党的思想理论建设和创新，将危及越共的前途命运和社会主义事业。只有将最具有说服力的思想理论展现给人民，将党的价值追求和理想目标寓于国家、民族、人民的共同诉求之中，只有全国人民和各民族真切感受到党是自己利益的忠实代表，深刻领会到党的利益、国家利益、人民利益和个人利益的根本一致性，才能让人民自愿地拥护党的路线方针政策，自觉地走社会主义道路，抵制西方意识形态的渗透和演变，这才是维护共产党执政地位的根本之道。越共的理论创新既是马克思主义自身发展的内在要求，也是马克思主义政党对当今时代和社会发展要求的积极回应，对共产党始终保持先进性具有深远意义。

2. 组织建设是执政党发挥作用的重要保障，只有通过发挥党内民主的整合作用，才能实现党的统一和保持党的生机活力

民主集中制是共产党的组织原则，党内民主是党的生命和力量源泉。在现代民主制度的国家，执政党的生机和活力，取决于是否有完善的机制保障党内民主，体现在监督党的各种机制是否健全和灵活。苏共败亡的教训之一是，民主集中制蜕变为个人集权制，决策个人化和非科学化，缺乏有力的制约机制和监督机制，

党内民主严重缺损，官僚主义盛行，党逐渐丧失了生机和活力。越南由于受传统思想观念的影响，一直没有将夺取政权的党与执政党区别开来，对执政党的主要任务及领导方式的理解还是停留在革命阶段。长期以来，政治体制上存在着党政不分、以党代政，以党的政策甚至是领袖的个人意志代替法律的现象，党内民主欠缺，党的活力不足。针对这些弊端，越南重视党内民主建设，通过加强组织建设来解决政治体制中的党政不分，以党代政等问题。越共把社会主义集体当家做主视为社会主义民主制度的本质，主张人民当家做主的权利要通过法律和组织形式加以制度化。通过党内民主的一系列举措，全社会对民主的认识有了明显转变，唤起了全民族的团结精神和公民责任感。民众对党和国家的政策主张更为关注和理解，人们开始有意识地行使人民当家做主的权利，积极为经济社会的发展建言献策。拓宽了干群之间的联系渠道，一定程度上确保了将干群之间的分歧和矛盾控制在基层，使问题在基层就能基本得到妥善解决，为营造和谐开放的社会氛围，维护政治社会的稳定发挥了积极作用。同时，越共在党的建设中，注重发挥党员群众和基层党组织的主体作用，不断推出党内民主的新举措，特别是在党内选举中实行扩大候选人差额比例，强化党的全委会在党内重大决策和广大党员民主监督等方面的主体作用，健全质询问责制度，等等。在党的组织活动中，越共要求各级党组织严格执行民主集中制：党的决议必须通过民主讨论后付诸表决，不能由个人说了算；少数服从多数，一旦决议获得通过，要根据决议办事，不得自由散布与决议不符的个人意见。少数人的意见可以保留，党组织要定期对之进行研究。越共中央进一步做出决定，今后各级党委在召开会议时，主要领导不能首先发言，要允许其他与会人员先充分阐述意见，并进行讨论甚至争论。在扩大党内民主时，积极推进党的基层民主建设，发挥党员群众和基层党组织的主体作用，使民主集中制原则具体化，将党员的民主权利落在实处，从而不断提高党的凝聚力和战斗力。

3. 廉政建设是执政党巩固执政地位的关键环节，必须加大反腐败斗争力度和对权力的监督、制约

公正、廉洁、开放、民主是民众对当代政党特别是执政党的基本要求，也是政党不断发展壮大的必要条件。历史上因腐败、专权而导致执政党垮台的事例反复告诉人们，只有消除党内腐败，才能提高群众对执政党的信任和信心。反之，如果反腐败不力，甚至将腐败“制度化”，势必断送执政党的政权。同时，党员干部的清廉及能力水准，也关乎政党的社会政治形象和发展前途。越南共产党在革新开放中十分重视廉政建设，注重用党纪和法律手段，严厉打击党内腐败分子。对一些有问题或不称职的各级干部按规章制度进行通报批评和组织处理，对触犯法律的予以严惩。要保持执政党公正清廉，应建立权力制衡机制，通过严密的法律及监督制度，确保执政党保持廉洁，防止执政党内部和国家政权腐败。越共在党建工作中重视通过质询、舆论监督等各种民主途径，加强对各级党政干部的监督，防止权力腐败。“公生明、廉生威”，只有保持公正清廉，执政党才能经得起各种考验，永远立于不败之地。

4. 民主是社会主义政治体制改革的主要目标，但政治改革步子要慎重、稳妥，反对极端、过激的民主倾向

苏联解体、东欧剧变促使各国共产党对苏联政治模式和民主集中制的组织形式进行深刻反思，对党内民主的实现方式也进行了一些探索。但有一些党宣布放弃民主集中制，只讲民主，不要集中，另搞一套，结果民主形式化，造成党内分裂，党的力量有所削弱。争取最广泛的人民民主，历来是共产党人为之奋斗的崇高目标，也是社会主义的基本特征。苏联解体、东欧剧变引起以越南为例的社会主义国家对苏联的政治体制模式，包括民主集中制的实现形式的深刻反思，并在坚持这一基本原则的基础上，对民主集中制的内涵和实现方式做了积极的探索。但这一探索还未

建立起一套完善的社会主义民主体制,也未能真正建立起既有民主又有集中的、生动活泼的党内机制。

越共七大对政治改革作了明确阐述,指出政治改革的主要目标是为更好地实现社会主义民主、充分发挥人民当家做主的权利。同时指出,越共七大以来,逐步加大政治体制改革的力度,确立了政治体制改革的三条基本原则:第一要以经济改革为重点,通过经济革新为其他各项改革创造有利条件;第二要慎重稳妥,不能急于求成;第三是反对极端民主化倾向,警惕一些人利用民主、人权口号从事反对社会主义制度的阴谋活动,绝不接受政治多元化、多党制的主张。越南社会主义民主的形式包括间接民主、直接民主和人民"自管",核心是实现"人民知晓、人民讨论、人民动手、人民检查"。"国会监督政府,人民监督国会"是越南实现民主最重要和最有效的途径。除了人民直选国会代表、国会代表要注意倾听选民意见外,越南还强调民主监督,允许国会代表自由质询政府、法院和检察院官员,并允许对其进行信任投票,充分发挥祖国阵线等群众组织在反映民意和民主监督中的作用,同时把新闻媒体的定位由"党和政府的喉舌"转变为"人民的论坛"。越共号召广大人民群众积极参与党的建设,对党员干部的行动予以监督,对他们的缺点和过错真诚地予以批评。人民群众和社会团体的民主监督,有效地防止了腐败、官僚、脱离群众等社会消极现象的滋生,为纯洁国家机构做出了贡献。

总的来看,如何在新形势下实现集中指导下的民主和民主基础上的集中;如何在有效维护党的团结、统一和加强党的战斗力的同时,充分发扬党内民主,改进领导和决策方式;如何正确处理并形成一套较为完善的民主与集中的可操作性的机制,仍是当前各国共产党,尤其是社会主义国家执政党面临的重大课题。我们也应看到,社会主义国家有自己的优势,如执政党组织机构健全,党的领导及其路线方针政策能得到群众的支持和拥护,经济宏观调控能力强,社会政治稳定等。如果继续发挥这些优势,进一步坚持改革开放,不断克服现行体制上的弊端,社会主义国家就能够战胜前进道路中的各种困难，社会主义前景仍是光明的。我们应吸取国外共产党党内民主的经验教训，既要善于控制党内民主发展中的各种风险，保持政治体制的相对稳定性和继承性，同时也要适应时代变化，创新党内民主体制和实现方式，探索一条适合世情、国情、党情的党内民主新路。

二、英国工党的变革及启示

（一）英国工党“第三条道路”的变革

“二战”后，工党大力推行国家干预经济、充分就业和国有化的凯恩斯主义，将英国带入福利国家。当福利国家建成后，工党却陷入政治思想上的迷茫，英国开始步入经济滞胀时期。主张新保守主义和私有化政策的撒切尔政府上台后，一反工党的做法，在 20 世纪 80 年代实行大规模私有化、减税、减少国家对经济的干预、削减社会福利等政策，使英国甩掉了“欧洲病夫”的帽子。但随着全球化不断推进和国际经济竞争日趋激烈，英国经济面临的挑战不断增加，贫富分化和不公正现象加剧，撒切尔政府推行的新自由主义发展模式陷入困境。同时，英国工党长期奉行社会民主主义价值观和发展模式在经过 20 世纪七八十年代的低迷状态后，开始进行理论创新和政策变革。在布莱尔“新工党”诞生前，工党饱受保守党压力和传统工人运动力量衰退的困扰。为寻求出路，工党领袖金诺克逐步排除工会势力对工党的控制，通过党内选举来逐渐弱化前任领袖福特的左翼思想，实行工党变革。后起的布莱尔、布朗和曼德尔森等工党新秀，继承了金诺克的“遗产”，部分认同右翼政府的政策，并根据传统产业工人减少、中产阶层成为社会主流的阶级结构变化的现实，提出“新工党、新英国”的口号，试图减少与传统工人阶级的联系，迎合勃勃兴起的中产阶级。20 世纪 90 年代中期，以布莱尔为代表的新生代中左翼政党领导人在欧洲一些国家纷纷上台执政，他们义无反顾地走革新之路，开创了社会民主主义实践的新局面。

1. 按第三条道路的思维方式进行理论革新

英国工党在历史上以改良和善变而著称于世。布莱尔于1994年任工党领袖后，顺应工党内部不满长期在野、人心思变的情势，提出了缔造新工党、建设新英国的革新路线，将变革、革新与工党的生命联在一起，不断推动工党进行理论反思。工党理论调整的一个重要举动是修改《党章》第四条，取消了坚持了70多年的象征工党宗旨的"公有制"主张。工党的理论变革，一改过去那种主张国有化、高税收、高赤字和平均主义福利的"老左翼"传统形象，增加了对中间选民的吸引力，也使工党以全新的面貌出现在英国的政治舞台上，为赢得大选准备了条件。布莱尔成功当选为英国首相后，为使其理论变革被人接受，用"第三条道路"作为包装，并以这套理论来统一党内思想，治理国家。他认为"第三条道路"并不是在推翻过去理论的基础上重新构建的新理论，而是对传统价值观给予新的解释。在他看来，英国工党传统的思想理论和政策主张在变化了的时代背景下捉襟见肘、苍白无力，需要根据新的思维方式来调整党的理论和政策，要吸收科技革命成果和实践运作经验，不断丰富传统的基本价值。在新的时代背景和历史条件下出现的"第三条道路"，实际上是一条工党革新之路。

英国工党上台执政后，推行中左价值观的温和改良政策：①在政府与市场问题上，淡化国家调控作用，利用市场的力量服务于公共利益；②在国家与社会问题上，强调政府应为经济发展提供条件而不是指挥经济，要求建立强大的公民社会，主张政府与非官方部门建立新的伙伴关系，以"治理"代替"统治"，实行一种"广泛包容"的政策，实现机会平等和公共参与决策；③力求在国家与市场、安全感与灵活性、社会理性调节与经济自发力量之间寻找一种新的平衡。通过减轻直接税的做法吸引投资，鼓励就业，通过增加间接税，增加财政收入和公共开支，试图在新形势下继续保持福利国家主义的经济活力，缓解社会矛盾，改善参与国际竞争的内部环境。这些政策主张不同于撒切尔政府的新自由主义，也有别于工党传统做法，于是被冠为“第三条道路”。

布莱尔上台执政所推行的“第三条道路”政策，给当时病痛沉疴的英国吹来一股清风，也对欧洲社会民主主义和社会党的调整革新起到了导向作用。然而，“第三条道路”并非完美无瑕，其不足和缺陷比较明显：一是口号多于理论，观点含糊；二是实践上，“第三条道路”的做法未能有效解决效率与公平的矛盾；三是“第三条道路”是布莱尔吸引选民、维持工党执政地位的宣传标签，舆论炒作重于理论自身，机会主义色彩浓厚。

2. 实现工党组织的“现代化”变革

布莱尔既是“第三条道路”的首倡者，也是其成功的实践者。他自 1994 年任英国工党领袖后，即按“第三条道路”模式来打造“新工党”。在党的组织建设上把争取“中间”作为重点，通过党的“现代化”变革，探索自身发展的新途径。通过对工党的改造和革新，他赢得了 1997 年大选胜利并成功三连任，翻开了英国工党历史新的一页。

(1)强调党的开放性，使工党成为“跨阶级的政党”和全民党

历史上英国工党一直是以工人阶级的代理人自居，而保守党则被认为是富人俱乐部。但自 20 世纪 80 年代以来，英国社会结构日益多元化、复杂化，阶级、阶层和利益群体重新分化组合，工党赖以存在的社会基础也随之发生变化，那种以阶级划分的标准明显不符合实际情况。“新工党”为了自身的存在和发展，开始摒弃阶级政治，寻求跨阶级合作，以争取中间阶层这一多数群体作为奋斗目标，并把中间阶层的利益要求作为调整政策的出发点。在 1997 年的英国大选中，布莱尔呼吁跨阶级合作，自称是为全体人民利益说话，他甚至声称要使工党成为“商业界和企业界的政党”。他取得竞选胜利后，其内阁班子中就吸纳了许多的实业界人士为政策顾问。这一做法争取到中间阶层，有利于巩固执政地位。所以，有人称布莱尔这种跨阶级合作为“人民党主义”，工党也就成为“全民党”了。

(2)调整党员队伍结构,大力发展个人党员和年轻党员

由于历史原因,英国工会现在仍是工党的主要力量。虽然工党的个人党员不断发展,但在数量上无法与工会的集体党员相比,工党党员以工会集体党员为主的结构没有大的变化。在这一结构下,工会拥有自己的组织系统和政策主张,各工会也有自己不同的利益要求,工党、工会和其他团体之间的关系错综复杂,对外虽都自称工党,是一个统一的组织,但内部派别林立、争斗不断。党与工会组织、党和党的议员之间关系不顺,经常发生矛盾,工党中央很难制定统一有效的政策,协调各方矛盾以达到团结统一始终是工党难以解决的问题。受传统影响,工党个人党员的权力和作用十分有限,在党内很难有所作为,严重影响了个人加入工党的积极性,年轻人不愿意加入党组织,工党党员日益老化。布莱尔出任党领袖后,提出工党"现代化"目标,逐步改造党的组织构成和党员结构。在发展个人党员和年轻党员,进一步改善党员队伍结构方面采取了许多措施,如鼓励由工会等团体集体入党的党员通过履行手续重新成为个人党员,放宽条件,吸引中产阶级选民入党,重视从社会上吸收个人党员。工党还利用网络和现代信息传播手段,加强中央党部与个人党员的信息交流,建立全国政策论坛,鼓励个人党员和基层组织参与党的政策讨论和重大决策活动。对选区党组织进行改造,由传统严密的支部制度向较松散的俱乐部制度转变,活跃党的基层组织活动,调动个人党员参与的积极性,增强工党对社会各界人士特别是年轻人的吸引力,从而不断扩大党的队伍。

(3)推行一人一票制,改革党的领导体制和组织结构,实行有控制的党内民主

首先,拉开同工会的距离。布莱尔上台后宣布工党和工会之间不再存在特殊关系。工党的决定,工会可以参与建议,但决定权在工党手中。其次,实行一人一票制。布莱尔在前任所做努力的基础上,打出"新工党"旗帜,对工会集体表决权进行加大限制,提出不仅要在领袖与议员候选人选举时实行一人一票制,还要在

党章修改等重大事项决策方面也要采用一人一票的表决方式，这样就从根本上削弱了工会左右工党人事和重大决策的作用，这也是“新工党”与“老工党”在组织上的重要区别。最后，改革党的领导制度，强化领袖权威，限制党内反对派。布莱尔强调扩大党员参与决策的权利，并开设全国和地方政策论坛，但广大党员的政治参与受到有效控制，在论坛讨论的问题是在工党政策委员会提供的框架内进行的，还要接受工党派出的“协调者”进行协调。在党的年会上采取党内公决的形式，规定年会只讨论布莱尔自己领导的政策论坛所提出的文件，只对文件进行表决而不得进行修正。布莱尔还削弱“影子内阁”和执委会的决策作用，对议员和党组织加强控制，由领袖直接任命议会总督导，采取督导谈话警告以至开除出党的做法，控制工党议员；同时将党内控制延伸到基层，加强对地方组织的监督管理。

3. 积极利用现代媒体，打造工党新形象

随着人类进入网络时代，以“第四种权力”著称的新闻媒体及其网络，正在改变传统政党的运作方式和组织方式，给当代政党政治带来了强大冲击。在传统政党组织日趋松散，基层组织、党员个人作用不断弱化，传统的宣传方式已越来越难以对其传统“社会群体”施加影响，党的基本纲领对公众的感召力和影响力急速下降的情况下，互联网正在以迅猛的速度发展成为一种重要的政治工具，对改进党的组织和活动方式，实现党的战略目标具有重要意义。

与此同时，政党领袖和少数精英也日益借助媒体作用，突出自己的个人魅力和个人形象，党组织日益变成选举机器，各类政党都面临媒体的严峻挑战。为改变政党功能萎缩的被动局面，英国工党十分重视新闻媒介和互联网的作用，主动利用媒体来推进党的各项工作。

(1)设立工党网站，利用网络开展丰富多彩的组织活动，密切党员与组织的关系

工党利用现代信息手段和媒介作用，改变过去较封闭的政党

政治运作方式，以现代网络技术增强党的现代性、多样性和开放性；利用互联网加强党内宣传，在第一时间向党员阐明党的主张，还利用寻呼机及时向其议员和干部及时阐明党对有关问题的看法；利用网络开展网上问卷调查、设立论坛等，以吸引党内外各种人士参与工党的政策讨论；各级党组织的领导人通过博客方式，就党的内部建设、党的政策主张和未来发展等问题征求普通党员的意见建议，寻求广大党员的理解与支持。

(2)利用媒体的特殊作用，扩大党的政治影响，塑造工党形象

在民主体制基本稳定、左右翼政策日益趋同的今天，“人民基本上是通过大众媒体作为媒介来感知政治的”。由于历史的原因，英国的电视和广播中报道竞选新闻时，必须遵守“平衡报道”原则，即不能偏向任何一个政党，政党的自我宣传时间(每个电视频道约每天 3 分钟)是在各个政党之间平均分配的。但英国的报纸几乎每家都有明确的政治倾向，以此来吸引自己的读者。以 2010 年英国大选为例，在大选前夕，保守党每天安排一批商界领袖，在《每日电讯报》头版公开支持保守党的“取消国民保险增加”的政策，电视电台新闻也跟风炒作，让这一议题在新闻热点中维持了近一个星期，使得工党因此每天忙于应付，十分被动。这一事实表明，英国媒体尤其是电视和报纸，是新闻头条的制造者，在营造舆论导向方面能起关键作用。虽然已不能像过去那样左右选民的投票意向，但是在控制舆论导向上，依然有着呼风唤雨的能力。

4. 以“治理”替换“统治”，推行国际协调与合作

英国工党属于资本主义体制，其实际上履行着管理资本主义国家的职能。工党上台执政后，以“第三条道路”为旗帜，改革传统政党和政府的活动方式，将治国理念由“统治”变成“治理”，以便更多地发挥非政府组织或“公民社会”的作用。“第三条道路”倡导政府由管理型向治理型转变，既反对自由主义否认国家作用的认识，也反对传统左翼过多对国家干预的依赖，强调国家与社会的结合，使政府成为治理型政府。治理型政府在社会生活中只

起组织协调作用，不包办代理。鼓励公民参与，发挥民间组织作用，增加地方政府权力，国家则侧重于在法治、民主、高效的前提下协调各部门之间的关系。“第三条道路”主张，治理是弥补资本主义市场失灵和国家失效的手段之一。“少一些统治，多一些治理”，以有效的“治理”取代过去完全的“统治”，成为工党执政的新模式。

从字面上看，“治理”与“统治”的意思似乎差别不大，但其实际含义却有很大的不同。在不少学者眼中，区分“治理”与“统治”两个概念甚至是正确理解“治理”的前提条件。从政治学的角度看，治理是指政治管理的过程，它包括政治权威的规范基础、处理政治事务的方式和对公共资源的管理。它特别地关注在一个限定的领域内维持社会秩序所需要的政治权威的作用和对行政权力的运用。治理作为一种政治管理过程，也像政府统治一样需要权威和权力，最终目的也是为了维持正常的社会秩序，这是统治和治理的共同点。

“第三条道路”中的治理理论，反映了英国工党在国家管理方式方面由“统治”转向“治理”：①通过合作、协商、建立伙伴关系、确立共同目标等方式，实施对公共事务的管理，调整中央与地方的权力关系，中央向地方放权，使之承担更多的地区性职能，发挥地方的积极性、主动性和创造性。②鼓励公民积极参与政治生活，发挥民间组织的主动性，使它们承担更多的职能，参与政府的有关决策。与传统的左派不一样，“新工党”强调公民社会对民主政治的意义，把培育和发展一个强大的公民社会当作其既定的主要目标之一。③调和各类矛盾、协调各方利益，达到社会正常和有序运转。治理可以弥补国家和市场在调控和协调过程中的某些不足，但治理不可能是万能的，它内在地存在着许多局限，既不能代替国家而享有政治强制力，也不可能代替市场而自发地对大多数资源进行有效的配置。

从统治到治理的转变，是西方国家在全球化迅猛发展的背景下，将其权力向国际层面和国家所属地区转移。人民参与国家事务的管理，符合民主化的潮流，具有积极的一面。但实际上，冷战后西方资本主义国家强调治理，只是其国家社会职能的一种策略调整，目的是巩固资产阶级的统治地位。治理理论鼓励公民社会参与国家事务的管理，既粉饰了资本主义的“民主”，又通过释放群众的不满情绪来麻痹人民的意志。治理理论本质上是西方资产阶级在新形势下实行更加有效的阶级统治的一种手段。

（二）英国工党变革的启示

1. 党的政策主张必须体现各方面利益，不断拓展党的社会基础

在全球化和信息化的时代背景下，英国“新工党”要想谋求发展必须变革，其变革的一个重要目的就是使工党适应形势发展要求，改变工党只是“蓝领”代表的形象，争取工党成为代表中产阶级和新兴阶层利益的“全民党”，不断拓展工党的社会基础，打牢执政根基。当今世界，民众的利益及其政治诉求始终处于各国政治生活的中心。然而，民众利益有不同利益群体和个体之分，每个公民的利益不可能都直接置于国家政权系统之中，而只能通过某种中介来加以转换。英国工党变革的经验和教训告诉我们，政党是利益输入的中介和桥梁，政党只是民众利益的表达工具，它如果离开了民众的利益，就会失去生存的土壤，也失去了存在的理由。只有把支持本党的民众的利益与要求转变为政治纲领并上升为国家意志的能力和作用，民众只有成为政党的一员或投票赞成自己支持的政党，才会有影响公共政策的能力。

2. 发展党内民主必须有序可控

西方绝大多数社会党都在其纲领、章程、声明或其他文件中宣称社会党是一个民主的政党，普遍抵制民主集中制，以民主社会主义或社会民主主义为理论基础，把民主看作是党的思想灵魂和政治生活最基本的活动准则之一。英国工党在变革中，高度重视党内民主问题，允许党内不同派别、思潮存在，允许党内争论和

辩论,党员可以自由表达自己的思想和意志,广泛参与党内事务。工党强调,发展党内民主绝不是“无法无天”,必须遵循“共同的准则”和“法规”。也就是说,在发扬党内民主的同时,要遵守一定的纪律,不能变成无政府主义。党内允许争论,但要“对外保持一致”。入党是自由的,但入党后必须遵守党的规章制度,如果不执行甚至违反通过民主方式做出的决定,就要求退出党的共同生活。各级党组织如果出现违反纪律的情况,可能面临被解散、重组的惩罚。

3. 政党要处理好与媒体的关系

在当前这个信息爆炸的时代,各种媒介尤其是网络媒介的影响和作用越来越大。大众传播媒介的巨大影响,在很大程度上取代了人际间的直接宣传。只要党首在电视上阐述政见,公众就可以通过媒体了解该党的政策主张。所以,以党员人数衡量党势已成为过去。不少政党的党首宁肯把经费花在电视台的广告费上,在五花八门的商品广告中加进一段自己的说教,用言简意赅的语言劝说选民为自己投票,也不打算花费资金拉人头壮党威了。媒体“民调决定政治”,成也媒体,败也媒体。政党领袖既可借助媒体来包装与宣传自己,塑造自身形象,也会因媒体对自己不利的宣传而葬送自己的政治生命。在这种特有的“剧场政治”中,政治高度媒体化,媒体高度政治化,媒体成为主宰政治家和政党的命运的强大推手。但媒体作为舆论工具有自身的运作规律,我们要认真研究这一规律,根据媒体特点和规律来调整政党与媒体之间的关系,最大限度地利用其“正能量”,减少其负面影响。

三、新加坡人民行动党的执政经验

新加坡人民行动党自 20 世纪 50 年代成立以来,在多党竞争政治体制下,维持了半个多世纪的长期执政地位。在长期执政过程中,新加坡人民行动党在党的执政能力方面形成了一系列丰富经验。

(一)以民为本、廉洁高效

人民行动党以发展和改善民生为执政的核心、根本出发点与归宿。其执政为民的核心是实施以中央公积金制度为基础,以组屋制度为重点的民生工程。其主要包括三个方面:一是实施以“居者有其屋”为核心的惠民工程;二是实施“授人以渔”的就业福利政策;三是施行“个人能力保证之外”的社会医疗和养老制度。

廉洁高效是人民行动党执政的重要能力,其核心是执政党高层的廉洁与效能。国家领导人自身清正高效,为下级做出了表率。他们坚持对腐败“零容忍”的政治底线,不姑息任何贪污腐败者。同时,成立了专门而独立的公务员委员会,公正、公平、公开地选拔公务员,确保政府的效率和廉洁。

(二)严格执法、维护权威

执政党完全在国家法律框架下活动。坚持国法大于党纪,党从不凌驾于法律之上,党员犯罪,必先绳之以法。制定严密法规并严格执法。新加坡法律齐全、涉及广泛,而且执法严格、刑罚严峻。如对官员而言,可能倾家荡产、声誉扫地;对民众而言,处处是对不当行为的禁止与罚款,有的犯罪还会被施以令人恐惧的鞭刑。这些严厉的法制手段有效保障了新加坡社会的秩序和稳定。执政党充分尊重司法独立,国家领导人从不利用自己的职务、权威干涉司法独立运作。

人民行动党强调治国理政既要有法度,也要有权威,唯此才可既避免权力集中容易滋生的僵化和腐败,又避免民主特有的无序和混乱,这是新加坡良性政治制度的显著特征。其主要方式有:①执政党、国会和政府三位一体,执政党权力高度集中;②政府不断推出有利于执政党的安排与设计,以维持一党独大的地位,如集选区制度等;③执政党主张法律秩序优先于民主,强力打压拒绝发挥建设性作用的反对党;④政府对不负责任的国外媒体坚决打压。

（三）经济绩效、多元融合

人民行动党鲜明地提出“生存第一、经济立国”的基本国策。首先，坚持一切以经济发展为优先的信条。其次，实施政府主导下高度自由的市场经济。同时，适时主导产业结构调整，使产业不断升级，在全球产业布局中始终处于主动地位。再次，倾力打造亲商政治社会环境，如实行低税、少管制、易拿绿卡等政策。最后，实行以服务经济为导向的教育制度，注重人才的培养和储备。

为打破种族间隔阂，培养民众对国家的认同感，人民行动党采取了一系列措施来推进多元种族宗教的融合。在立法安排上，实施宗教信仰自由、政教分离的基本国策。在政治安排上，修改选举制度以保障国会的多种族代表性。在经济发展安排上，为防止收入差距导致族群矛盾的产生，政府对马来人采取了优待和鼓励相结合的政策，在就业和教育方面向其倾斜。在社会发展安排上，实行组屋种族比例政策，使各族人口交错杂居，并通过组织大量社区基层生活加强彼此沟通和了解，同时将各族节日均列为国家法定节日。在语言文化安排上，规定华语、英语、马来语、泰米尔语同为官方语言，并鼓励以英语为通用语言，以确保“无一种族占有优势”；领导人都会讲 3～4 种语言，这种做法可以极大地拉近领导人与群众之间的感情，让各族民众认为领导人是“自己人”；塑造各种族共同的国家认同和价值观。

进入“后李光耀时代”以后，新政府及其政治精英已经形成了鲜明的政治理念和发展策略，这些理念和策略是新加坡过去成功的基石和法宝，也面临未来发展的严峻考验。

第三节　十九大报告中关于坚持全面从严治党的论述

“党的十八大以来的五年，是党和国家进程中很不平凡的五年”，这是十九大报告对这五年来党带领人民取得阶段性成果的高度概括。我国的改革由初期的“摸着石头过河”进入了“攻坚期”和“深水区”，进入了全面建成小康社会的决胜期，这不但是对中国共产党执政地位的严峻考验，也是对党执政能力的严峻考验。面对前所未有的机遇和挑战，习近平总书记做出了严正的回答，他在十九大报告中强调，要坚定不移全面从严治党，不断提高党的执政能力和领导水平，夺取反腐败斗争压倒性胜利。

一、坚持党要管党，全面从严治党

作为“四个全面”战略的一部分，“党要管党，全面从严治党”已被提升到全新的高度。中国共产党要搞好自身的管理，首先要加强党自身的建设，要坚持思想建党和制度建党的统一。

（一）思想建党

思想建党是我们党的优良传统和政治优势。因为思想是行动的先导，思想上的滑坡是最严重的病变。坚持思想建党，必须强化党员的理想信念教育，因为崇高的理想信念是中国共产党对每个党员的基本要求，也是中国共产党人安身立命的根本。所以，习近平总书记在党的十八大报告中指出，对马克思主义的信仰，对社会主义和共产主义的信念，是共产党人的政治灵魂，是共产党人经受住任何考验的精神支柱。并一再指出，理想信念是共产党人精神上的“钙”，对社会主义和共产主义的信念，是共产党人的政治灵魂，是共产党人经受住任何考验的精神支柱，理想信念不坚定，精神上就会“缺钙”，就会得“软骨病”。在新的历史发展阶段，对全党提出了必须坚定理想信念，坚守共产党人精神追求的高要求、严要求。同时，也指出坚持在思想上建党，一方面离不开社会主义核心价值观的支撑，要将培育和践行社会主义核心价值观贯穿到党员教育和国民教育的全过程，这有利于我们坚持中国道路，弘扬中国精神，凝聚中国力量，树立社会主义新风尚，积极传播正能量。另一方面，必须牢牢把握意识形态领域的主动权，加强中国共产党的思想理论工作建设，巩固马克思主义理论在意识形态领域的指导地位，有利于我们坚定中国特色社会主义的道路自信、理论自信、制度自信和文化自信,有助于中华民族伟大复兴的中国梦的实现。

(二)制度建党

加强党内法规制度建设,是全面从严治党的长远之策。制度建设是党建的重要组成部分,习近平总书记一直强调"制度问题更具有根本性、全局性、稳定性、长期性",并明确提出制度建党应贯穿党建工作的全过程,坚持制度面前人人平等,使制度成为硬约束而不是橡皮筋。加强制度的顶层设计,扎牢权力的笼子,推动党内生活制度化、规范化。"打铁必须自身硬",中国共产党以坚定不移全面从严治党的决心和勇气,不断提高自身的执政能力和领导水平,团结带领人民进行伟大斗争、推进伟大事业、实现伟大梦想。

(三)思想建党和制度建党相结合,推动全面从严治党向纵深发展

(1)要以习近平新时代中国特色社会主义思想为统领,夯实思想根基,持续推进思想建党和制度建党同向发力。要深入推进"两学一做"学习教育常态化、制度化,推动党章党规内化于心、外化于行。要搭建思想政治工作"四梁八柱",着力健全谈心谈话、提醒函询和诫勉、三会一课等党内政治生活规章制度。要创新学习方式,充分运用大数据、现代化传媒等手段,不断提高思想政治教育成效。

(2)要坚持高标准和守底线相统一,强化党内政治生活的政治性和原则性,加强党内监督。要把习近平新时代中国特色社会主义思想中关于制度建设的重要论述作为推进制度建党的重要指导思想遵循,将其贯彻到制度建党全过程、各环节。要构筑政治红线,健全激励机制,教育引导党员干部自觉向理想信念的高标准努力,始终在思想上、政治上、行动上同以习近平同志为核心的党中央保持高度一致。要加大反腐败力度,进一步净化和修复政治生态。要着力健全党内监督制度,不断修补制度"漏洞",让

制度更可操作、更有实效。

(3)要着眼基层、着眼日常,大力加强基层党组织建设,推动思想建党与制度建党同向发力、横向到边、纵向到底。基层党组织要牢牢把握党在意识形态领域的领导权和主动权,教育引导党员群众增强政治认同。要大力加强基层党组织标准化建设,选好用好带头人,强化党员教育管理,推动基层党组织和广大党员发挥好战斗堡垒作用和先锋模范作用。要加强对流动党员、“口袋”党员、“失联”党员等的管理,重塑其与党组织的情感纽带。

(4)要坚持抓惩治和抓责任相统一的工作机制。要抓住领导干部这个关键少数,将一把手带头执行民主集中制作为加强领导班子思想政治建设的重要内容,推动各级一把手立正身、讲原则、守纪律、拒腐蚀,积极营造风清气正的从政环境。要抓住考核这个指挥棒,把思想建党和制度建党协同推进的成效作为考核评价领导班子和领导干部的重要内容,科学量化指标,合理挂钩奖惩,建立指标体系和应用机制,将全面从严治党融入日常工作。要抓住问责这个关键环节,建立思想建党和制度建党协同推进的责任清单,综合运用巡视整改、督察督办等手段,既追究主体责任、监督责任,又追究领导责任,以强力问责倒逼责任落实。

二、坚持党的统一领导,加强党的政治建设、纪律建设、组织建设

习近平总书记在十九大报告中明确指出“把党的政治建设摆在首位”,“党的政治建设是党的根本性建设,决定党的建设方向和效果”,加强党的政治建设关键在于要坚持党中央权威和集中统一领导,“火车跑得快,全靠车头带”,中国共产党就是带领我们实现中华民族伟大复兴的“火车头”,因此要在坚持党的统一领导的基础上,加强党的政治建设、纪律建设、组织建设。

(一)政治建设

一个国家、一个民族、一个政党,有一个坚强的领导核心至关

重要。在打赢农村脱贫战上、在大力推进基层党组织建设上、在把握高等教育领导权上，都要紧紧依靠党的领导，要毫不动摇地坚持和完善党的领导，不忘初心，不辱使命，使中国共产党在复杂多变的世界历史进程中始终走在世界的前列，始终成为我们坚持和发展中国特色社会主义的领导力量，始终成为带领中国人民砥砺前行的主心骨。

（二）纪律建设

"党要管党，一管党员，二管干部。对执政党来说，党要管党，最关键的是干部问题，因为许许多多党员都在当大大小小的干部。"所以党的组织建设的重要工作就是为中国共产党选拔高素质的优秀党员，中共十八大以来，习近平明确提出了干部的选拔任用标准，从严选拔，在源头上杜绝不良作风带入党内；从严教育，净化党员一些不正的或腐朽的思想；从严管理，中央新修订的《党政领导干部选拔任用工作条例》以及新印发的《2014—2018 年全国党政领导班子建设规划纲要》，对干部的任用选拔制度做了明确的规定，使吏治管理有章可循；从严监督，党中央先后出台多项文件，对党员干部及其亲属违规经商进行专项清理，对领导干部报告工作进行抽查核实，从而加强对领导干部的监督与管理。

（三）组织建设

加强组织建设，打造高素质的干部队伍，要扎实做好基层工作，重视基层是中国共产党的组织优势。我国现在约有党员 8 900 多万名，习近平总书记一再强调，贯彻党要管党、从严治党方针，必须扎实做好基层打基础的工作，使每个基层党组织都成为坚强的战斗堡垒。中央选派的 19.5 万名优秀干部来到农村，以"第一书记"身份，成了脱贫攻坚一线的"领头雁"，使党员干部真正走进基层、服务基层，认真为广大人民群众办实事，打赢脱贫攻坚战，为全面建成小康社会做好充分的准备。

三、坚决惩治党员干部的腐败，夺取反腐败斗争的压倒性胜利

十九大报告在总结过去五年的工作中指出，全面从严治党已取得显著成效，坚持无禁区、全覆盖、零容忍的态度，坚决惩治党员干部的腐败问题，坚持以重遏制、强高压、长震慑，坚定不移惩治腐败的形式，加大整治群众身边腐败问题的力度，并继续推进反腐败追逃追赃，深化标本兼治，强化不敢腐的震慑，扎牢不能腐的笼子，增强不想腐的自觉，一步步夺取反腐败斗争压倒性胜利。

腐败如同蛀虫，腐蚀着人们的心灵，也腐蚀着大大小小的机构组织。纵观近几年的反腐现实，以习近平为核心的党中央加大反腐力度，持续保持反腐的高压状态，其反腐的决心和力度前所未有，坚持以“无禁区、全覆盖、零容忍”的态度，“打虎”“拍蝇”“猎狐”，共立案审查省军级以上党员干部及其他中管干部 440 人，纪律处分厅局级干部 8 900 余人，处分县处级干部 6.3 万多人。党坚决整治群众身边的腐败，共处分基层党员干部 27.8 万人。净化党内政治生态，保持党的先进性和纯洁性，是中国共产党永葆青春活力的关键，所以“反腐倡廉必须常抓不懈，拒腐防变必须警钟长鸣”。

在全面从严治党这个问题上，习近平总书记指出，“我们不能有差不多，该松口气、歇歇脚的想法，不能有打好一仗就一劳永逸的想法，不能有初见成效就见好就收的想法”。加强党的建设，坚持从严治党，确保全党在思想上、政治上、行动上保持高度一致的步伐，稳步实现全面建成小康社会的目标。

总的来说，习近平的党建思想不但继承了马克思主义经典作家的党建理论，而且也对新时期党建实践进行了高度概括和总结，同时更有力回应了党内外诸多问题挑战。习近平提出的党要管党、从严治党、“夺取反腐败斗争伟大胜利”等思想，极大地丰富了马克思主义中国化党建思想宝库，为新时期中国共产党建设指明了前进的方向，是新时期中国共产党永葆青春活力的重要

指针。

党的建设是我们抓好各项工作的根本。党建包括多项内容，如思想建设、组织建设、作风建设、制度建设、反腐倡廉建设等。我们一定要充分认识新形势下抓好党建工作的重要性，以马克思主义及我国领导人的党建理论为指导，在充分借鉴他国经验和深刻总结自身经验的基础上，进一步落实和发展党建理论，推进党的建设。

第三章　党的思想建设

2018年3月7日，习近平总书记在参加广东代表团审议时发表重要讲话，提出要认真落实新时代党的建设总要求，努力把各级党组织锻造得更加坚强有力，从各级领导干部做起，从一件件小事抓起，坚决防止不良风气反弹回潮，不断巩固和拓展落实中央八项规定精神成果。党的思想建设是党的建设的基础，加强党的思想建设是推进党的全面建设的重点。

第一节　思想建设的重要性

思想建设始终是我们党的建设工作的基础和重点，在习近平新时代中国特色社会主义思想中，党的思想建设也占有重要地位。开展切实有效的思想建设的基础是充分了解思想建设的重要性。

一、思想建设是党的根本建设

（一）思想建设在党的建设总体布局中具有基础地位

党的十八大报告提出了“五位一体”的党的建设总体布局。党的十九大将政治建设加入其中，形成了以党的政治建设为统领，全面推进党的政治建设、思想建设、组织建设、作风建设、纪律建设，把制度建设贯穿其中，深入推进反腐败斗争的党的建设总体布局。

在党建的总体布局中，各个方面相互联系、相互渗透、相辅相成，以此为基础构成了一个不可分割的整体。党的建设在总体布局中处于根本建设地位，它是党开展政治建设、思想建设、组织建设、作风建设、纪律建设、反腐倡廉建设和制度建设的基础思想保障。党的作风建设、反腐倡廉建设与党的形象以及健康发展有直接联系，为党的纪律建设和作风建设提供基础保障，同时可以切实地反映党的思想建设、组织建设、制度建设取得的成绩和收获；党的制度建设可以为党内生活制定运行机制，以此保证党的建设的日常运行；党的政治建设是其他建设的根和魂，党的思想建设、组织建设、作风建设、纪律建设最终必须落实到政治建设上。在推进实施党的建设总体布局时，必须着眼实际、顾全大局，统筹兼顾党的各方面建设，保证党的各方面建设相互配合、相互促进，在整体推进的基础上选择合适的方面作为重点加强建设，以此科学合理、系统全面地提高党的建设工作水平。

党的思想建设是党建的根本，是党建的灵魂，它在很大程度上规定和制约着其他建设。行动需要有思想作为指导，实践需要有理论的指导。党的思想理论建设可以解决思想意识层面的问题，这关乎党的精神和灵魂，对于党的建设来说具有前提性、根本性作用。只有保证党不断地创新和提高自身的思想理论建设，才可以推动自身的不断发展，才能保证国家各项事业的顺利推进。党的思想建设是其他方面建设的基础，离开了思想建设，其他方面的建设就失去了前提和基础，失去了可靠的保证。例如，一些党员在实际的生活和工作中出现了一定作风问题，在一些地方、部门和领导干部中，出现了形式主义、官僚主义等不良风气，还有一些党员为了个人利益弄虚作假、虚报浮夸，甚至一些党员干部以权谋私等，造成这些不良现象的原因很复杂，但是这都与党的理论建设有关，都体现了相关人员的马克思主义科学信仰的严重缺失，这些党员的世界观、价值观和人生观产生了错误扭曲，没有坚定的社会主义信仰和共产主义信念，也就是说他们在思想层面出现了问题，而解决这类问题的根本也在于思想建设，要从思想层面寻找出现问题的原因以及相应的解决办法。

坚持思想理论建设在党的建设总体布局中的基础地位，要求我们将党的思想理论建设放在首要位置，要加强思想理论的创新，提高全党的思想理论水平。第一，要进一步加强对共产主义理想信念的宣传，用马克思主义武装广大党员的头脑，随着社会发展和时代进步推进马克思主义中国化、时代化、大众化，提升党员的马克思主义理论素质；第二，坚持党的思想路线，提高对科学理论灵活运用的能力，以此为基础更好地改造主观和客观世界；第三，把党的思想理论建设与党的政治建设、组织建设、作风建设、反腐倡廉建设和制度建设有机地结合起来，使各方面建设相互促进，从而实现党的建设的全面发展。

(二)理想信念建设是党的思想建设的重要内容

理想信念，不仅是人类个体的精神支柱，同时也是一个政党、一个民族、一个国家的精神支柱。中国共产党是以马克思主义作为指导思想、拥有远大的共产主义理想和中国特色社会主义共同理想的政党。党的一个强大政治优势就是始终对理想信念坚贞不渝，这也是党取得各种伟大胜利和成果的重要法宝。只有坚定党员的理想信念，才能保证他们拥有不竭的精神动力，只有这样才能保证他们对党和党的事业、对人民保持持久的热情，才能充满干劲地为党和人民服务和奋斗。

党的思想建设具有根本地位，坚定理想信念对党的思想建设具有重要意义。凡是先进的政党，都会有科学的理想信念作为其思想基础，为其党员提供精神支撑。改革开放以来，我国在中国共产党的领导下取得了重要成果，而其根本原因就在于开辟了中国特色社会主义道路，结合我国基本国情和社会实际构建了中国特色社会主义理论体系。其中，中国特色社会主义的理想信念就是中国特色社会主义理论体系的价值核心。共产党人之所以对党、对国家、对人民充满热情，就是因为他们拥有正确的理想信念，这已经成为他们的一种精神状态。从整体上看，我们党的队伍拥有较好的精神状态，但不可否认的是，面临当前社会上的各种诱惑，有一部分党员产生了动摇，其理想信念不够坚定。对于党员和党员干部来说，理想信念是决定他们思想和行动的重要开关。当前在党内出现的党员作风问题，归根结底还是由于他们对共产党人的理想信念产生了动摇，没有坚定不移地拥护党的思想路线，没有坚定中国特色社会主义的理想信念。党中央提出了“坚持解放思想、实事求是、与时俱进，勇于变革、勇于创新，永不僵化、永不停滞，不为任何风险所惧，不被任何干扰所惑”的要求，为了贯彻实施这一要求，中共党员必须坚定不移地拥护中国特色社会主义的理想信念。

要求党员坚定理想信念，前提就是使他们学习和掌握辩证唯物主义和历史唯物主义的相关理论，以此武装自己的头脑，要在科学理论的基础上坚定自身的中国特色社会主义理想信念。要正确、全面地认识资本主义，承认资本主义在经济、科技方面的领先地位，更要意识到资本主义社会的基本矛盾以及资本主义社会必将走向衰亡的历史趋势；要正确认识并接受社会主义在其发展过程中必然面对的各种困难和曲折，更重要的是认识到社会主义的先进性及其未来发展的光明前途；要正确地认识并接受发展社会主义事业必然存在的长期性、艰巨性、复杂性等特征，更重要的是坚定信心，认识到社会主义制度的生命力和优越性。这就要求共产党员以马克思主义思想为指导，从马克思主义关于人类社会发展规律的角度看待社会的客观变化规律和趋势，不断坚定自身的共产主义理想信念。共产党员要认识到中国特色社会主义理论体系对于国家和社会发展的重要性，该理论体系一方面坚持了科学社会主义的基本原则，另一方面充分体现了我国的实际情况，因此作为共产党员必须学习和掌握中国特色社会主义理论体系，以该理论为指导可以推进中国社会的进步和中华民族的伟大复兴，因此共产党员要坚定信念，沿着中国特色社会主义方向勇往直前。

党员及党员干部，要勇于直面危难。当国家和人民的利益受到侵犯时，党员尤其是党员干部必须以科学理论为指导，直面困难并做出选择和取舍，危难可以检验党员对党和人民的忠诚，可以直观地体现党员的价值取向和牺牲精神，检验党员的综合素质和道德修养。由此可以看出，对于共产党员来说，危难是检验他们理想信念的重要考验。在判断一名党员是否拥有坚定的理想信念时，不仅要观察他在日常工作和生活中的表现，更重要的是要关注他在危难面前采取的行动。在日常工作和生活中，共产党员必须脚踏实地地从点滴做起，充分发挥自身的模范带头作用；在危难面前，共产党员必须直面困难、勇往直前，在危难面前挥舞理想信念的旗帜。

二、思想建设是党的根本经验

（一）思想滑坡会引起党的严重病变

中国共产党建设工作的一项鲜明特征就是思想建党，保持不断的思想建设是保证党的先进性和纯洁性的根本保障。只有开展科学有效的思想建设，才能帮助党员树立正确的权力观、价值观，才能不断加强广大党员的凝聚力和向心力。更重要的是，思想建设直接关系到政权稳固，对于巩固党的执政基础和执政地位具有重要意义。对于人类个体来说，思想是指导其行动的灵魂，当然对于党员来说也是如此。中国共产党的主要特征是始终坚持以马克思主义科学理论为指导，用该理论武装党员的头脑。在中国共产党建党的九十多年中，在毛泽东思想和中国特色社会主义理论体系的指导下，克服各种困难，对那些非马克思主义思想不断的改造和优化，在社会各个领域的发展中都取得了很好的成绩。习近平总书记在提到党建问题时指出："革命、建设、改革各个历史时期，我们党都高度重视加强自身建设。在做好党的建设日常工作的同时，先后开展整风、整党、'三讲'、'三个代表'重要思想、党的先进性、科学发展观、党的群众路线等学习教育实践活动，对保持党的先进性和纯洁性、提高党的领导能力和执政能力发挥了十分重要的作用。"①

---

① 《习近平总书记系列重要讲话读本》，学习出版社、人民出版社 2014 年版，第 23—24 页。

中国共产党一直强调党的思想建设，坚持以思想理论的先进性引领党的发展，这也是党在不断的建设过程中积累的根本经验。坚定理想信念是党的思想理论建设的核心。一旦党员出现思想滑坡情况，就很可能引发一系列不良现象的出现。思想滑坡实际上就是指党员在思想上出现了模糊认识，对理想信念产生了一定的动摇，党员一旦出现信仰和精神的迷茫，就很可能形成不良作风。习近平总书记曾指出，对于共产党人来说，理想信念就是他们的精神钙质，只有保证自身坚定的理想信念，才能有硬骨头，反之就会引起党员的精神缺"钙"，也就会形成精神上的"软骨病"。没有坚定的理想信念引起的就是精神防线的全盘崩溃。而这无疑"就会导致政治上变质、经济上贪婪、道德上堕落、生活上腐化。'四风'问题归根结底是理想信念出现动摇所致"。

虽然从整体上看，中国共产党始终坚定理想信念，但不可否认有一部分党员尤其是党员干部存在着信仰缺失的问题。一些党员干部对共产主义心存怀疑，认为这只是虚无缥缈、难以企及的幻想；一些党员干部以马克思主义理论为科学指导，反而将封建迷信作为自己的精神寄托，在工作和生活中遇到困难时，不问马列问鬼神；一些党员干部没有树立科学客观的是非观念，原则性和正义感也较弱，重视机械化地完成日常工作，不思考、不检讨；一些党员干部甚至盲目地向往西方资本主义社会制度和价值观念，不相信社会主义的光明前途；一些党员干部在涉及党的领导和中国特色社会主义道路等原则性问题的政治挑衅面前态度暧昧、消极躲避、不敢亮剑，甚至在面对这些问题时故意模糊立场、耍滑头等。由此可以看出，对于党的建设来说，理想信念的动摇和滑坡会带来极其恶劣的影响。因此说思想滑坡是党的建设的最严重的病变。

习近平总书记在党的群众路线教育实践活动总结大会上指出，"思想上松一寸，行动上就会散一尺"。共产党人应该清晰地意识到，在当前这个社会转型的关键时期，党在执政能力和水平、改革开放程度、市场经济发展等方面都面临着考验，这是一个长期、复杂、严峻的发展过程，而就当前的党建情况来看，精神懈怠、能力欠缺、脱离群众、消极腐败等危险鲜明、尖锐地呈现出来，需要我们党直面并解决。解决这些问题的关键就在于党是否能坚定地做到党要管党、从严治党，能不能在自身建设和发展的过程中实现自我净化、自我完善、自我革新和自我提高。这就要求党在思想建设方面更为严格。针尖大的窟窿能透过斗大的风。在党的建设中，必须加强党员尤其是党员干部的思想教育工作，使他们拥有坚定的思想信念，这实际上也是巩固和加强党的建设。必须通过恰当的教育坚定党员的理想信念，引导他们树立正确的世界观、人生观、价值观，让他们可以正确地看待和处理公私关系问题，树立科学客观的是非观、义利观、权力观、事业观，只有这样才能保证党员的优良作风，保证党员在工作中尽职尽责，不会出轨越界，才能在各种困难面前做出正确选择。此外，思想认识问题并不是一朝一夕就可以解决的，这是一个长期、反复的过程，广大党员需要清醒地认识到这个问题，必须保证经常性地、坚持不懈地加强思想建设，以此有效地解决思想认识问题。不良思想意识就如同灰尘，我们需要经常打扫房间清扫灰尘，也就需要经常、反复打扫思想上的灰尘，保证思想的正确、清晰。

（二）思想建设是制度落实的保证

思想建设对党的建设来说一直具有不可替代的重要作用。中国共产党之所以可以取得解放全国的伟大胜利，最重要的原因就是始终重视思想建设，而重视思想建设已经成为党的建党原则和光荣传统。思想政治工作制度是保证中国共产党党性纯洁的根本性制度，以此为制度基础，可以促进党员更好地为人民服务，促进党员、党员干部和机关事业单位按照更规范、严格的制度开展各项工作，同时可以从角色定位的角度上破除不良风气的影响，从而在党内营造出廉洁、自律的文化氛围。目前，腐败是党面临的一项严峻问题，虽然也制定了相关制度，但实际上思想建设对于防范腐败的作用要更大。当然，加强思想建设不仅可以更好地防范腐败，还可以有效地促进政府机关提高自身的工作效率和工作能力，此外还可以在一定程度上提升中国共产党的公信力。思想建设的作用还可以体现在其他领域，对于教育单位、医疗单位、公共服务单位等方面，通过建立并完善思想政治工作制度，可以更好地规范这些单位的工作，以此更好地为人民提供服务。在相关事业单位中开展思想政治工作，可以引导员工转变自身思想观念，让他们可以更自觉主动地为人民群众提供服务，更准确地进行自我定位，消除不良社会风气的影响。

虽然从总体上看，党的思想建设工作取得了不错的效果。但不可否认的是，仍然在一些时候或一些地方，存在思想建设缺失的问题，这对于党的事业发展来说具有严重的不良影响。就目前的社会生活实际来说，忽视思想政治工作为国家的共产主义事业发展也带来了一定的不良影响。由此可以看出，不重视党的思想建设工作，就不能为从严治党的要求提供有力保障，也就不能在真正意义上实现从严治党。习近平总书记在党的群众路线教育实践总结大会上指出："现在，一个比较明显的问题就是轻视思想政治工作，以为制定了制度、有了规章就万事大吉了，有的甚至已经不会或不大习惯于做认真细致的思想政治工作了，有的甚至认为组织找自己谈话是多此一举。正是这样的简单化和片面性，使一些可以落实的制度得不到落实、一些本来可以避免的问题不断发生。"[①]从中可以看出，落实全面从严治党，就要求我们必须充分重视思想建设和制度建设，要保证两方面建设的共同推进，保证思想建党与制度建党的紧密结合、相辅相成，使二者在党的总体建设中形成合力，推进整体党建工作。

(三)思想建设可以丰富党性修养的时代内涵

党的思想建设的一个重要方面是加强党员的党性修养。党性是一个政党的本质属性。中国共产党党章中明确规定："中国

① 习近平：《在党的群众路线教育实践活动总结大会上的讲话》，载《人民日报》2014年10月9日。

共产党是中国工人阶级的先锋队,同时是中国人民和中华民族的先锋队,是中国特色社会主义事业的领导核心,代表中国先进生产力的发展要求,代表中国先进文化的前进方向,代表中国最广大人民的根本利益。”党性集中表现着中国共产党的阶级性和代表性。中国共产党的性质及宗旨决定了其党性修养的内容,不论在什么样的情况下,其基本要求都不可以发生变化;在不同的历史时期,党担负着不同的历史重任,这也对党性的内容产生了一定影响。中国共产党自建党以来,一直为我国的革命、建设和改革坚持不懈地努力,党的历代领导人都十分重视党性修养,也提出了一系列论述,这些重要论述是党不断加强自身党性修养的重要思想武器。就我国当前实际来说,以习近平为核心的党中央以强烈的政治责任感和历史担当精神,一直强调党的先进性和纯洁性,根据我国的基本国情和时代发展要求,对全面从严治党提出了一系列新思想新论断新要求,其中也包括对新时代党性修养的具体要求,随着时代进步不断丰富着党的建设理论。在目前的发展形势下开展党的思想建设工作,就必须严格遵守习近平总书记对共产党人党性修养提出的全新内涵和要求,将党章作为根本准则,严格遵守“三严三实”要求等,不断磨炼自身品格、锤炼自身党性。

1. 加强中国特色社会主义的道路自信、理论自信、制度自信和文化自信

作为共产党人,必须坚持对马克思主义的信仰,坚定对社会主义和共产主义的信念,只有这样才可以保证自己在面临各种困难和诱惑面前保持清醒。锤炼党性修养的首要要求就是坚定理想信念,这里所说的理想信念是指共产主义远大理想和中国特色社会主义共同理想。在判断党员尤其是党员干部是否具有坚定的理想信念时,一个重要的判断标准就是其在重大政治考验面前是否可以保持政治定力,是否能够树立牢固的中国共产党宗旨意识,对于工作是否能做到积极主动、认真负责,是否能做到吃苦在

前、享受在后，在面临各种艰难任务时是否可以勇于承担，在面对各种诱惑时是否能保持清醒的头脑。全党要更加自觉地增强道路自信、理论自信、制度自信、文化自信，既不走封闭僵化的老路，也不走改旗易帜的邪路，保持政治定力，坚持实干兴邦，始终坚持和发展中国特色社会主义。

2. 自觉主动地坚持党的群众路线

不论在什么情况下，共产党人都应该坚持与人民群众站在一起，要与人民群众同呼吸共命运，要坚持贯彻群众是真正英雄的历史唯物主义观点，在日常的工作和生活中始终坚持立党为公、执政为民。尤其是对于领导干部来说，要紧随时代脚步，及时适应新形势，适应群众工作的新特点、满足群众工作的新要求，深入做好组织群众、宣传群众、教育群众、服务群众的工作，并且在人民群众中保持谦逊，向群众学习，诚心接受群众监督，以人民为本，团结群众，与群众同甘共苦、共同奋斗。艰苦奋斗是共产党人的本色。共产党人要时刻谨记党的宗旨，团结群众，保持与人民群众的血肉联系，在工作中艰苦奋斗，在生活中艰苦朴素。

3. 坚持“三严三实”

共产党人要时刻以“三严三实”要求鞭策自己，“三严三实”是指既严以修身、严以用权、严以律己，又谋事要实、创业要实、做人要实。严以修身，是指加强共产党人的党性修养，培养自身的道德修养和高尚情操，自觉远离低级趣味；严以用权，是指党员尤其是党员干部坚持用权为民，要按照一定规则和制度合理地行使权力，不可以搞特权，不可以为了个人利益而以权谋私；严以律己，是指时刻心存敬畏、手握戒尺，慎独慎微、勤于自省，严格遵守党的纪律和国家的各项法律制度，坚持为政清廉。谋事要实，是指充分结合实际地谋划事业和工作，保证策划的政策、方案等是符合国家和社会实际的，是符合客观规律和科学精神的，绝对不可以让谋事脱离实际；创业要实，是指在工作中要一步一个脚印、踏实肯干、真抓实干，要勇于直面困难、敢于担当责任、善于解决问题，通过实际努力得到人民的认可，创造经得起考验的实绩；做人要实，是指要做到忠诚老实，保证对党、对组织、对人民的真诚，在工作和生活中要老实，说实话、做实事，始终保持公平公正。

4. 坚持“对党忠诚、个人干净、敢于担当”

对于党的建设来说，忠诚、干净和担当是根本，在党性修养中，三者相辅相成、有机统一。对党忠诚，是指共产党人要时刻明确自己的身份，要积极承担自己对党的职责，要做到为了党、维护党、振兴党；个人干净，是指共产党人要保证自己廉洁，要科学合理地行使职权，对权利保持敬畏之心，坚决拒绝腐败，在工作和生活中时刻提醒自己保持清正廉洁；敢于担当，是指共产党人必须充分意识到责任的重要性，要勇于承担责任，要将党的原则、党的事业和人民的利益放在首要位置，在工作中要做到旗帜鲜明，积极主动为人民服务，在工作中艰苦奋斗、任劳任怨、善始善终。

5. 严格遵守党的纪律和规矩

党性修养的另一个重要内容是组织纪律性，其中最根本、最重要的纪律是政治纪律，只有保证党员严格遵守党的政治纪律，才能保证其他纪律可以发生作用。倡导共产党人严格遵守党的政治纪律，最重要的是坚持党的领导，要在开展各项工作的同时坚持党的基本理论、基本路线、基本纲领、基本经验、基本要求，要严格遵守党中央提出的各项规定和要求。加强组织纪律建设，首先要强化共产党人的组织意识，也就是引导他们树立对组织保持忠诚的自觉意识，要给予组织充分的信任、依赖和服从，积极主动地接受组织的安排和约束。尤其对于党员干部来说，懂规矩、守规矩是判断他们工作情况的重要标准。

6. 坚持改革创新

创新意识始终是衡量党员党性修养的重要部分，合格的党员及党员干部必须具有强烈的改革意识，要在各方面工作中积极创新改革，做促进派、实干家。尤其对于当前的时代背景来说，改革创新是必要的核心精神，鲜明地体现了时代精神，同时也是保持党的先进性的永恒不变的精神价值追求。在党带领人民实现社会发展的过程中，要坚持用改革创新解决各种矛盾和问题，使其成为推动科学发展、促进社会和谐的强大动力，在改革开放的伟大事业中，要保持创新精神，利用新认识、新思路和新举措推进事业发展。

7. 强化法治意识

党员及党员干部必须尊崇法治、敬畏法律，这是一项最基本的素质。共产党人应该为群众起到模范带头作用，第一，带头尊法，领导人民群众尊崇法治、敬畏法律；第二，带头学法，领导人民群众积极学习和了解法律；第三，带头守法，领导人民群众遵纪守法、捍卫法治；第四，带头用法，领导人民群众依法办事，运用法律保护自身合法权益。党员和党员干部应该牢固树立法治观念，具体来说，就是应该明确宪法法律至上、法律面前人人平等、权由法定、权依法使等基本法治观念，坚决不可以有人治代替法治的错误思想，坚决不能以言代法、以权压法。

(四)思想政治教育要突出重点

在党员和党员干部中开展思想政治教育时应该明确教育重点，要强调对共产党人进行理想信念教育、党性和道德教育、革命传统教育、典型示范教育、警示教育等，以此引导他们树立坚定的中国特色社会主义理想信念，在工作和生活中坚守共产党员的精神追求，杜绝精神缺钙。

1. 理想信念教育

党组织在开展思想政治教育活动时，应该坚持“常”“长”二字，这是指明确思想政治教育是一个长期的、经常性的工作，一定要投入大量的时间和精力,以此引导党员坚定理想信念,加强他们对社会主义的理解,增强理论自信、道路自信、制度自信,使他们对共产主义和中国特色社会主义有深刻的认识和觉悟。习近平总书记在党的群众路线教育实践活动的讲话上提出,必须毫不放松抓好思想政治建设,点亮党员干部心中的明灯,教育引导党员干部筑牢思想防线,坚持"革命理想高于天",保持蓬勃朝气、昂扬锐气、浩然正气。他提出,对于共产党人来说,其安身立命之本就是坚定理想信念,在工作和生活中坚守共产党人的精神追求。共产党人的政治灵魂所在是一种信仰,是对马克思主义、社会主义和共产主义的理想信念,也只有坚定中国特色社会主义理想信念,才能使共产党人在艰难险阻面前做出正确的抉择。邓小平指出:"对马克思主义的信仰,是中国革命胜利的一种精神动力。"[①]对于党员干部来说,必须坚定理想信念,并以此为基础锤炼精神,练就"金刚不坏之身",只有这样才能保证自身在各种社会现实问题面前保持旗帜鲜明,保证经得住考验,保证不被各种诱惑迷惑双眼,只有这样才能成为党组织、国家和人民靠得住、信得过、能放心的合格共产党人。习近平总书记指出,党员和党员干部必须学习并掌握马克思列宁主义、毛泽东思想、邓小平理论、"三个代表"重要思想、科学发展观、新时代中国特色社会主义思想,尤其应该深刻领会在这些理论思想中蕴含的马克思主义立场、观点、方法,只有这样才能保证自己有坚定的理想信念,才能深刻准确地理解和把握共产党执政规律、社会主义建设规律、人类社会发展规律,才能始终坚定理想信念。在当前复杂多变的国内国外形势下,只有掌握以上思想理论及其内涵,才能使党员及干部坚持科学指导思想和正确前进方向,从而带领人民不断推进中国特色社会主义建设。

2. 党性和道德教育

党性的核心就是全心全意为人民服务。增强党员和干部的

① 《邓小平文选(第3卷)》,人民出版社1993年版,第93页。

党性修养，要求引导他们强化宗旨意识，科学深刻地认识公与私，同时要引导他们树立正确的三观。共产党人的党性核心是全心全意为人民服务，要忠诚于党和人民，正确地看待公与私的关系，做到大公无私、公私分明、先公后私、公而忘私。共产党人必须做到一心为公，只有这样才能树立正确的是非观、义利观、权力观、事业观，才能切实为人民群众服务，才能在工作中做到清正廉洁、堂堂正正。对党员和干部进行道德品行教育，要求党组织引导他们在工作和生活中严格要求自己，自觉弘扬和践行社会主义核心价值观，不断提高自己的道德修养和生活情趣，面对各种诱惑做到立场坚定，不论是在生活中还是在工作中都要做到光明正大、坦坦荡荡。党员和干部在群众中应该起到模范带头作用，严格遵守社会公德、职业道德、家庭美德，要做到明大德、守公德、严私德，这些都体现了党性的提升。

3. 革命传统教育

革命传统教育对于党员和干部的党性提升具有重要作用。具体来说，应该开展深入的党史国史教育，依靠各个红色教育基地开展内容丰富、形式多样的教育活动，大力弘扬延安精神、井冈山精神、西柏坡精神和沂蒙精神，以此使广大党员干部深刻了解党的奋斗史和国家共产主义事业的发展史，深刻地认识到共产主义对于中国存在和发展的重要性和必要性。只有这样才能使广大党员及党员干部在全新的历史条件下，更好地锤炼党性，并以此为基础更好地继承和弘扬党的优良作风。

4. 典型示范教育

在开展思想政治教育时，应该充分发挥典型示范教育的作用，以最美教师、抗震英雄、感动中国人物等先进人物的事迹为引导，开展具有感染力和吸引力的教育活动，以此教育广大党员及党员干部，不断提升自己的道德修养、求实务实、严以用权，秉承全心全意为人民服务的基本原则，成为符合党和人民期待的合格党员干部。

5. 警示教育

要加强廉洁自律的警示教育,灵活运用反面典型事例,正确引导广大党员干部积极主动地开展自查自省,在面对各种诱惑时坚定自身立场,要提升自己反腐倡廉、抵御不正之风的能力。通过开展警示教育,使党员和党员干部得到警醒,在生活和工作中明底线、知敬畏,对于不良之风旗帜鲜明地划清界限,一定要遵纪守法,严格按照国家法律和党的纪律要求办事。

第二节 新时代党的思想建设的内涵与新要求

中国共产党一直十分重视思想建设,在新时代加强思想建设的根本在于坚持解放思想、实事求是、与时俱进的思想路线。是否能坚持落实党的这一思想路线,直接决定了党和国家的未来发展。在开展中国特色社会主义建设的过程中坚持解放思想、实事求是、与时俱进的思想路线,是正确认识和处理新问题、新情况的基础,也是在新时代进一步促进党的改革创新的基础,只有坚持这一思想路线才能保证我们党始终成为中国特色社会主义事业的坚强领导核心。

一、解放思想、实事求是、与时俱进思想路线的基本含义

党的思想路线集中体现了马克思主义认识论和方法论,是中国共产党人认识世界、改造世界的根本观点和根本方法。只有坚持正确的思想路线,才能推动党和党的事业发展。我们党领导和支持的关于实践是检验真理唯一标准的大讨论对于党和党的事业发展具有极为重要的作用和意义,该讨论冲破了长期个人崇拜和“两个凡是”的束缚,也就是说我们党从此开始又恢复到一切从实际出发、理论联系实际、实事求是、在实践中检验真理和发展真理的思想路线,这一思想路线为党的发展带来了生机,是推动党

的长期而持续发展的重要思想基础。邓小平对于思想路线进行论述时指出:“真理标准问题的讨论是基本建设,不解决思想路线问题,不解放思想,正确的政治路线就制定不出来,制定了也贯彻不下去。”①

中国共产党从改革开放以来,始终坚持解放思想、实事求是、与时俱进的思想路线,引导广大党员及干部充分运用马克思主义的立场、观点和方法来认识世界、改造世界。在党和党的事业发展过程中,积极积累经验,把握发展的规律性,结合社会发展把握党的事业的时代性,在实践中积极主动、勇于创新。以党的思想路线为指导,广大党员和干部解放思想、开动脑筋,面临新情况发现和解决新问题。在事业发展实践中,在结合实际的基础上勇于探索创新,跟随时代的脚步不断前行,永不停滞、永不僵化,这也是中国共产党一直保持自身先进性的关键所在,这一思想路线也指导着我们党的治党治国。改革开放以来,我们党进一步加强了思想建设,而在此期间党的建设的最根本、最富有意义的进步就体现在思想建设上,具体来说就是确定了党的马克思主义思想路线,而这一思想路线在新时代也将会发挥重大作用,引领党和国家的继续前进。

解放思想,是指在马克思主义的指导下,冲破思维惯性和主观偏见的束缚,让人们的思想从精神枷锁中解脱出来,消除不合时宜的观念、做法和体制对人们思想的不利影响,消除人们对马克思主义的错误和不充分理解,使人们思想不再被主观主义和形而上学主义所束缚,而是通过主观与客观相结合的方式看待问题、解决问题,保证人们的思想是在结合实际的基础上形成的。解放思想是一个永恒主题,不仅在革命时期具有重要作用,在新时代依旧具有重要意义,它对于全面建成小康社会、进一步促进中国特色社会主义建设具有重要的积极意义。在党和党的事业发展中,解放思想是取得胜利的思想基础。

① 《邓小平文选(第2卷)》,人民出版社1994年版,第191页。

实事求是,是党和党的事业发展的根本要求,是一个长期存在的重要命题。1930 年,毛泽东在《反对本本主义》一文中首次提出了“思想路线”的概念。之后在《改造我们的学习》一文中结合当时的国家和社会实际,对实事求是进行了全新阐述解释,并将其纳入党的思想路线。毛泽东指出,在实事求是中,“实事”是指存在于物质世界的一切客观存在的事物;“求”是指探索、研究;“是”是指各种客观事物之间存在的内部联系,也就是客观事物之间的规律性。从这一阐述说明中可以看出,实事求是是指从实际情况出发,探索研究客观事物存在的固有规律性,也就是探索客观事物的内部联系,以此作为党的行动的科学向导。解放思想和实事求是相互联系、相互统一,前者是后者的条件,后者是前者的基础。邓小平在有机结合二者的基础上全面阐明了它们的关系,即只有解放思想,才能实事求是;只有实事求是,才能更好地解放思想。

与时俱进,是指时代性,也就是说党在发展过程中应该保证其理论和实践的不断改革创新,要适应时代变化提出的新要求,保证永远走在时代前列。以与时俱进为党的思想路线内容,实际上是从马克思主义的发展规律和时代要求的角度,切实体现了解放思想、实事求是的发展。在解放思想、实事求是的基础上与时俱进,充分体现了党的先进性和时代性,我国正处于全面建成小康社会的关键时期,与时俱进是党的事业与时代发展紧密相连的重要保障。在新时代,促进党的事业发展和国家进步,必须使解放思想、实事求是与与时俱进紧密联系起来,只有这样才能有效促进中国特色社会主义建设。将与时俱进纳入党的思想路线,体现了党的理论和工作的时代性,这样可以使党更好地把握规律性、富于创造性。

党的思想路线同时包括解放思想、实事求是、与时俱进三个方面,三者之间具有密不可分的关系。只有保证解放思想,才能不断地发现新问题和新情况,并通过不断探索解决新问题新情况,才能使那些不合时宜的观念、做法和体制不再束缚人们的思想,才能使人们真正意义上把握不断发展变化着的客观实际,才能保证人们的思想认识是建立在客观实际的基础上的,只有这样才能为实事求是提供基础。同时,只有做到实事求是,才能更好地实现解放思想。与时俱进则是符合时代发展进步的要求而产生的必然结果,也就是实事求是的必然要求和结果。随着社会发展和时代进步,客观实际必然会发生一定变化,而为了更好地发现和解决新问题、新情况,就必须保证人们的思想认识符合客观实际的发展变化,而这就是实事求是与与时俱进结合的表现。

二、解放思想是党的思想路线的本质要求

只有解放思想,才能使广大党员干部尽快地适应新形势、认识新事物、应对新挑战、完成新任务,才能使广大党员干部在其工作中贯彻党的各项理论思想。解放思想,是党的思想路线的本质要求,是广大党员干部应对新挑战、新问题的思想基础,只有坚定不移地坚持解放思想,才能进一步推进党的事业发展。实际上,把解放思想作为党的思想路线的本质要求,是对党的思想路线认识的进一步深化。

辩证法是马克思主义的灵魂所在,马克思主义最基本、最重要的观点是基于生活和实践的观点,而这也是解放思想作为党的思想路线的本质要求的根源所在。在新时代推进党和国家的发展,一个关键就是更好地实现马克思主义中国化,而解放思想是实现这一点的关键所在。我们应该全面地认识马克思主义,否认马克思主义的指导、教条式地对待马克思主义都是片面的、不正确的。坚持马克思主义的根本在于结合实际不断地丰富和发展马克思主义。这也是党和国家的进一步发展对党提出的根本要求。

解放思想是我们党思想路线的本质要求,将解放思想纳入党的思想路线是对其深刻、高度的概括。马克思主义可以保持如此强大的生命力,究其原因就是它以解放思想为基础而不断发展。毛泽东思想、中国特色社会主义理论体系是以马克思主义为指导

而发展形成的,因此,保证马克思主义中国化成果的生命力,就必须保证坚持解放思想。中国共产党的思想路线集中体现了党的思维模式与方法,具体来说就是体现了党是以何种世界观、方法论作为基础,而认识和改造世界的,解放思想在党的思想路线中是本质要求的体现,因此其对于党的思想路线的贯彻具有十分重要的作用和意义。

在时代发展的步伐下,我们必须进一步解放思想。当前我国正处于社会转型的关键时期,改革开放进一步深化,这在为我国带来了很多机遇的同时,也为我国带来了巨大挑战。不论是抓住全新发展阶段的新机遇,还是合理应对新挑战,都需要党坚持进一步解放思想。新时代中国特色社会主义建设发展不平衡、不充分是我国当前面临的最大问题之一,这引起了一系列的社会矛盾,同时我国正处于全面建成小康社会的关键时期,为了实现新时代中国特色社会主义建设目标,必须进一步解放思想。我们应该充分意识到解放思想在党和国家事业发展中的重要性,中国特色社会主义进入新时代,在全新的历史阶段,党必须坚持以中国特色社会主义理论体系为指导,坚定不移地继续解放思想,要在发展理念、思路、举措和方法等各个方面积极创新,自觉主动地将解放思想落实到党的事业的方方面面,以此推动改革开放的深化、和谐社会的构建。

党员尤其是领导干部,应该在解放思想上起到模范带头作用。领导干部尤其是主要领导对一个地区、一个部门的发展通常具有决定性作用,因此,领导干部必须充分发挥自己的模范作用。将解放思想落实到对世情、国情、党情的科学认识和理解中,将解放思想落实到目标和任务的明确中,将解放思想落实到对比先进、查找差距中,以解放思想为指导开展各项工作,以转变传统思想观念为基础解决新问题,以新思路为基础发展新方式,将解放思想落实到党的各项具体工作中,以此为指导解决实际问题。在具体工作中,应该将解放思想落实到具体方面。第一,不怕事。这是指党员干部在开展工作时,不能一味地怕犯错误、怕受责怪、怕被嘲笑，怕事会导致一些好的建议和措施不能被提出和实施，严重影响了工作的推进。遇事瞻前顾后、畏首畏尾，不到迫不得已不行动等思想和行为，严重影响了解放思想的落实，因此广大党员干部必须转变这种思想和行为，更好地践行解放思想。第二，敢为人先。落实解放思想的一个前提是破除因循守旧的传统观念和思想，在面对各种问题时要做到敢为人先，要有一定冒险精神，在面对新问题、新困难时应该迎难而上，而不是知难而退，要积极主动地寻求新发展、新出路。如果在遇到新问题时还墨守成规，一味地依赖于过去的成果，那么很可能错失良好的发展机会，也就无法紧跟时代步伐。第三，扎实肯干。思想是行为的指导，行为是思想的证明。解放思想，一定要坚持真抓实干。尤其是对于党员干部来说，其领导能力的培养主要源自于实干，也通过实干而体现。实践是解决问题的基础，只有付诸行动才能真地抓住机遇。

关于解放思想，党员干部已经开展了一系列讨论，并取得了阶段性成果，但这还远远不够，为了进一步推进中国特色社会主义建设，必须继续深入扎实地进行下去。广大党员干部坚持在工作中落实解放思想、开拓创新，就一定会进一步拓宽中国特色社会主义的发展道路，一定会进一步丰富马克思主义中国化的理论成果。

三、实事求是是党的思想路线的核心内容

党章中明确规定，党的思想路线是一切从实际出发，理论联系实际，实事求是，在实践中检验真理和发展真理。其中，实事求是是党的思想路线的核心内容。

（一）明确实事求是的重要意义

中国共产党实现巨大发展的根本途径就是实事求是，它是我们党从创立到兴旺发展的根本途径。毛泽东在延安任中央党校校长时为中央党校题写的校训为“实事求是、不尚空谈”。而中国

共产党自成立以来的发展一直体现着这一校训的内容。只有坚持实事求是，才能避免空谈，才能实现伟大事业。邓小平曾指出："过去我们搞革命所取得的一切胜利，是靠实事求是；现在我们要实现四个现代化，同样要靠实事求是。"[①]实事求是是马克思主义中国化理论成果的精髓和灵魂，所有马克思中国化的理论成果都体现了实事求是的思想，它是党的思想路线的核心内容；实事求是是广大党员干部认识和改造世界的根本要求，是广大党员干部的基本思想、工作和领导方法，只有坚持贯彻落实实事求是，才能使我国的社会主义事业在党的带领下走向胜利。通过历史实践我们可以看到，只有坚持实事求是才能保证党的路线方针政策符合客观实际、体现发展规律、顺应人民意愿，只有这样才能推动党和国家的事业继续前进；一旦脱离了实事求是，党和国家的事业将受到重创。

（二）实事求是的精神实质与基本要求

毛泽东指出："'实事'就是客观存在着的一切事物，'是'就是客观事物的内部联系，即规律性，'求'就是我们去研究。"从中可以看出实事求是的精神实质和基本要求。

落实实事求是的基础是弄清"实事"，也就是说必须做到充分了解和掌握实际情况。我国正处于全面建成小康社会的关键时期，中国特色社会主义建设进入新时代，发展不平衡不充分导致了各种社会矛盾的加剧，同时出现了很多新事物、新情况、新问题，在这个时期推动党和国家事业的发展是一个充满困难的工作。在当前的社会背景下，推动党的事业发展，更需要做到实事求是，要切实掌握真正可靠的实际情况。掌握客观实际中的"实事"是关键，而做好这一工作就需要我们通过调查研究，尽可能掌握全面、真实、丰富、生动的第一手材料，充分了解相关地区、部门的实际情况，明确改革发展中出现的实际问题，切实了解广大人

① 《邓小平文选（第 2 卷）》，人民出版社 1994 年版，第 143 页。

民群众的实际需要，只有这样才能从真正意义上了解和掌握“实事”。这也始终是我们进行一切科学决策所必需的也是唯一可靠的前提和基础。

落实实事求是，不仅要弄清“实事”，还要做到“求是”，这是实事求是的关键所在，是指探求和掌握事物发展的规律。我们只能通过实践认识事物的客观规律。我们党也是在不断的实践中了解和掌握党的执政规律、社会主义建设的规律、人类社会发展的规律的，而正因为党对这些客观规律有了深刻的理解，才能够在中国特色社会主义事业中获得成就并不断前进。保证党员干部在工作中掌握主动权、获得一定成绩的关键，就在于坚持实事求是，在于能否严格按照事物的客观规律开展工作。因此，党员干部在开展各项工作时都要坚持实事求是，要认识和遵循客观规律。

1. 坚持一切从实际出发

党员干部在想问题、作决策、办事情时必须保证从实际出发，因为实际事物是客观存在于世界的，是对实际事物研究、抽象的结果，并不能将其作为想问题、作决策的出发点，只有客观实际才能成为想问题、作决策、办事情的出发点。从历史实践可以看出，只有保证一切从实际出发，才能有效地开展各项工作，它是无产阶级政党正确地制定和执行路线、方针、政策的前提，是人们客观全面地认识和改造世界的根本。

2. 坚持理论联系实际

脱离实际的理论是教条化的理论，这种理论没有充足的生命力支持自身的存在和发展。理论联系实际是马克思主义最基本的原则。对于工人阶级政党来说，落实理论结合实际是其走向政治成熟的主要标志之一。马克思主义来自实践，也在实践中得到证明，马克思主义是经过实践检验的符合客观事实的科学理论。应该坚持学习和运用马克思主义经典著作和世界社会主义运动的历史经验，但是一定要充分结合中国实际，不能盲目地照搬模仿。

3. 正确认识和把握我国的基本国情和基本特征

坚持实事求是，要求我们必须充分认识到我国目前正处于社会主义初级阶段的事实。我国当前面临人口多、基础弱、发展不平衡不充分的问题，这是我国的基本国情。我国目前正处于全面建成小康社会的关键时期，中国特色社会主义建设进入新时代，同时还面临着经济全球化的进一步深化，社会上出现了一系列新问题和新特征，这些特征是社会主义初级阶段基本国情在当前阶段的具体表现。实事求是，就要强调清醒认识我国处于社会主义初级阶段的基本国情，不能妄自菲薄、自甘落后，也不能不顾实际、追求空想，要将基本国情作为推进改革、谋划发展的根本依据，只有这样才能在实际的具体工作中落实实事求是，从而推动党和国家事业的改革和发展。因此，党员干部在开展实际工作时，必须清醒地认识到我国处于社会主义初级阶段的国情和特征。

4. 坚持群众路线

党的群众路线是“一切为了群众、一切依靠群众，从群众中来、到群众中去”。“一切为了群众”，是我们党开展各项工作的根本出发点和目的；“一切依靠群众”，是党开展各项工作的重要力量源泉；“从群众中来、到群众中去”是党的根本领导方法和工作方法。党的群众路线与党的思想路线相辅相成，从本质上看，群众路线和思想路线是统一的。实事求是要求我们以实践为基础，在遵循事物客观规律的基础上认识世界，而只有“从群众中来”才能真正实现这一过程；同时实事求是要求我们以实践为基础改造客观世界，而这只有通过“到群众中去”才能实现。由此可以看出，党的思想路线与群众路线相辅相成，只有坚持群众路线，才能落实实事求是。

四、与时俱进是党的思想路线的新发展

党的十三届四中全会以来,党中央领导集体针对世情、国情、党情的深刻变化,指出"马克思主义具有与时俱进的理论品质",强调要在开展各项工作时注重与时俱进,坚持党的解放思想、实事求是、与时俱进的思想路线,与时俱进是体现党的先进性、时代性和创造力的重要因素。可以说,与时俱进是在时代发展的背景下出现的党的思想路线的新发展。

与时俱进是马克思主义的优良理论品质,是马克思主义的本质要求,同时也是马克思主义进一步发展的必然要求。马克思主义之所以具备强大的生命力,很大的原因就是其具有与时俱进的优秀理论品质。一些人教条地理解马克思主义,不结合时代背景地照搬马克思主义,这是对马克思主义的错误理解。恩格斯指出:"无论如何应当声明,我所在的党没有提出任何一劳永逸的现成方案。我们对未来非资本主义社会区别于现代社会的特征的看法,是从历史事实和发展过程中得出的确切结论;脱离这些事实和过程,就没有任何理论价值和实际价值。"由此可以看出,马克思主义不是教条主义而是科学理论,这就要求马克思主义随着时代和实践的发展而不断扩展、深化,要在实际的基础上得到创新和完善,始终保持自身的先进性。同时,马克思主义的发展史,是将马克思主义的基本立场、观点和方法与时代融会贯通的历史,这部历史充满了时代色彩,随着时代的推进而不断变化,在马克思主义的发展历史中可以看到它结合实际认识世界、改造世界的作用。马克思主义自其产生以来一直保持着旺盛的生命力,它在不同的时代发挥着力量,帮助人们科学地认识和改造世界,这不仅是因为马克思主义基本原理的正确性和基本方法的科学性,也因为马克思主义时刻保持自身的先进性,也就是其具有与时俱进的优良品质。从马克思主义的历史实践可以看出,正是因为一代代真正的马克思主义者在充分结合时代背景的基础上运用马克思主义,才推动了其不断丰富和发展。因此,我们党必须把握

时代主题,要在结合实际的基础上实现新的探索,保证践行具有时代性、先进性的马克思主义科学理论。

马克思主义是不断进步的科学理论,要以与时俱进的眼光看待马克思主义。马克思主义是以实践为基础的有机结合科学性和革命性的理论,它是我们立党立国的根本指导思想,也是凝聚民族力量的理论基础,为了保证党和国家事业的顺利推进,我们必须坚持马克思主义基本原理,只有这样才能保证在面临各种困难和挑战时坚定信念,不会迷失方向。要坚持马克思主义的科学性,否则会对伟大事业的实现造成阻碍。同时,要清醒地认识到马克思主义具有时代性、先进性特征,要求我们要以与时俱进的科学态度对待马克思主义,否则会导致对马克思主义认识的教条和不全面,如果在不考虑历史条件和实际背景的情况下,直接引用一些马克思主义经典作家的论断来指导自己的实际思想和行动,很可能造成思想脱离实际,也就不能实现对我们事业发展的推进。教条地对待马克思主义,会产生一系列的不良影响:一方面,不同国家的具体环境、客观条件和实际情况并不相同;另一方面,同一个国家在不同的历史阶段所处的实际环境也并不相同。近代以来,世界各国发展迅速,世界形势日新月异。面对不断变化的客观实际,邓小平曾指出,我们"绝不能要求马克思为解决他去世之后上百年、几百年所产生的问题提供现成答案。列宁同样也不能承担为他去世以后五十年、一百年所产生的问题提供现成答案的任务。真正的马克思列宁主义者必须根据现在的情况,认识、继承和发展马克思列宁主义"①。

中国共产党的发展壮大及其带领全国人民取得的伟大事业,很大程度上依赖于党的指导思想和基本理论的与时俱进。中国共产党人始终坚持探索创新,从实践中总结中国革命正反两方面经验,并在此基础上找到了中国新民主主义革命的正确道路。在新民主主义革命取得胜利后,在中国共产党的带领下开展社会主

① 《邓小平文选(第3卷)》,人民出版社1993年版,第291页。

义革命运动，积极探索符合我国基本国情和社会实际的社会主义建设道路，创立并发展了毛泽东思想，由此正式开始了马克思主义中国化活动，在实践中不断推进其进步和发展。此后，以邓小平为代表的中国共产党人积极总结新中国成立后的经验，充分研究国际形势、借鉴他国经验，开启了改革开放的实践探索，开辟了中国特色社会主义道路，创立了邓小平理论，结合国内国外形势实现了党的指导思想和基本理论的与时俱进。随着社会发展和时代进步，中国共产党始终坚持与时俱进，结合当时的国内国外形势，确定最适合的路线方针，经过不断探索和创新丰富了马克思主义中国化内容。当前，以习近平总书记为代表的中国共产党人，深刻认识和准确把握世情、国情、党情的发展变化，指出我国正处于全面建成小康社会的关键时期，中国特色社会主义已经进入新时代，并在总结各方面经验的基础上形成了习近平新时代中国特色社会主义思想。

第三节 加强党性修养，坚定理想信念

习近平总书记始终强调党员尤其是党员干部要加强党性修养，他指出："没有规矩，不成方圆。党章就是党的根本大法，是全党必须遵循的总规矩。在各级党组织的全部活动中，都要坚持引导广大党员干部特别是领导干部自觉学习党章、遵守党章、贯彻党章、维护党章，自觉加强党性修养，增强党的意识、宗旨意识、执政意识、大局意识、责任意识，切实做到为党分忧、为国尽责、为民奉献。"

一、坚定理想信念，建设精神家园

（一）加强政治修养

作为一名中共党员必须具备相应的政治修养，它集中体现了一名党员的政治素质、政治立场和政治态度，是衡量党员政治成

熟的一个重要标志。因此，有必要加强党员的政治修养，而这就需要坚定他们的理想信念，只有这样才能引导党员积极主动地为人民服务、为党和国家奉献自我。共产主义远大理想和中国特色社会主义共同理想是中国共产党人的崇高追求和强大精神支柱。广大中共党员需要有机结合共产主义远大理想和党的现阶段历史任务，在开展各项工作时必须坚定中国特色社会主义道路，树立正确的世界观、人生观、价值观，正确看待和对待权力、利益等，坚定政治信念、政治立场，增强政治鉴别能力、政治忠诚度，以此保持清醒的头脑，从而可以抵挡来自各个方面的干扰和诱惑，在思想和行动上始终与中央保持高度一致。在工作和生活方面积极贯彻执行党的基本路线，对党的事业充满热情，并自觉将热情转化为开展事业的强大动力，旗帜鲜明地投入党和国家的事业。

目前，有一些党员尤其是领导干部在面对矛盾和困难时，过于悲观、畏缩不前，在面对各种干扰和诱惑时，不能坚定自我、洁身自好，而导致这一现象的根本原因是他们没有坚定的共产主义理想和中国特色社会主义信念。坚定理想信念的根本就是坚持马克思主义，要用马克思主义的立场、观点、方法认识世界，以此为基础科学地掌握人类社会的客观发展规律。作为共产党员，必须不断学习和探索辩证唯物主义和历史唯物主义，并将其运用于工作中，把理想信念建立在科学分析的理性基础之上。第一，应该正确看待当前资本主义在经济、科技发展方面具有的优势，认识资本主义的基本矛盾及其发展趋势；第二，正确看待社会主义在其发展过程中必然经历的各种曲折和反复，正确认识人类社会发展的客观规律；第三，正确认识社会主义事业建设过程的必然属性，即长期性、艰巨性、复杂性，同时应该清醒地意识到社会主义制度拥有的强大生命力和巨大优越性。可以看出，共产党员需要以人类社会发展的客观规律为基础，正确地认识和对待世界的变化和发展，要在工作和生活中不断坚定自己的理想信念。理想信念不仅是思想认识上的问题，更重要的它还是一个实践问题。作为共产党员，必须明确地认识到共产主义事业的长期性，认识到我们当前的努力及未来多少代的持续努力，都是为了在将来某一天真正意义上实现共产主义。在这个长期建设过程中，我国现在仍处于并将长期处于社会主义初级阶段。因此，我们党必须结合当前社会发展的实际情况确定阶段性建设目标，要实事求是地推进我们党的事业。我们需要远大理想，但必须保证远大理想是建立在实际基础上的。因此，对于广大共产党员来说，必须拥有共产主义的崇高理想，要坚定中国特色社会主义的理想信念，为实现中国特色社会主义建设目标而不懈奋斗，认真做好每项工作，为党和人民的事业奉献自我。

(二)加强思想政治工作

对于共产党员来说，一项重要任务就是在当前形势下开展科学有效的思想政治工作，通过这项工作加强全社会的思想政治水平，加强全体社会成员的思想观念进步，在全社会建设社会主义精神家园。随着社会发展，人们的思想观念发生变化，这是为了适应新时代带来的思想更新，在学习观念、工作观念等方面都出现了新变化，但随着改革开放的思想变迁，也出现了一些不利现象，如理想信念淡化、民族虚无主义回溯、假科学伪科学蛊惑人心等。在当前的价值观多元化背景下，更应该加强思想政治工作，帮助人们树立正确的“信仰、信念、信心、信任”，也就是要引导人们建设社会主义精神家园，这是符合当前社会发展阶段的对共产党员提出的新要求。

在新时代背景下开展科学有效的思想政治工作，是贯彻落实十九大精神的任务要求，是党的思想建设中的重要组成部分。党开展思想政治工作，可以分为思想政治教育和思想政治管理两个部分，二者之间相互促进。同时，在开展思想政治工作时，应该将受教育和管理的人群划分为党内人员和党外群众，开展不同层次的具有针对性的教育和管理，在实践中不断积累经验，从而开展更有效的思想政治工作。

1. 认真开展党内思想政治工作

在党内开展思想政治工作，需要包含很多内容，具体来说主要包括以下几项：①按照中国特色社会主义理论体系的指导要求，明确在团结全党开展政治斗争的一项重要的中心环节就是面向党员开展思想教育；②加强对入党工作的重视，不仅重视形式上的入党，更重要的是重视“思想上入党”；③加强党风整顿，具体来说就是要对广大党员及干部开展马克思主义教育；④选择恰当的时间组织党员参加各种党建活动，组织党员和干部积极定期参与民主性活动，通过这些活动可以有效地增强党员党性；⑤明确“惩前毖后、治病救人”“团结—批评—团结”作为解决党内思想矛盾的正确方针；⑥在开展党内思想政治教育和思想政治管理时，要明确党要管党、从严治党的基本原则；⑦开展切实有效的党内作风建设工作的关键，在于站在世界观高度解决党风问题；⑧各级党校是“三个阵地，一个熔炉，培训党员干部的主渠道”。

2. 认真开展党的群众思想政治工作

大致上可以将党的群众思想政治工作归纳为以下几点：①思想政治工作是开展其他工作的基础；②开展群众思想政治工作的根本任务是提高全社会的综合素质以及培养社会需要的“四有”新人；③思想政治教育实际上就是在群众中开展马克思主义思想政治教育活动，这需要与日常性的社会公德教育、职业道德教育和家庭美德教育有机结合；④党的群众思想政治教育的基本方针是坚持党的基本路线；⑤在开展思想政治教育时，需要适当的结合物质利益，以此提高教育的吸引力和有效性；⑥在开展思想政治工作时，需要结合思想问题和实际问题、结合思想教育和科学管理、结合言教和身教、结合先进性要求和广泛性要求；⑦坚持理论结合情感、结合“抓两头带中间”和“抓中间促两头”，充分利用新兴媒体的教育工作，积极发挥文化的教育功能，开展内容丰富、形式多样的思想政治教育和管理活动；⑧坚持党的群众观点和群众路线，逐步形成“干部经常受教育，群众长期得实惠”的长效机制。

此外，党应该切实把握思想政治工作多层次多样化互动规律，转变传统的思想政治教育方式，不再进行填鸭式、形式化的理论灌输，而是要重视教育的启发性、渗透性，使用无意识灌输代替精神强制性灌输，注重培养人们的理性思维，加强教与学的互动、沟通，在多样化中弘扬社会主义主旋律，明确马克思主义的指导地位，只有这样才能保证在不断变化的形势下，共产党人的思想政治工作仍然可以充分发挥其传统优势。

二、加强党性修养，践行社会主义核心价值体系

（一）自觉践行社会主义核心价值体系

社会主义核心价值体系是社会主义意识形态的本质体现，它决定了中国特色社会主义发展方向。社会主义核心价值体系主要包括四方面内容，即马克思主义指导思想、中国特色社会主义共同理想、以爱国主义为核心的民族精神和以改革创新为核心的时代精神、社会主义荣辱观。党的十九大明确指出，要坚持社会主义核心价值体系，必须坚持马克思主义，牢固树立共产主义远大理想和中国特色社会主义共同理想，这是中国特色社会主义进入新时代的要求，是增强全社会民族自信的有效途径。

1. 坚信科学真理

马克思主义是科学真理，是中国共产党发展伟大事业的指导思想。马克思主义可以有效地指导工人阶级和劳动人民革命和解放，可以带领人民群众建设社会主义，可以引领人民群众向共产主义的远大目标不断前进，它解释了自然、社会和思维发展的客观规律，是工人阶级及工人阶级政党的科学世界观。马克思主义会随着时代发展而不断更新，因此其基本立场、方法和原理具有很强的时代性，因此即使在新的历史条件下也应该坚持马克思

主义，要坚持马克思主义的一元指导地位。在中国特色社会主义建设过程中，应该坚持以马克思列宁主义、毛泽东思想、邓小平理论、“三个代表”重要思想、科学发展观、习近平新时代中国特色社会主义思想为指导，面对各种艰难险阻，带领广大群众开创社会主义建设事业。

2. 追求共同理想

党应该通过正确的方式引导全体社会成员追求中国特色社会主义的共同理想。只有以信仰和理想为支撑，人们才能持续奋斗，国家和民族才能得以存在和发展，理性和信仰体现了历史发展规律，决定了一个民族是否能够代代相承。在当前社会，人们会抱有某种目的地开展各项工作，在为国家、为集体、为自己的关系中有一个根本的共识，也就是说人们的一切工作都是服务于中国特色社会主义建设事业的，人们的不懈努力是为了实现中国特色社会主义的共同理想。中国特色社会主义共同理想就是指，在中国共产党领导下，结合基本国情和社会实际，将经济建设作为中心，在开展各项工作时坚持四项基本原则和改革开放，不断解放和发展社会生产力，加强巩固和完善社会主义制度，在经济、政治、文化等各个方面开展社会主义建设，建设富强民主文明和谐的社会主义现代化国家。结合当前社会建设实际可以看出，我国在相当长的一个历史时期内，都会以此作为共同理想，以此凝聚社会力量，引导党员尤其是党员干部更加自觉、坚定地贯彻党的基本理论、基本路线、基本纲领和基本经验，更加自觉、坚定地建设中国特色社会主义、为党和人民事业不懈奋斗，更加自觉、坚定地为实现中国特色社会主义共同理想而奉献自我。通过开展思想政治教育，引导党员干部增强党的意识、宗旨意识、执政意识，使他们做到以大局为重、重视责任，为了国家发展而不懈努力，为了党和人民的事业而艰苦奋斗。加强党的意识形态工作和思想政治工作，提高党员尤其是党员干部的政治敏锐性和政治鉴别力，建设并巩固思想防线，明确马克思主义与反马克思主义的界限，明确我国基本经济制度与私有化和单一公有制之间的区别，明确中国特色社会主义民主与西方资本主义民主之间的区别，提高抵御各种错误思想的能力，在各种矛盾和困难面前保持清醒的头脑，坚定社会主义立场。

3. 加强文化建设

民族精神和时代精神体现了传统与当代的统一，是社会主义核心价值体系的精髓。加强党的思想建设，就必须加强弘扬民族精神和时代精神。民族精神是中华民族存在和发展的根源所在，只有保证精神的存在和传承，才能保证我们可以抵御外来侵略，赢得民族独立和解放，才能在时代潮流中抓住机遇实现社会各个领域的大发展，才能在民族受到重创后迅速崛起，因此，在中国特色社会主义进入新时代的今天，我们仍然应该坚持弘扬民族精神，以此建设社会主义和谐社会，以此实现全面建成小康社会的宏伟目标。在全社会弘扬民族精神和时代精神，使人民群众始终保持积极向上的精神状态，这是建设中国文化的主旋律。只有明确并落实这一点，才能更好地践行社会主义核心价值体系，才能实现中国文化的进一步发展。

（二）以科学发展观指导政绩观

加强党性修养，践行社会主义核心价值体系，就要在工作中落实科学发展观，也就是要树立与科学发展观相适应的政绩观，这就要求各级党的领导干部树立与之相应的事业观，将为党和人民的事业奋斗作为自己最重要的事业，将为人民服务作为自己的最大追求，要一切为了人民，在工作中自觉坚持为民用权、为民谋利，保证党的工作经得起群众、实践和历史的检验。

科学发展观是政绩观的灵魂和指南；党追求政绩实际上是为了实现人民群众的利益；创造政绩的重要内容之一就是实现经济社会的可持续发展；基本途径则是强调实干、追求实效；对政绩进行有效评价的基本尺度则是党和人民的实际需求。

从政绩内容上可以切实反映政绩观，也就是说只有正确的政绩观才能变现为有利于单位的建设和发展的政绩；创造政绩的目的应该是以党和人民的利益为重，不应该为了个人利益而采取行动，要切实为了经济建设而开展工作；在创造政绩的实践中，要保证脚踏实地、埋头苦干，不要在工作中要小聪明。只有在正确的政绩观下开展工作，才是真正为人民服务，才能切实为党和人民的事业作贡献。真正的政绩应当是符合党和国家政策法规的政绩，是符合中华民族长远发展的政绩，是人民群众需要的政绩，是经得起历史检验的政绩。也就是说，共产党人的政绩应该是为了实现人民利益而存在的。

1. 树立求真务实的政绩观

要求党员干部树立正确的政绩观，实际上就是要求他们忠实实践党的宗旨，真正做到权为民所用、情为民所系、利为民所谋。要实事求是，开展一切工作都要结合实际，不能为了满足个人虚荣心而盲目攀比；要深入实际，深入群众，为人民办实事；要树立大局观，做到统筹兼顾，切忌急功近利，而是要一步一个脚印地向目标前进。习近平总书记在参加十三届全国人大一次会议山东代表团的审议时提出："功成不必在我并不是消极、怠政、不作为，而是要牢固树立正确政绩观，既要做让老百姓看得见、摸得着、得实惠的实事，也要做为后人作铺垫、打基础、利长远的好事，既要做显功，也要做潜功，不计较个人功名，追求人民群众的好口碑、历史沉淀之后真正的评价。"

党的各级领导干部必须要坚持实事求是的科学态度。我们党的思想路线是解放思想、实事求是、与时俱进，这同时也是衡量我们党的政绩的态度和方法。我们党要求党员干部要以辩证唯物主义和历史唯物主义为指导开展各项工作，而求真务实是其中最核心的内容。也就是说，党员干部都需要具备求真务实的政治品格和工作态度。只有这样才能保证我们党永远充满活力，才能保证党和人民的事业可以得到有力推进，才能保证党员干部创造的政绩是实实在在为人民服务、为社会服务的。要在党员干部中树立实践第一的观点,树立尊重客观事实的理念和精神,坚持唯物主义,要做到说真话、办实事。习近平总书记指出,形式主义实质是主观主义、功利主义,根源是政绩观错位,责任心缺失。党员干部在工作中要继承和发扬求真务实的优良作风,要坚持贯彻落实党的思想路线,也就是在工作中做到解放思想、实事求是、与时俱进,要有使命感、责任感和紧迫感,在决胜全面建成小康社会、新时代中国特色社会主义的背景下,创造突出的政绩。此外,一定要用实践的观点看政绩,只有这样才能使政绩经得起实践和历史的检验,才能推动社会生产的进一步解放和发展,才能实现人民生活富裕的愿望,才能更好地走生态文明发展之路。

2. 树立全面的政绩观

马克思主义具有很强的科学性,它始终十分重视经济社会和人的全面发展,并旨在揭示它们之间存在的各种内在联系及其本质。党的十六届三中全会将科学发展观提升到战略高度,有机结合了全面发展、协调发展、可持续发展,并结合时代发展赋予其全新内涵。实际上,这是站在时代发展的角度对发展思路、发展模式的全新探索,是马克思主义中国化的成果。党的各级领导干部必须随着时代发展而更新观念,从整体上推进物质文明、政治文明、精神文明建设,促进我国政治、经济、文化和社会等各个方面的全面协调发展,在此基础上促进人的全面发展,促进社会的和谐、可持续发展。用科学发展观的角度看政绩,要求党在衡量政绩时,不仅要注重经济指标,还要重视社会指标、人文指标和环境指标;不仅要看重城市变化,还要重视农村的建设发展;不仅要重视现在的进步和发展,还要重视发展是否具有可持续性;不仅要注重经济总量增长,还要关心人民群众是否真的从中获得实惠;不仅要重视经济发展,还应该强调社会稳定;不仅要重视可以看到的政绩,同时要重视那些不易发现的潜在政绩;不仅要看主观努力,还要重视客观条件。只有这样,党才能真正树立与科学发展观相适应的政绩观。

3. 树立以人为本的政绩观

树立正确的政绩观的一项重要基础是确立创造政绩代表了最广大人民根本利益的思想,要用马克思主义及马克思主义中国化的最新成果指导我们党的各项工作。我们党的最终目标是实现人的全面发展,而这就要求党要“以人为本”,也就是将人民群众作为中心开展工作,要用群众的观点看政绩,切实履行党的根本宗旨,始终把实现人民群众的利益作为创造政绩的根本目的。用群众的观点看政绩,要求党员干部关怀人民群众,积极听取群众的意见和建议,帮助群众解决实际问题,集中群众的智慧,要为了人民群众的利益做实事,要结合实际及时为人民群众解决最关心、最迫切的问题。以人民群众的观点看政绩,就是要以人民群众拥护不拥护、赞成不赞成、高兴不高兴、答应不答应,作为衡量政绩的根本标准,创造业绩应该是为最广大人民群众谋利益,在开展工作时,坚持尊重社会发展客观规律的同时坚持尊重人民历史主体地位,坚持完成党的各项工作的同时坚持为人民办实事。真正意义上做到全心全意为人民服务,真正意义上创造出符合广大人民群众期待的政绩,只有这样的政绩才是符合社会发展需要和人民实际需求的政绩。坚持以人为本,就是要有机结合全新的政绩观和发展观,在此基础上建立全新的政绩考核指标体系。因为政府职能已经重新定位,因此应该切实转换经济职能的定位,使其转换到市场主体服务和创造良好的发展环境上来,按照目前的政府建设思路开展工作。围绕政绩观进一步挖掘,推进制度和体制的建设和完善,并在此基础上推动探索和创新。要始终坚持立党为公,执政为民。要明确权力来自于人民,也要为人民行使,保证权力的正确行使,有机统一为民掌权和为民创造政绩。党的各级领导干部不论是在行使权力还是在创造政绩时,都必须坚持人民利益高于一切的原则,一定要保证权力和政绩都是为人民服务、造福于人民的。我们党创造的政绩必须是人民群众拥护、满意和需要的政绩，要保证政绩是服务于人民、造福于人民的。

（三）加强党性修养的有效途径

1. 加强学习

“学而不厌，诲人不倦”是中华民族的传统美德，也是中国共产党员需要具备的良好素质，这就要求党员干部要用中国特色社会主义理论体系和科学文化知识武装自己，这是增强党员干部的党性修养的基本途径。只有保持不断学习才能树立坚强的党性观念。只有学习才能拒腐、防变、固本；不学习就会导致党员干部缺乏马克思主义的理论基础，在面对各种腐朽思想时缺乏必要的判断能力和抵御能力，就不能克服自我改造过程中的各种障碍，也就不可能增强自身的党性。共产党员是时代的先锋，要保持自身的时代性，在复杂的环境中也要保持清醒的头脑和坚定的政治立场，在推动社会进步中党员干部要切实发挥自身的先锋模范作用，要不断学习增强自身的理论基础。党员干部如果不能通过不断学习而掌握科学理论，并将其作为武装自己头脑的武器，就必然被时代抛弃，必然无法保持共产党员的先进性。学习是贯穿人生的事情，面对新的形势和任务，必须加强学习，而且必须有选择、有鉴别地学习。首先，要认真学习马克思列宁主义、毛泽东思想、邓小平理论、“三个代表”重要思想、科学发展观、习近平新时代中国特色社会主义思想；其次，要在实际工作和生活中学习共产主义，更加自觉主动地为人民服务；最后，要加强科学文化知识和专业业务知识的学习，对于不懂、不熟悉的内容要加强了解和学习，在新形势下建功立业。

2. 重视实践

共产党员的党性修养是思想品质、政治品质、道德操行的锻造过程，只有通过不断学习，才能提升自身的党性修养，要增强自身的理论修养，提升自身的精神境界，开阔自身的政治视野。更重要的是,提高党性修养必须充分结合实际,也就是在社会实践的基础上提升,而不是坐而论道,只有经过实践才能真正地磨炼党性。实践是认识的基础,马克思主义科学世界观本身,就是来源于无产阶级的革命运动实践,广大党员干部要掌握马克思主义科学理论武器,要在工作中充分发挥马克思主义中国化理论成果的作用。而只有通过实践才能真正领会和把握马克思主义科学理论的精髓,在开展各项工作时需要保证知与行的一致,主观和客观的统一,有机结合理论和实践,在实践中锤炼并提升党性修养。

3. 加强锻炼

党员干部应该积极主动地参与各种党内活动,在党内生活中锻炼党性修养,要在工作中切实履行好自己的职责,并且主动接受党内同志和党外群众的监督;要积极主动地向党组织汇报自己的思想、工作和学习情况,在遇到思想、生活和工作上的困难时,应该主动自觉地接受党组织的指导和帮助;在生活和工作中积极开展批评和自我批评,要长期与各种不良倾向作斗争。

党员的党性修养需要经过培养和不断提升,需要在严格的党内生活中养成。对于一名党员尤其是领导干部来说,如果长期与组织脱离,那么很可能导致党性观念出现淡化,甚至会导致他们在思想和实际工作中犯错误。党员、干部必须自己进行自我检讨、自我批评,要对党保持真诚的态度,要及时发现自己在党性党风上存在的主要问题,主动接受监督和帮助,以此不断提升自己的党性修养。

4. 加强自我剖析

加强党性修养不仅需要党员干部不断学习和实践,还需要他们不断进行自我剖析,这不仅是学习过程,也是改造过程。党性修养并不是依靠外部力量推动而提升的,也不是党通过强制手段而对党员干部进行改造而实现的,而是依靠调动党员内在的积极性、主动性，使其自觉掌握科学的理论，自觉学习科学文化知识，自愿地克服各种非无产阶级思想，而实现的思想政治觉悟、政治辨别能力和业务素质的提升。因此，党员干部必须加强自我剖析，通过科学的自我解剖，认识自身的优点和不足，寻求自身的成长和进步。

5. 长期坚持

党员干部提升自身党性修养的内在要求是具有自觉性。提升修养实际上就是要求党员持续不断地与自身的消极思想和意识作斗争，要实现对自我的不断改造和超越，必须具有一定毅力和自觉性才能完成这一过程。只有使自己自觉主动地提升党性修养，共产党员才能约束和控制自己的言行，才能克服自身在言行和思想上存在的不足，从而实现更好的修养目标。

在党的实践中，很多革命家创造了很多加强自身修养和党性的科学方法。广大共产党员尤其是领导干部，应该积极学习和借鉴这些方法，并结合当前的社会发展情况加以探索和创新，寻求更符合当前社会实际的加强党性修养的科学方法，从而使党员、领导干部更好地为人民群众服务，更出色地承担起改革的历史使命。

党的思想建设一直是党的建设工作的中心和重心，只有开展切实有效的思想建设才能推动其他方面的建设顺利展开，才能保证我们党的先进性。加强党的思想建设可以使党员干部更好地为人民服务。本章从党的思想建设的重要性、新时代党的思想建设的内涵与新要求以及加强党性修养几个方面开展研究，全面分析了党的思想建设工作。

第四章　党的组织建设

组织建设是党的建设的重要组成部分和重要环节。党的思想建设、作风建设、反腐倡廉建设和制度建设等都要通过组织建设来实现和反映出来。加强党的组织建设，就是要把党建设成坚强的领导核心，充分发挥党的组织优势。党的十九大报告提出“坚定不移全面从严治党”“建设高素质专业化干部队伍”“加强基层组织建设”等要求。

第一节　坚持民主集中制制度

习近平在党的十九大报告中论述“坚定不移全面从严治党”时指出：“完善和落实民主集中制的各项制度，坚持民主基础上的集中和集中指导下的民主相结合，既充分发扬民主，又善于集中统一。”这是对党的十八大以来全面从严治党在制度建设上的一种新的经验总结。

一、民主集中制的科学内涵

（一）民主集中制的含义

民主集中制是在民主基础上的集中和集中指导下的民主相结合的制度，是无产阶级政党、社会主义国家机关和人民团体的根本的组织原则。它规定了领导和群众、上级和下级、部分和整体、组织和个人的正确关系，是胜利推进革命和建设事业的重要保证。在民主集中制中，民主与集中是辩证统一的关系，民主是集中的前提和基础，集中是民主的指导和结果。从利益关系上说，民主集中制是权利与义务的关系。它要求统筹兼顾，使个人利益与集体利益相统一。在维护个人合理利益的基础上，做到个人利益服从集体利益、局部利益服从整体利益、暂时利益服从长远利益。如果把民主与集中割裂开来，只讲集中，不讲民主，就必然出现个人独断专行，官僚主义滋长；反之，如果只讲民主，不讲集中，又会出现极端民主化以及无政府状态。毛泽东在《关于正确处理人民内部矛盾的问题》中指出："在人民内部，不可以没有自由，也不可以没有纪律；不可以没有民主，也不可以没有集中。这种民主和集中的统一，自由和纪律的统一，就是我们的民主集中制。"坚持民主集中制的基本要求与目标，就是要在党内努力造成又有集中又有民主，又有纪律又有自由，又有统一意志又有个人心情舒畅、生动活泼的政治局面。

（二）坚持民主集中制制度的意义

民主集中制是我们党的根本组织制度和领导制度，是党的组织建设的重要任务。党的十八大报告指出：党的集中统一是党的力量所在，是实现经济社会发展、民族团结进步、国家长治久安的根本保证。党面临的形势越复杂，肩负的任务越艰巨，就越要加强党的纪律建设，越要维护党的集中统一。

1. 坚持民主集中制是保持党的性质的重要保证

中国共产党是中国工人阶级的先锋队，同时是中国人民和中华民族的先锋队。坚持民主集中制关系着党和国家的命运。党的这种先进性，不仅表现在它有正确理论、纲领和路线，而且表现在它有正确的原则和制度，这个原则和制度就是民主集中制。用民主集中制把党员和各级党组织连接成一个整体，这就是无产阶级政党区别于其他政党的显著标志。整个国际共产主义运动的历史经验告诉我们，只有实行民主集中制的组织原则，才符合党的无产阶级先锋队性质，才能适应党的伟大历史使命的要求。

2. 新时期坚持民主集中制是实现党的正确领导的重要保证

实现党的正确领导,必须要有正确的政治路线和思想路线,而正确路线的制定,必须有民主集中制的组织原则和制度作保障。因为实现党的正确领导,制定党的路线、方针、政策必须建立在广泛的民主基础之上,没有广泛的民主,不可能制定正确的路线和政策。中国共产党正是根据党内生活的经验教训,深刻地认识到:什么时候按民主集中制原则办事,党就朝气蓬勃,我们的事业就兴旺发达;什么时候不按民主集中制办事,就困难重重,党的事业就遭受损失。

3. 坚持民主集中制是提高党驾驭社会主义市场经济能力的组织保证

我们党已经把建立和完善社会主义市场经济体制作为我国经济体制改革的总体目标。在发展社会主义市场经济的过程中,要提高各级党组织驾驭市场经济的能力必须坚持民主集中制。

第一,坚持民主集中制才能最大限度地激发全党全国人民的主动性和创造性。中国特色社会主义事业的建设,任务艰巨而复杂,必须最大限度地调动各方面的积极性,群策群力。只有坚持民主集中制,才能保证党决策的正确和有效实施。我们要努力营造一个又有集中又有民主,又有纪律又有自由,又有统一意志,又有个人心情舒畅、生动活泼的政治局面。这样就可以最大限度地调动全党和全国各族人民的积极性和创造性,使党的决策转化为人民群众的自觉行动,加快中国特色社会主义的建设步伐。

第二,坚持民主集中制,才能正确处理局部利益和全局利益之间的关系,维护党的纪律,加强和改善国家宏观调控能力,引导市场经济健康发展。我们党的改革事业越是深入,越要坚持民主集中制。只有坚持民主集中制,才能有利于对建立社会主义市场经济体制的主要环节统筹规划、协调配套,使之有秩序有步骤地进行。

第三,坚持民主集中制,是保持党的先进性的客观要求。在当前的市场经济运行过程中,等价交换原则及其派生的平等观念,能够积极强化民主意识,消除特权思想和等级观念,克服官僚主义。但是经济领域中通行的等价交换原则常常被一些人自觉不自觉地带到党内,导致出现把党的原则、党的权力、党内关系商品化的倾向。而坚持民主集中制能够抵制和消除这种现象,保持党的纯洁性。只有坚持民主集中制,才能有效地克服消极腐败现象,保持领导班子的清正廉洁,增强党组织的战斗力,提高驾驭市场经济的能力。

二、民主集中制的建设路径

(一)健全民主集中制的制度体系

1. 调整、充实和完善现有制度

党的民主集中制中一些制度比较古板和生硬,已经导致了一系列的问题,存在着过时和不能很好适应社会主义现代化建设阶段推进党的建设新的伟大工程相关使命的危险,因此,根据实际情况适时改善现行的不合理的制度,对健全和完善党内民主集中制的制度体系,充分发挥民主集中制的活力具有重要意义。

2. 建立健全基础性、关键性制度

在民主集中制的制度体系建设中,基础性制度、关键的制度和具体化制度并存,正是这些制度有机整合在一起,才构成了党的民主集中制的完整体系。其中基础性和关键性制度因其地位的特殊性,成为其他各项具体制度建设的依据,成为民主集中制制度体系建设中统率全局的主干。要建立、健全民主集中制的基础性和关键性制度,可以从以下三点做起。

(1)要坚持和完善党的代表大会制度

党的代表大会制度是党的根本制度,具体是指党员通过自己选出的代表充分行使民主权利,并决定党内重大事务。这一制度的实行是党在广泛民主基础上实行正确集中的重要途径。党的代表大会制度健全与否，对于民主集中制的实行具有决定性的影响。实践表明，什么时候这一制度坚持得好，什么时候党内政治生活就正常；反之，党内民主生活就受到影响。

(2)要推进党内选举制度的改革，充分保障党员的民主权利

党的选举制度的进一步完善，对于发展党内民主，加强各级领导班子建设，有着十分重要的意义。选举要做到三个“必须”：必须充分发扬民主，在尊重选举人意志和真实反映选举人意愿的情况下切实保障选举人的权利；必须遵循党内选举有关规定，采取无记名投票和差额选举的方式；必须遵循选举程序，候选人名单应由党组织和选举人充分酝酿讨论，选举人有权了解候选人的情况，有权更换候选人。任何组织和个人，不得以任何方式强迫选举人选举或不选举某个人。适时改革党内选举制度中不适应时代发展的内容，使每一个党员的选举权和被选举权都能得以充分的行使，每一个党员的意见和想法都能得到充分的表达，是党的选举制度成熟的重要标志，也是党的领导集体具有号召力、充满凝聚力的重要保障。

(3)要不断完善党内监督制度

党内监督是在坚持党的领导原则基础上正确执行决议，防止违法违纪行为的重要保证。党内监督的实质，是党站在人民群众利益的基础上，按照从严治党的要求进行自我约束和自我完善。当前阶段，社会主义市场经济发展得如火如荼，加强党内监督制度建设，也是保障党的领导干部在权力与金钱面前不至于迷失方向。

3. 在新形势下，推进制度创新

作为当代中国政治生活的基本原则，民主集中制原则也同其他任何形式的政治发展一样，其进程并不是孤立的。相反，民主集中制制度也必须根据时代发展的新变化和形势变迁的新要求，不断地与时俱进。新世纪新阶段，中国共产党要在全面建成小康

社会的历史进程中，继续推进党的建设，实现振兴中华的历史使命，必须根据世情、国情和党情的新变化，不断推进民主集中制的制度创新。具体说来，做好以下两点是非常必要的。

第一，要适应市场经济要求，建立与市场经济体制相适应的现代企业制度。改革开放以来，中国在各方面都发生了翻天覆地的大变化，这些“变化”中一个重要的表现就是我们在社会主义条件下实行了市场经济体制。社会主义市场经济体制在中国的逐步确立和完善，推动了中国经济进入了一个新的、健康的快速发展时期。由于利益主体的多元化和新的体制关系的确立，对党和政府决策的科学化和民主化提出了更多和更高的要求，对民主集中制的贯彻和实施也产生了重要的影响，使民主集中制在贯彻执行中不得不面对许多前所未见的新问题。这就需要我们勇于推动原有制度的变革，使之适应新形势的要求。

第二，要尊重党员主体地位，健全保障党员权利实现的体制机制。党员的权利，是党章和党内相关法规规定的党员党内生活中行使权力和享受利益的权利。对党员权利的尊重，从某种程度上说就是对党员作为党内生活的主体地位的尊重。党员权利的实现程度直接影响党内民主的发展进程。作为保障党内民主实现的重要制度，民主集中制在保障党员权利的实现方面拥有义不容辞的责任。一直以来，我党对社会主义建设都处在摸索和探寻中，以致在社会主义建设过程中一度出现过一些曲折和失误。在这些问题的困扰下，党或多或少地放慢了加强自身建设的进程，在维护党员权利方面做得很不够，很多时候都自觉不自觉地把党员作为了党内生活的客体，阻碍了党内民主的发展进程。在新世纪新阶段，只有将制度创新作为适应新形势的一种常态，才能保证党的民主集中制不断地向前发展。

（二）构建民主集中制的运行机制

1. 加强协商，优化党委的议事决策机制

党委的议事决策机制在民主集中制制度建设中居于重要地

位。新世纪新阶段,优化党委的议事决策机制应着重从以下几个方面入手。

(1)明确划分全委会和常委会的职权

很多地方的党委存在全委会开会次数少,很多工作由常委会进行的现象。这就导致常委会包揽了全委会的职权,而全委会就形同虚设,这种情况是非常不正常的,削弱了党委的集体领导作用。这种状况需要明确划分全委会和常委会各自的职权来改善,增加全委会的开会次数,使全委会和常委会各司其职。

(2)坚持集体领导原则,规范党委书记的个人权力

集体领导原则在于限制个人权力的过分集中,使党委的决策能够充分反映集体的意志。优化党委的议事决策机制必须坚持集体领导原则,同时规范党委书记的个人权力,使党委能集多数党员的意志进行决策,要杜绝按照少数领导的个人意志进行决断。

(3)重视调查研究和党委内部协商,使党委的决策更为科学、合理

党委议事决策不能仅依靠经验进行,而是要在充分的调查研究的基础上,在群众中借鉴经验、汲取智慧,汇总之后在党委内部协商与沟通,使党委的决策能在最大限度上反映党委成员的意志,从而让决策更加科学、合理。

2. 引进竞争,完善选举机制

选举机制关系到党代会的代表能否具有广泛的代表性,这是民主的先决性条件。完善选举机制首先在于完善选举制度中的提名制度,而提名制度的完善应从两个方面着手。

一是全面介绍候选人。现阶段,很多选举人并不十分了解候选人的基本情况,这多与对候选人介绍力度不够有关。因此,需加强对候选人的组织介绍和自我介绍,使选举人能充分了解候选人,从而做出正确的决定。

二是扩大差额选举比例。扩大差额选举比例这一重要措施,

能够保证候选人的素质、提高选举的质量。在完善提名制度后，还应注重扩大直接选举的范围，使选举更能够贴近社会、贴近群众。除此之外，还应完善投票的具体操作规程，使其更能反映投票人意愿。

3. 推进党务公开，改善权力监督制约机制

党不仅需要内部监督，也需要外部监督，而外部监督的基础在于社会和群众能够知悉党的工作，即党务应向社会和群众进行公开。推进党务公开，需要进行多方面的工作。

第一，制定党务公开的具体规定。党务公开的具体规定应该包括党务公开的程序、以党务是否涉密的审查为主的党务公开的具体范围设定等内容。

第二，确保党务公开及时、内容准确。可以公开的党务应及时公开，特别是对于在群众中产生疑问的事项，必须及时公开以消除疑问。同时，党务公开的内容务必准确，否则会影响群众的判断，甚至会损害党的公信力。

第三，杜绝形式主义的党务公开。目前，部分党组织实行的党务公开流于形式，常公开一些无关紧要的信息，使社会和群众不能全面了解党组织的工作状况，使党务公开形同虚设。在改进工作中，一定要注意杜绝党务公开中的形式主义作风。

第四，健全党组织进行重大决策前的征求意见制度和听证会制度。在决策形成阶段，应注重征求群众和专家的意见，以使决策既民主又科学。而在决策初步形成后，应注重向社会进行公示以及举行听证会。这是因为，“党的方针政策实际上决定着整个社会资源的配置，如果不对党务活动中的重要问题进行社会公示或者社会听证，可能会使得党制定的方针政策失之偏颇，不能有效代表最广大人民群众的利益”。

第五，建立健全党的决策效果反馈制度和社会、群众监督制度。党的决策做出后，经过党务公开，社会和群众便能对党的工作取得全面的了解，此时，社会和群众有权利对党的决策的效果

进行评价，并将评价反馈给党组织，使党之后的工作更加合理。同时，应加强群众的监督力度，以外部监督促进党的决策更加科学与民主。

4. 完善干部考核评价机制，构建协调纠错机制

目前，党内存在这样一个问题，党的工作出现失误及事故后，并没有责任的追究渠道。这样就造成失误不能得到纠正、事故后果不能得以挽救，对党的长远发展不利。因此，完善干部考核评价机制是极为重要的，而完善干部考核评价机制重点在于建立干部问责机制。建立问责机制首先要做的是建立责任追究渠道，在党内应成立专门机关，在党的工作出现失误及事故后，对主要负责人进行责任追究，以纠正错误。同时，应确定行为与责任一一对应的具体标准，避免责任轻而受重罚，或者责任重而受轻罚情况的发生。

(三)改善民主集中制建设的内外部环境

1. 树立制度意识，培养党员干部自觉遵守制度的良好习惯

党的干部，是党的路线、决议、方针和政策的执行者，是党的先进性的体现者，是党密切联系群众的重要纽带。党的干部自身的素质高低，常常直接关乎党的光辉形象保持和党在人民群众心目中的地位。在改革和完善党的民主集中制的进程中，党员干部同样发挥着十分重要的作用。加强对党员干部的思想教育，培养党员干部贯彻执行民主集中制的自觉意识，无疑会对优化党的民主集中制的实施环境大有裨益。

2. 强化制度落实的过程管理，提高制度执行力

十一届三中全会以后，党致力于制度建设和领导体制等各个方面的改革，基本上摆脱了党内无法可依、权大于法的现象，但不能说已经非常的健全和完善，在很多方面我们的制度建设做得还

远远不够。有相当一部分制度虽然已经制定，但由于缺乏具体的实施条件和步骤，以至于只能束之高阁，并不能用来解决实际问题。因此，我们在新时期改革和完善党的民主集中制理论时，要保证制度的执行力，需要做到两个方面：一方面，需要我们在设计制度时不仅要针对问题的表象，更要注重开创可操作的制度执行途径；另一方面，需要我们竭力避免设计过于烦琐和程序过多、过于复杂的制度，这样势必会影响制度的实施或者导致制度实施效果的下降。同时，还要注意执行过程中的监督和考核，对那些不能适应形势发展要求的制度要及时地修改，以保证制度的灵活和连续执行。

3. 从严治党，加大力度查处违反制度的行为，维护制度的严肃性和权威性

从严治党，对于违反制度的行为加大问责力度，这不仅能够提高制度执行力，也能使保障制度的严肃性和权威性得到有效维护。执行制度的效果不理想，很大程度上是因为违反制度的行为没有及时受到查处或惩处力度不够。要维护制度的严肃性和权威性，至少需要做到以下两点。

(1)加强问责力度。即坚决查处已经违反制度的行为，绝不姑息。目前，党内有少数领导干部搞特殊，只对别人讲制度，自己却执行另外一套标准，严重地破坏了制度的严肃性和可信度。一旦发现这种行为，必须严肃查处，“做到不以资历深而姑息，不以职位高而免责，使有权者不敢以权谋私藐视制度，位高者不敢以身试法无视制度，增强制度的威慑性和严肃性”。

(2)切实发挥人民群众的监督作用。即在人民群众的监督下，给那些要违反制度但还没有违反制度的人威慑，使他们以自身职责为本，以群众利益为重，抛却不正当的念头，踏踏实实为群众谋利益。建设和改革的最伟大的力量深藏于民众之中，作为历史的创造者，人民群众的力量是绝对不容忽视的，切实赋予人民群众监督权，必然会使那些腐败、堕落分子无处藏身，使那些想要

违反制度的人望而却步。因此，我们在讲监督的时候，不能只讲党内监督和监察部门以及党员群众的监督，还应该把监督的主体扩展到广大人民群众中，只有依靠广大人民群众的力量，才能使监督的成效更有力，才能使制度的权威性得到更有效的保障。

第二节　加强党的干部队伍建设

"尚贤者，政之本也。"党的干部是党的事业的骨干。实现伟大复兴，需要一流干部。十九大报告中，习近平对干部队伍建设提出了更高的要求，即建设高素质专业化干部队伍。我们要深入学习和认真落实报告要求，坚持党管干部原则，坚持"好干部"标准，坚持事业为上、公道正派，在坚持十八大提出的"坚持五湖四海、任人唯贤"不拘一格选人用人的基础上，深化干部人事制度改革，强化干部管理监督培养和造就优秀年轻干部，激发干部队伍生机活力，确保党和国家各项事业顺利推进。

一、明确"好干部"的标准

"为政之要，唯在得人。"无论是在中国古代，还是在中国共产党执政的当代，都有深刻的体现。党的干部是党和国家事业的中坚力量。党的十九大报告提出，"建设高素质专业化干部队伍"，清晰展现了中国共产党的最新用人标准。从大的方面看，好干部要德才兼备。从细的方面看，2013年的全国组织工作会议上提出好干部的五条标准，即信念坚定、为民服务、勤政务实、敢于担当、清正廉洁。

（一）信念坚定

理想信念坚定，是确定一个干部是否合格的第一位的标准。在中国特色社会主义建设过程中，理想信念的动摇是最危险的动摇，理想信念滑坡是最危险的滑坡。那么，在和平年代，怎么样才能检验干部的理想信念呢？主要看干部在重大政治考验面前是不是有政治定力，是不是能够树立牢固的宗旨意识，是不是能够对工作极端负责，是不是能够做到吃苦在前、享受在后，是不是能在急难险重任务面前勇挑重担，是不是能经得起权力、金钱、美色的诱惑。这样的检验需要一个过程，主要体现在领导干部日常的工作中。

一个领导干部如果没有远大理想，那他就不是合格的共产党员；只谈远大理想而不联系实际工作，也不是合格的共产党员。中国共产党从诞生之日起就把马克思主义写在自己的旗帜上，把实现共产主义确立为最高理想。马克思主义、共产主义信仰是共产党人的命脉和灵魂。坚定理想信念，坚守共产党人的精神追求，始终是共产党人安身立命的根本。对马克思主义的信仰，对社会主义和共产主义的信念，是共产党人的政治灵魂，是共产党人经受住任何考验的精神支柱。

理想信念就是共产党人精神上的“钙”，没有理想信念，或者理想信念不坚定，精神上就会“缺钙”，就会得“软骨病”，就可能导致政治上变质、经济上贪婪、道德上堕落、生活上腐化。事实一再表明，理想信念动摇是最危险的动摇，理想信念滑坡是最危险的滑坡。坚定的信仰始终是党员干部站稳政治立场、抵御各种诱惑的决定性因素。

现实生活中，一些党员干部出这样那样的问题，说到底是信仰迷茫、精神迷失，需要引起我们的高度重视。在一些干部那里，有的以批评和嘲讽马克思主义为“时尚”、为噱头；有的精神空虚，认为共产主义是虚无缥缈的幻想；有的信念动摇，把配偶子女移民到国外、钱存在国外，给自己“留后路”，随时准备“跳船”；有的心为物役，信奉金钱至上、名利至上、享乐至上，心里没有任何敬畏，行为没有任何底线。

坚定理想信念，补足精神上的“钙”，关键在于坚持不懈地用马克思主义和马克思主义中国化最新成果武装全党、教育人民、指导实践。要引导广大党员、干部把系统掌握马克思主义基本理论，学会运用马克思主义立场观点方法观察和解决问题，提高辩证思维能力,使之成为坚持和发展中国特色社会主义的行动指南和强大力量,成为坚定理想的“主心骨”、牢固信念的“压舱石”,真正做到虔诚而执着、至信而深厚。

（二）为民服务

一切为了群众、一切依靠群众,从群众中来、到群众中去,把党的正确主张变为群众的自觉行动,自觉践行党的群众路线、加强党的群众工作,是党和国家事业发展进步的根本保证,是我们迎接挑战、开创未来的法宝。只有根植人民、造福人民,我们才能始终立于不败之地。党的十八大报告指出,为人民服务是党的根本宗旨,以人为本、执政为民是检验党一切执政活动的最高标准。任何时候都要把人民利益放在第一位,始终与人民心连心、同呼吸、共命运,始终依靠人民推动历史前进。所以,我们的党员干部必须始终与“地气”相接,时刻心里装着群众,一切为了群众,这样我们的干部队伍才更有生机,我们党的事业才会更加兴旺。只有始终“接地气”,党员干部才能从群众中汲取营养,健康成长。党的事业根基在群众,力量在群众,出发点和落脚点也在群众。只有扎根基层、深入群众、接上“地气”,才能更好地向群众学习、向实践学习,促进党员干部的健康成长。始终“接地气”,党员干部才能知群众冷暖,更好地为群众服务;才能了解基层群众遇到的困难和问题,发现工作中的不足,有针对性地改进工作方式方法,提高为人民服务的能力;才能更加求真务实,保持纯洁性。

（三）勤政务实

党员干部为群众做好事、办实事、解难事,是人民赋予的使命,也是群众的期盼。一是要有干事的激情。有没有事业心,是不是入痴入迷地工作,决定着党员干部能不能干好事情、干成事情。要自觉地把党的事业当作个人的不懈追求,时刻保持一种重任在肩、寝食难安的责任意识,始终保持一种开拓创新、志在一流的锐气,以只争朝夕、时不我待的精神,创造性地做好工作。二是要有干事的本领。要勤于学习，勤于思考，不断提升理论素养，把握事物发展规律，增强做好事情的能力。要勇于实践，大胆探索，在实际工作中磨炼意志，增长才干。三是要有干事的办法。要用心、用情、用智、用谋去做事，讲究做事的方法和艺术，坚持要事急干，急事早办，注意轻重缓急，扭住中心办大事，突出重点办要事，解决热点办难事。

(四)敢于担当

习近平曾说："我的执政理念，概括起来说就是：为人民服务，担当起该担当的责任。"长期以来特别是党的十八大以来，以习近平为核心的党中央就表现出了敢于担当的特点。坚持原则、敢于担当是党的干部必须具备的基本素质。一个领导干部的担当大小，体现着他的胸怀、勇气、格调，有多大担当才能干多大事业。习近平指出：现在，一些干部中好人主义盛行，不敢批评、不愿批评，不敢负责、不愿负责的现象相当普遍。更可怕的是，这样的人有些还混得左右逢源甚至如鱼得水，付出的比别人少，得到的比别人多。这种不求有功、但求无过的"圆滑官""老好人""推拉门""墙头草"多了，党和人民事业就会止步不前。这些问题危害极大，必须下大气力解决。

那么，怎样做到敢于担当？说到底，无私才能无畏，无私才敢担当。担当就是责任，好干部必须有责任重于泰山的意识，坚持党的原则第一、党的事业第一、人民利益第一，敢于旗帜鲜明，敢于较真碰硬，对工作任劳任怨、尽心竭力、善始善终、善作善成。"疾风识劲草，烈火见真金。"为了党和人民事业，我们的干部要敢想、敢做、敢当，做我们时代的劲草、真金。

(五)清正廉洁

无私才能无畏，自身不干净、不纯洁就没有当干部的资格和底气。保持党的清正廉洁，一方面要求每一个党员干部都要讲党性、讲原则，坚决和不正之风作斗争；另一方面，关键是自身要清正廉洁,到什么时候都能肩膀硬、腰杆直。如果在廉洁自律上放松了警惕,很容易出问题。搞一次特殊就丢一份威信,破一次规矩就留一个污点,谋一次私利就失一片民心。我们要自觉加强党性锻炼,坚决抵制拜金主义、享乐主义和极端个人主义的侵蚀,始终保持高尚的精神追求。要坚持严自律、善治家、慎交友,坚决克服侥幸心理、从众心理、不平衡心理,任何情况下都稳得住心神、管得住行为、守得住家园,堂堂正正做人,清清白白做官,干干净净做事,始终保持共产党人的政治本色。

二、深化干部人事制度改革,完善干部选拔任用机制

深化干部人事制度改革,是发展社会主义民主政治的迫切需要,是增强我国政治制度竞争力的迫切需要,是解决干部工作中突出问题、提高选人用人公信度的迫切需要。

(一)准确把握深化干部人事制度改革的原则

干部人事制度改革是干部工作从思想观念、体制机制到方式方法的全面变革,政治性、政策性很强,必须坚持正确原则,把握正确方向,积极稳妥推进。

一是坚持党管干部原则。这一原则是党的领导在干部工作中的重要体现。在改革中,放弃党管干部原则就等于放弃党的领导、放弃党的执政地位。党管干部是干部人事制度改革必须始终坚持的基本原则,任何时候、任何情况下都不能动摇。

二是坚持科学化、民主化、制度化的建设方向。这是深化干部人事制度改革的重要目标。

三是坚持德才兼备、以德为先的用人标准。把干部的德放在首要位置,是保持马克思主义执政党先进性和纯洁性的根本要求和重要保证。

四是贯彻民主、公开、竞争、择优的改革方针。扩大干部工作民主是深化干部人事制度改革的基本方向,公开是扩大民主的前提,就是要增强干部工作的透明度,竞争是古今中外选拔和培养

优秀人才行之有效的途径，择优是干部人事制度改革的目的，就是要在干部任用程序中差额比较、选贤任能，把政治坚定、人品和能力经得起实践检验、人民群众认可的优秀干部选拔到各级领导岗位上来。

（二）完善干部的选拔任用机制

1. 建立干部选拔任用提名制度

提名是干部选拔任用的初始环节，目前制度还不完善。因此，一要合理确定参加民主推荐人员范围。科学界定参加民主推荐的人员，更好地体现广大党员干部和群众特别是服务对象的真实意愿。二要全面分析民主推荐结果。不能以票决定干部的任用，要在尊重民意的基础上具体分析得票情况，着重看干部综合德才素质和一贯工作表现，防止误用不讲原则、不负责任的“老好人”。三要鼓励多种渠道推荐干部。党的十八大报告中提出“坚持五湖四海，任人唯贤”，要广开举贤荐能之路，拓宽党政干部选拔来源。四要规范干部任用提名方式。坚持权利与责任相统一，合理界定干部任用提名主体，规范提名形式、提名程序，明确提名责任，使隐性权力显性化、显性权力规范化，防止实际上的个人或少数人说了算。五要严肃查处拉票等违纪行为。通过既堵又疏的方法，全面解决拉票问题。

2. 完善干部选拔的方式，把好干部鉴别出来

近年来，相关调查中干部、群众认为最有成效的选人用人改革措施就是公开选拔、竞争上岗。要把好干部鉴别出来，需要做到：一是加大竞争性选拔干部的力度。有条件的地方和部门可以每年开展竞争性选拔干部工作，对一些重要职位进行公开选拔，机关中层以下领导职位除特殊岗位外逐步做到竞争上岗。二是完善差额选拔干部办法。推行差额推荐、差额考察、差额酝酿、差额票决，进一步扩大民主。促进好中选优。三是提高竞争性选拔

干部的质量。按照“干什么、考什么”的原则，改进笔试或面试方法，借鉴现代人才测评技术，真正考查干部的基本素质和实际能力。结合考试和考查，全面准确地了解干部的德才表现和工作实绩。还要探索上下结合、多部门联动等公选方式，全面统筹，降低成本，提高效率。

3. 匡正选人用人风气，把好干部培养和使用起来

坚决整治用人上的不正之风，既是深化干部人事制度改革的重要任务，也是干部人事制度改革顺利进行的重要保证。

形势越变化、党和人民事业越发展，越要重视干部培养。培养干部，要抓好党性教育这个核心，抓好道德建设这个基础，加强宗旨意识、公仆意识教育。要强化干部实践锻炼，积极搭建干部锻炼成长的平台。实践锻炼不是去“镀金”，更不是去走过场等着提拔，如果那样，必然会“身”“心”不一，还是与群众格格不入，那就是弄虚作假了。要加强对干部经常性的管理监督，形成对干部的严格约束。没有监督的权力必然导致腐败，这是一条铁律。组织上培养干部不容易，要管理好、监督好，让他们时刻保持警觉，努力做好人民的好干部。对干部经常开展同志式的谈心谈话，既指出缺点不足，又给予鞭策鼓励，这是个好传统，要注意保持和发扬。

好干部的成长和培养最终还是要落实在“用”上。不用，或者用不好，最终等于还是没有好干部。选什么人就是风向标，就有什么样的干部作风，就会有什么样的党风。要坚持党管干部原则，坚持正确用人导向，坚持德才兼备、以德为先，努力做到选贤任能、用当其时，知人善任、人尽其才，把好干部及时发现出来、合理使用起来。

三、培养造就大批优秀年轻干部

源源不断培养大批优秀年轻干部是关系党和国家事业的根本大计。我们要从制度上、从实践安排上为培养年轻干部提供保障。

(一)完善年轻干部、后备干部培养选拔制度

主要做好以下几方面的工作:一是扎实抓好后备干部队伍建设。对后备干部坚持重在培养、一视同仁,不照顾性使用,让年轻干部在实践中锻炼,切实提高自身的党性和解决实际问题的能力;坚持动态管理,谁优秀谁上,不搞一次选拔定终身。二是探索建立上级党政机关从基层一线遴选干部制度。坚持重视基层的干部导向,加大从基层一线招录公务员的比例。三是推进选聘高校毕业生到村任职工作。建立定期选聘、岗位培训、配套保障、跟踪培养、正常流动、齐抓共管等制度,确保大学生"村官"下得去、待得住、干得好、流得动,"钉到哪里哪里行"。

(二)利用好实践大舞台使优秀年轻干部得到锻炼

当前,不少年轻干部虽然文化知识水平较高,思想比较活跃,富于创新精神,但也存在很多问题,如由于没有或者很少经历实践锻炼,对基层实际情况缺乏了解,缺乏工作经验,缺乏驾驭全局、解决复杂问题的能力,等等。优秀的干部必定要经历过艰苦环境的磨炼,这是我们党干部人事制度始终坚持的一条基本准则和基本经验。实践证明了这一点,把年轻干部放到一些关键岗位、艰苦环境和情况复杂、矛盾突出、困难较多的地方去锻炼和培养,对年轻干部的成长和成熟大有好处。越是在环境艰苦、困难较多的地方和岗位,往往越能锻炼干部的意志和品德,干部越能较快、较稳定的成长进步。因此,年轻干部要增强自觉锻炼的意识,把参加实践锻炼作为增强党性修养、提高素质能力的根本途径,积极主动地到最艰苦的地方、最复杂的环境中去,深入基层,深入一线,勇挑重担,接受各种历练。越是艰苦和困难的地方,越是年轻干部能够有所作为的地方。

(三)年轻干部自身要严格要求自己,争当优秀

作为年轻干部,要发挥自身的优势,积极进取,严格以优秀干

部的标准要求自己，争当优秀。

一是要坚定共产党人的科学信仰。年轻干部坚定科学信仰，最根本的就是要高举中国特色社会主义伟大旗帜，坚持和拓展中国特色社会主义道路，坚持和丰富中国特色社会主义理论体系，坚持和完善中国特色社会主义制度。

二是要保持共产党人的先进追求。中国共产党人是中国社会的先进分子，应该是社会上有先进追求的人、有高层次追求的人。年轻干部要追求国家的富强、人民幸福、社会和谐，追求社会主义现代化。

三要践行共产党人的高尚道德。要自觉建立干部从政道德，积极践行党员模范道德，带头遵守公民基本道德，努力培养个人优良品德，自觉加强思想道德修养，不断完善自己的品格。

四要具有共产党人的广博学识。年轻干部要担负起历史赋予的重任，就要努力学习科学知识，提高科学思维能力。

四、抓好干部教育培训

干部教育培训是建设高素质干部队伍的先导性、基础性、战略性工程，是加强党的执政能力建设和先进性建设的重要途径，在建设和发展中国特色社会主义事业中发挥着不可替代的作用。

（一）充分认识干部教育培训的基本要求

新时期新形势下，抓好干部教育培训，须坚持服务大局、以人为本，改革创新、竞争择优，联系实际、学用结合，质量第一、注重实效这样几个基本原则，高举中国特色社会主义伟大旗帜，围绕推进马克思主义学习型政党建设，以建立健全中国特色干部教育培训体系为目标，以体制机制改革为重点，以提高培训质量为主线，不断提高干部教育培训科学化水平，全面落实大规模培训干部、大幅度提高干部素质的战略任务，努力培养造就一支政治上靠得住、工作上有本事、作风上过得硬、人民群众信得过的高素质干部队伍，为全面建成小康社会、基本实现现代化提供思想政治保证、人才保证和智力支持。

(二)明确干部教育培训的主要内容

第一,要突出抓好马克思主义理论教育特别是中国特色社会主义理论体系教育和党性教育。干部教育培训中马克思主义理论教育的内容,重点也是中国特色社会主义理论体系。干部教育培训工作在重点抓好中国特色社会主义理论体系教育的同时,还要抓好马克思列宁主义、毛泽东思想经典著作的学习教育。

第二,要抓好党的优良传统和中华民族传统美德教育。我们党在近百年的奋斗历程和将近七十年的执政实践中,形成了理论联系实际、密切联系群众、批评与自我批评,求真务实、艰苦奋斗等优良传统,这些精神引领着我们党始终保持先进性、获得人民群众支持、不断从胜利走向胜利,也是对干部进行教育培训的宝贵资源。保持高尚的道德情操,拥有引领和团结群众奋勇前进的道德力量,能够体现一个政党的先进性。

第三,要抓好对干部的实践培训。实践是干部教育培训最好的课堂。改革开放已经进行了 40 余年,这场关系中国社会主义发展前途命运的伟大实践,是干部教育培训工作不可或缺的宝贵资源。我们要更好地运用改革开放和社会主义现代化建设这个实践大课堂,要把实践中好的经验和好的做法作为干部教育培训的鲜活教材,要组织学员深入基层、深入广大群众中去学习。

(三)大力推进干部教育培训改革创新

改革创新能够为提高干部教育培训质量提供不竭动力,是干部教育培训工作保持生机活力的必由之路。

做好新形势下干部教育培训工作,不断进行改革创新,要着重做好以下几方面。

1. 分类培训和按需培训

不同类别、不同层次、不同年龄、不同经历的干部,需要解决的问题不可能完全相同,因此干部教育培训不能"一锅煮",必须区分对象,针对干部全面成长的个性化、差异化需求分层分类地组织培训,也就是说要按需培训。根据实际,有针对性地建立培训内容的更新机制,把党的理论创新最新成果、改革开放和社会主义现代化建设新鲜经验、改革发展稳定面临的重点难点问题,及时地转化为培训内容,及时地进课堂、进教材、进学员头脑。

2. 创新培训方式方法

坚持教无定法、贵在得法,针对不同对象、不同专题和不同内容,采取灵活有效的培训方式和手段,因人施教,因材施教,增强培训的互动性、实践性和实效性。在改进课堂讲授的同时,可采取现场教学、行为体验等方法和挂职培训、社会调研等方式,切实增强教育培训的吸引力和感染力。有些干部教育培训机构开设专题讲座、学员论坛等,效果不错,可以推广。在注意内外有别的前提下,还可以编制、播放一些内部教学参考片,多给学员增加有益的教学内容。理论教育和党性教育旨在确立和影响干部的思想观念和行为态度,不同于一般的知识传授和技能训练,更需要讲究科学方法。要通过潜移默化的传输和春风化雨般的引导,使理论学习和党性修养成为干部的自觉行动。

3. 处理好组织调训与自主选学的关系

组织调训是干部参加培训的主要方式,自主选学是对组织调训的必要补充。近年来,对干部的政治理论培训、党性教育、党和国家重大部署等重点内容的培训坚持实行组织调训,抽调干部到党校、行政学院、干部学院学习,并对主要领导干部、重点岗位干部等实行点名调训,效果很好,要长期坚持。随着形势任务的发展变化和干部队伍文化层次的提高,干部学习培训积极性普遍高涨。在坚持和完善组织调训制度的同时,对新知识、新技能、新信息的培训开展自主选学,满足干部多样化学习需求,是必要的。要不断规范和完善选学的机构、内容、方式、管理等,确保这项工作健康有效的开展。

五、永远保持共产党人的初心

习近平在“七一”重要讲话中，把“不忘初心、继续前进”作为主题句，贯穿讲话始终。其实，连同这次讲话，习近平共有三次提到“初心”，也就是习近平的三论“初心”。第一次是在 2015 年 7 月 1 日，习近平在给国测一大队老队员、老党员的回信中，首次提到了“不忘初心，方得始终”。第二次是在 2015 年 12 月 11 日，习近平在全国党校工作会议上的讲话中指出：“我们干事业不能忘本忘祖、忘记初心。”第三次是在 2016 年 7 月 1 日，习近平在庆祝中国共产党成立 95 周年大会上的讲话中强调：“面向未来，面对挑战，全党同志一定要不忘初心、继续前进。”回顾习近平的三论“初心”，我们发现习近平的论述是分层且立体的，内涵不断丰富和延伸。一论“初心”主要针对个体而言；二论“初心”主要针对整体而言；三论“初心”主要针对历史、现实与未来而言。

在建党 95 周年的时候，习近平提出“不忘初心”，有三个考虑。首先，提出“不忘初心”，针对的是党成立时的出发点到底是什么。中国共产党为实现救国救民、民族复兴而成立，对于这一出发点，我们不能忘记。其次，提出“不忘初心”，针对的是当今一些党员干部到底丧失了什么。当今，一些党员干部丧失了理想信念、政治节操、奋斗精神等。提出“不忘初心”，就是针对他们缺失了什么、流失了什么、丧失了什么而言的。最后，提出“不忘初心”，针对的是继续前进，实现中华民族伟大复兴到底需要我们党做什么。习近平之所以强调“不忘初心”，就是要郑重提醒全党，要时刻牢记和重新理解“我是从哪里来的、我是怎样走过来的、我要到哪里去、我应该做些什么”以及党因何而建、因何而立、因何而兴等重大而基本的问题。

回顾并体悟习近平系列重要讲话精神，我们可以看出“不忘初心、继续前进”，要求我们不能忘记我们党全心全意为人民服务的本质；要求我们不能忘记马克思主义及其中国化成果；要求我们不能忘记我们党出身卑微、生于忧患；要求我们不能忘记我们党的纯洁性和先进性的“基因”；要求我们不能忘记我们党近百年来走过的艰难困苦、玉汝于成的历程；要求我们不能忘记实现国家富强、民族复兴、人民幸福的担当。

“初心”还可以从三个角度来拓展深化。一是初学者的心态，就是一种不断精进、永不满足的心态；二是初生者的心态，就是率真、好奇、勇敢的心态；三是初创者的心态，就是在创业有可能会失败的条件下，还要继续夙兴夜寐、朝乾夕惕、兢兢业业做好工作的心态。用以上对“初心”的理解来看我们党，就会发现，一段时间以来，随着各种条件越来越好，党内一些党员干部出现了不思进取、脱离群众、消极腐败等“初老症”现象。这种“初老症”现象千万要避免，因为党员干部一旦不思进取、脱离群众、消极腐败，那么，党的事业就难以发展进步甚至会倒退。

第三节　加强党的基层组织建设

党的十九大报告提出，“党的基层组织是确保党的路线方针政策和决策部署贯彻落实的基础。”党的基层组织是党组织全部工作和保持战斗力的重要基础，党的领导和执政也要建立在此基础之上。高度重视党的基层组织建设，必须要始终做好抓基层、打基础的工作，这是我党在建设过程中的一个显著特点和一条成功经验。

一、党的基层组织概述

加强和改进新时期党的建设，必须高度重视和加强党的基层组织建设，这是党的基层组织在党的建设和党的事业中的地位作用所决定的。

(一)党的基层组织的地位

党的基层组织是党的组织基础。我们党是由中央、地方和基层组织共同构成的，是一个严密而完整的组织体系。在这个体系中，基层组织是基本的细胞。截至2016年底，中国共产党党员人数达到8 944.7万，并且每年在以较快的速度增长着。这些党员活跃在400多万个基层组织中，党通过遍布全国各地、各条战线和各个单位的基层组织，把广大党员组织起来，形成一个有统一意志、统一行动的整体。

党的基层组织是开展党的活动的基本单位。党的基层组织担负着教育、管理党员，发展新党员、执行党的纪律的重要责任。所有的党员都要参加党的一个基层组织，由党的基层组织负责教育、管理和监督。党的基层组织是党员履行义务、行使权利的平台，党员通过党的基层组织参与党内事务的管理。发展新党员、处分违纪党员、处置不合格党员，都要由党的基层组织严格把关。

（二）党的基层组织的作用

1. 党的基层组织是党在社会基层组织中的战斗堡垒

党的基层组织的分布非常广泛，如企业、农村、机关、学校、科研院所、街道社区、社会团体、社会中介组织、人民解放军连队和其他基层单位等。尽管这些基层单位的工作性质、领导体制有所不同，党的基层组织的具体职能、工作方法也不完全一样，但都是党在社会基层组织中的战斗堡垒，都要担负起宣传和执行党的路线方针政策的重要职责，都要团结和组织党内外干部和群众努力完成本单位的工作任务。党的基层组织的这种作用，是党的领导在社会基层组织中的具体体现，是其他任何社会组织都无法替代的。

2. 党的基层组织是党联系群众的桥梁和纽带

党的基层组织扎根在社会基层，与人民群众有着直接的、经常的、密切的联系，能够直接倾听群众的呼声，把握群众的思想脉搏，了解群众的情绪，掌握群众的生产、工作、生活状况。因此，党的基层组织担负着直接联系群众、宣传群众、组织群众、团结群众的重任。一方面,它要及时准确地向上级党组织反映群众的愿望、要求和呼声,为领导机关的决策提供可靠的依据;另一方面,它要向广大群众宣传解释党的主张和决定,团结带领群众实现党的任务。如果党的基层组织软弱涣散,不起作用,党的意图就难以贯彻到群众中去,人民群众的意见和要求也难以反映到党的领导机关中来,党就不可能团结和带领广大群众进行建设中国特色社会主义的伟大事业。

(三)党的基层组织建设的任务

1. 总体任务

坚持以邓小平理论和"三个代表"重要思想、科学发展观、习近平新时代中国特色社会主义思想为指导,按照围绕中心、服务大局、拓宽领域、强化功能的要求,以保持党的先进性为主题,以建立社会主义市场经济条件下基层党组织实现好、维护好、发展好人民群众根本利益新的方式和途径,保持同人民群众的密切联系为核心,从明确工作职责、改进工作方式、加强自身建设、改善工作条件等方面推进创新,增强基层党组织的影响力、凝聚力和战斗力,努力把基层党组织建设成为党政方针的组织者、推动者和实践者,为构建中国特色社会主义提供坚实的组织保证。

2. 主要任务

(1)明确新阶段基层党组织的工作职责。适应新形势新任务的要求,扩大党的工作的覆盖面,不断加强和改进党的基层组织建设,使基层组织成为贯彻中国特色社会主义理论体系的组织者、推动者和实践者。把工作的重点放到凝聚群众共同奋斗上来,联系群众、宣传群众、组织群众、服务群众、团结群众共同创造幸福生活。

(2)改进基层党组织的工作方式。紧紧围绕推进国有企业改革和发展，把加强企业党组织建设和建立现代企业制度统一起来抓。适应基层经济社会管理体制、治理模式的变化，规范党组织与经济、行政、自治组织的工作程序，健全党组织的工作制度和工作机制，保证党组织职能作用的有效发挥。

(3)增强基层党组织服务群众的功能。健全群众利益表达和利益协调机制，培育各类服务组织，拓宽新形势下基层党组织服务群众、凝聚人心的途径和方法。

(4)加强基层党组织自身建设。加强班子建设，推进党内民主，健全党内生活，建立使党员“长期受教育，永葆先进性”的长效机制。

(5)扩大党的组织和工作的覆盖面。加强新经济组织、新社会组织和城市新建小区的党建工作。加强以村党组织为核心的村级组织配套建设，增强党在农民群众中的凝聚力。加大在社会团体和社会中介组织中建立党组织的工作力度。

(6)改善基层党组织工作条件。全面做好机关党建工作和学校、科研院所、文化团体等事业单位的党建工作。建立基层党组织开展工作和活动的物质保障机制，保护发挥基层党员干部的积极性、创造性。

二、党的基层组织建设的路径

(一)加强创新，大力推进各领域基层党组织的建设

中国共产党拥有数量庞大的基层组织，每个领域的基层党组织都存在差别，开展活动和发挥作用的着力点都不尽相同。党的十九大报告中强调要“推进党的基层组织设置和活动方式创新”，党的基层组织要适应新形势新任务要求，创新活动内容方式，找准开展活动、发挥作用的着力点，在扩大党员参与面、提高实效性上下功夫，增强创造力、凝聚力、战斗力。

要按照党的十九大报告的要求，加强创新，大力推进各领域基层党组织的建设。

(1)把发展现代农业、培养新型农民、带领群众致富、维护农村稳定贯穿农村基层党组织活动始终,发挥党组织在建设社会主义新农村中的领导核心作用。

(2)把建设高素质经营管理者队伍、人才队伍、党员队伍、职工队伍和增强国有经济活力、控制力、影响力贯穿国有企业党组织活动始终,保证党组织参与决策、带头执行、有效监督,发挥政治核心作用。

(3)把服务群众、凝聚人心、优化管理、维护稳定贯穿街道社区党组织活动始终,发挥党组织在建设文明和谐社区中的领导核心作用。

(4)把服务中心、建设队伍贯穿机关党组织活动始终,发挥党组织在完成本部门各项任务中的协助和监督作用。

(5)把全面贯彻党的教育方针、培养社会主义建设者和接班人贯穿高等学校党组织活动始终,发挥党组织在推进教育改革、搞好教书育人、加强教师队伍建设中的领导核心作用。

(6)把做好思想政治工作、促进事业发展贯穿科研、文化、卫生、体育和中小学等事业单位党组织活动始终,发挥党组织在本单位履行职责中的政治核心作用。

(7)非公有制经济组织、新社会组织中的党组织要围绕贯彻党的方针政策、引导和监督遵守国家法律法规、团结凝聚职工群众、维护各方合法权益、促进健康发展等职能探索发挥作用的途径和方法。

(8)民族地区基层党组织要在团结各族群众推动发展、促进和谐、反对分裂、维护稳定中发挥战斗堡垒作用。

(9)普遍开展创先争优活动,深化基层党建工作三级联创活动,坚持和完善“三会一课”制度,推进基层党组织工作信息化[①]。

---

① 《中共中央关于加强和改革新形势下党的建设若干重大问题的决定》,载《人民日报》2009年9月28日。

(二)充分发挥基层党组织在推动科学发展、促进社会和谐中的作用

党的基层组织是党在社会基层组织中的战斗堡垒,是党的全部工作和战斗力的基础。党的基层组织在推动科学发展、促进社会和谐中发挥着不可替代的作用。必须在党的基层组织发挥作用的平台、方式等方面加大创新。

1. 继续开展创先争优和三级联创活动,不断创新基层党组织发挥作用的平台

创先争优活动,以创建先进基层党组织、争当优秀共产党员为主要内容。实践证明,创先争优这一活动载体在新时期不仅没有过时,而且正在发挥着越来越重要的作用。我们要继续广泛深入地开展创先争优活动,把广大基层党组织和党员的力量和智慧凝聚到推动科学发展、促进社会和谐上来。而三级联创活动,首创于农村基层,是上下联动、合力推进农村党的建设的重要载体和有效机制。要围绕推动科学发展和促进社会和谐这个主题,总结和借鉴农村党的建设三级联创活动的经验,探索不同领域联创联动的具体办法,使三级联创活动内容更加丰富、方式更加多样、效果更加明显。通过继续开展创先争优和三级联创活动,通过总结实践经验,不断探索发挥基层党组织作用的新平台。

2. 不断创新服务方式,拓宽基层党组织发挥作用的途径

基层党组织采取的服务方式适当、灵活,更能发挥基层党组织的作用。多年来广大基层党组织在实践中探索出了不少好的服务方式,我们要不断推广和创新。鼓励党员带头参与志愿服务,推广党员承诺制等做法,探索建立党员在居住地发挥作用机制。这是立足于把“单位党建”与“社区党建”统筹起来、把组织要求与党员志愿和个人承诺结合起来,使党员管理主体从一元变为多元、党员活动空间从工作单位延伸到社区居住地。要建立单位

和社区协调联动制度，按照适时适量、自觉自愿的原则，根据群众需求和社区特点，创设多种形式的志愿服务项目，引导党员参与志愿服务，努力打造一批富有实效、群众欢迎的党员志愿服务品牌，在奉献社会中不断密切党和人民群众的血肉联系、促进社会和谐与稳定。

3. 积极推进基层党组织工作信息化，拓展党组织开展活动、发挥作用空间

当今时代是信息化时代，人们的学习、工作和生活都离不开信息传播的载体。信息化特别是互联网的急速发展，对基层党组织建设既带来了机遇，又带来了挑战。因此，要积极利用网络信息技术，探索构建立体化、交互式的基层党组织工作平台，拓展基层党组织开展活动、发挥作用的空间，扩大信息时代基层党组织建设的影响力，努力使互联网、手机等信息媒介成为加强基层党组织建设的有效载体、提高党员素质能力的重要途径、传播党的政策主张的重要阵地、展现新时期党的光辉形象的重要窗口。同时，要辩证地看待互联网这一双刃剑，利用不好则会取得相反的效果，会导致有害信息的迅速传播。因此，要在推进基层党组织工作信息化的过程中，不断加强管理，防止有害信息的渗透和传播，为党组织开展活动、发挥作用营造良好的环境。

第四节　党的人才强国战略

党的十九大报告中指出，要“坚定实施科教兴国战略、人才强国战略、创新驱动发展战略、乡村振兴战略、区域协调发展战略、可持续发展战略、军民融合发展战略”。这些重大战略是习近平治国理政新思想新理念的重要结晶。其中，人才是决定战略成败和国家兴衰的最根本的、最活跃的要素。因此，在诸多强国战略中，人才强国战略是实现国家强盛的第一战略。

一、人才强国战略概述

(一)人才强国战略的含义

坚持党管人才原则,坚持服务发展、人才优先、以用为本、创新机制、高端引领、整体开发的指导方针,加强现代化建设需要的各类人才队伍建设。建立健全政府宏观管理、市场有效配置、单位自主用人、人才自主择业的体制机制,形成多元化投入格局,明显提高人力资本投资比重。营造尊重人才的社会环境、平等公开和竞争择优的制度环境,促进优秀人才脱颖而出。改进人才管理方式,落实国家重大人才政策,抓好重大人才工程,推动人才事业全面发展。

(二)人才强国战略的科学内涵

人才强国战略的核心是"人才兴国"。国家兴盛,人才为本。依靠人才兴邦,走人才强国之路,大力提升国家核心竞争力和综合国力,是人才强国战略的核心要义,概言之就是"人才兴国"。这里的"强国"是指增强国力、振兴国家,即大力提升国家核心竞争力和综合国力。抓住机遇,迎接挑战,走人才强国之路,是增强综合国力和国际竞争力,实现中华民族伟大复兴的战略选择。人才强国战略的目标指向是建设"现代化强国"。作为国家发展战略,人才强国战略必须与国家发展的战略目标保持一致和协调,为实现这一目标提供人才保证和智力支持。进入 21 世纪,中国现代化建设的总体目标是,到 2020 年实现全面小康,到 21 世纪中叶基本实现现代化,把中国建设成为富强、民主、文明、和谐、美丽的社会主义国家。在这个意义上,建设全面小康社会和现代化强国,也是中国到 2020 年和到 21 世纪中叶实施人才强国战略的目标。

二、人才强国战略的建设路径

党和国家历来高度重视人才工作。2018 年 3 月 7 日习近平在参加广东代表团审议时强调,“发展是第一要务,人才是第一资源,创新是第一动力”。新世纪新阶段,党中央、国务院做出了实施人才强国战略的重大决策,人才强国战略已成为我国经济社会发展的一项基本战略。我们必须努力做好人才建设工作,认真实施这一战略。

(一)坚持人才队伍建设的指导方针

《国家中长期人才发展规划纲要(2010—2020 年)》指出,当前和今后一个时期,我国加强人才队伍建设、推动人才发展的指导方针是:服务发展、人才优先、以用为本、创新机制、高端引领、整体开发。

1. 服务发展

“为政之要,莫先于用人。”进行具有许多新的历史特点的伟大斗争,关键在党,关键在人。关键在党,就要确保党在发展中国特色社会主义历史进程中始终成为坚强领导核心。关键在人,就要建设一支宏大的高素质人才队伍。我们党历来高度重视选贤任能,始终把选人用人作为关系党和人民事业的关键性、根本性问题来抓。把服务科学发展作为人才工作的根本出发点和落脚点,围绕科学发展目标确定人才队伍建设任务,根据科学发展需要制定人才政策措施,用科学发展成果检验人才工作成效。为各类人才干事创业搭建平台,提供更多的机遇充分发挥人才资源的重要推动作用。

2. 人才优先

当今世界,综合国力竞争日趋激烈,新一轮科技革命和产业变革正在孕育兴起,变革突破正能量正在不断积累。综合国力竞争说到底是人才竞争。人才资源作为经济社会发展第一资源的特征和作用更加明显，人才竞争已经成为综合国力竞争的核心。谁能培养和吸引更多优秀人才，谁就能在竞争中占据优势。人才是衡量一个国家综合国力的重要指标。没有一支庞大的高素质人才队伍，全面建成小康社会的奋斗目标和中华民族伟大复兴的中国梦就难以顺利实现。

确立在经济社会发展中人才优先发展的战略布局，充分发挥人才的基础性、战略性作用，做到人才资源优先开发、人才结构优先调整、人才投资优先保证、人才制度优先创新，促进经济发展方式向主要依靠科技进步、劳动者素质提高、管理创新转变。

3. 以用为本

把充分发挥各类人才的作用作为人才工作的根本任务，围绕用好用活人才来培养人才、引进人才，积极为各类人才干事创业和实现价值提供机会和条件，使全社会创新智慧竞相迸发。要树立科学的用人观，首先要辩证看待和合理使用人才，做到扬长避短，适才适用。要把履职尽责的能力作为用人的核心要素，运用信息化手段加强对人才的精确化测评和管理，准确了解把握人才的素质特点和履职岗位的基本要求，尽可能做到人岗匹配，人事相宜，各尽其才，各显其能。其次要坚持德才兼备、以德为先的用人标准，真正把那些政治上靠得住、工作上有本事、作风上过得硬、群众信得过的同志选拔上来担当重任。一个具有坚定理想信念、昂扬精神状态和高尚道德情操的人才，必然会尽其才智为党为国工作，这是人尽其才、才尽其用的先导性保证。再次要有宽广的用人胸怀，对人才尤其是青年人才不求全责备，只要思想政治素质和作风素养好，有发展潜力，就应放手用其所长，并在实践中加强培养帮带，使其尽快成长提高。最后要有开阔的用人视野，跳出身边人、少数人的"小圈子"，广开进贤之路，在更广的范围选人用人，尤其注重从基层一线发现和选用人才，坚持任人唯贤，防止任人唯亲、任人唯近。

4. 创新机制

把深化改革作为推动人才发展的根本动力，坚决破除束缚人才发展的思想观念和制度障碍，构建与社会主义市场经济体制相适应、有利于科学发展的人才发展体制机制，最大限度地激发人才的创造活力。以政策创新带动人才体制机制创新，是国家人才发展规划确定的人才制度发展路径。要学习借鉴知识产权保护、市场化流动配置、人才创业扶持、鼓励科技人员潜心研究和创新等方面的国际先进经验，制定出台更加灵活、更加开放、更加有效的人才政策，建立与国际科研惯例接轨的科学研究和技术研发机制，形成有利于人才辈出、人尽其才、才尽其用的制度环境。

5. 高端引领

培养造就一批善于治国理政的领导人才，一批经营管理水平高、市场开拓能力强的优秀企业家，一批世界水平的科学家、科技领军人才、工程师和高水平的哲学社会科学专家、文学家、艺术家、教育家，一大批技艺精湛的高技能人才，一大批社会主义新农村建设带头人，一大批职业化、专业化的高级社会工作人才，充分发挥高层次人才在经济社会发展和人才队伍建设中的引领作用。

6. 整体开发

加强人才培养，注重理想信念教育和职业道德建设，培育拼搏奉献、艰苦创业、诚实守信、团结协作精神，促进人的全面发展。关心人才成长，鼓励和支持人人都作贡献、人人都能成才、行行出状元。统筹国内国际两个市场，推进城乡、区域、产业、行业和不同所有制人才资源开发，实现各类人才队伍协调发展。

（二）人才队伍建设的措施

人才队伍建设是一个系统的艰巨任务，需要采取各方面的有力措施。新形势下的人才队伍建设，要重点突出，全面推进，加强各类人才队伍的建设。

具体来讲，要做好以下三个方面。

1. 突出培养造就创新型科技人才

党的十九大报告提出，培养造就一大批具有国际水平的战略科技人才、科技领军人才、青年科技人才和高水平创新团队。

围绕提高自主创新能力、建设创新型国家，以高层次创新型科技人才为重点，努力造就一批世界水平的科学家、科技领军人才、工程师和高水平创新团队，注重培养一线创新人才和青年科技人才，建设宏大的创新型科技人才队伍。《国家中长期人才发展规划纲要（2010—2020年）》提出，到2020年，研发人员总量达到380万人，高层次创新型科技人才总量达到4万人左右。

2. 加大重点领域急需紧缺专门人才开发力度，适应社会所需

《国家中长期人才发展规划纲要（2010—2020年）》提出，到2020年，在装备制造、信息、生物技术、新材料、航空航天、海洋、金融财会、国际商务、生态环境保护、能源资源、现代交通运输、农业科技等经济重点领域培养开发急需紧缺专门人才500多万人；在教育、政法、宣传思想文化、医药卫生、防灾减灾等社会发展重点领域培养开发急需紧缺专门人才800多万人。保证经济社会发展重点领域的各类专业人才数量充足，整体素质和创新能力显著提升，人才结构趋于合理。

3. 统筹推进各类人才队伍建设

加强我国人才队伍建设，必须遵循行业特点，统筹推进党政人才、企业经营管理人才、专业技术人才、高技能人才队伍、社会工作人才、农村实用人才等人才队伍的建设。加大创新创业人才培养支持力度；要加快人才发展体制机制改革和政策创新，建立国家荣誉制度，形成激发人才创造活力、具有国际竞争力的人才制度优势。落实好这些重要要求，造就规模宏大、素质优良的人

才队伍，开创人人皆可成才、人人尽展其才的生动局面，把各方面优秀人才集聚到党和国家事业中来。

(三)推进人才队伍建设的机制创新

大力推进人才队伍建设，需要不断创新各种机制，努力建立健全利于人才队伍发展的体制机制。《国家中长期人才发展规划纲要(2010—2020年)》对人才队伍建设的机制创新做了详细阐述。要按照规划要求，不断推进我国人才队伍建设的机制创新。

1. 不断改进完善人才工作管理体制

一是完善党管人才的领导体制。坚持党管人才原则，创新党管人才方式方法，完善党委统一领导，组织部门牵头抓总，有关部门各司其职、密切配合，社会力量广泛参与的人才工作格局。发挥党委领导核心作用，统筹经济社会发展和人才发展，切实履行好管宏观、管政策、管协调、管服务的职责，用事业凝聚人才，用实践造就人才，用机制激励人才，用法制保障人才，提高党管人才工作水平。党政主要负责人要树立强烈的人才意识，善于发现人才、培养人才、团结人才、用好人才、服务人才。

二是改进人才管理方式。围绕用好用活人才，完善政府宏观管理、市场有效配置、单位自主用人、人才自主择业的人才管理体制。改进宏观调控，推动政府人才管理职能向创造良好发展环境、提供优质公共服务转变，运行机制和管理方式向规范有序、公开透明、便捷高效转变。健全人才市场体系，发挥市场配置人才资源的基础性作用。遵循放开搞活、分类指导和科学规范的原则，深化国有企业和事业单位人事制度改革，创新管理体制，转换用人机制，扩大和落实单位用人自主权。发挥用人单位在人才培养、吸引和使用中的主体作用。三是加强人才工作法制建设。坚持用法制保障人才，推进人才管理工作科学化、制度化、规范化，形成有利于人才发展的法制环境。加强立法工作，建立健全涵盖国家人才安全保障、人才权益保护、人才市场管理和人才培养、吸引、使用等人才资源开发管理各个环节的人才法律法规。

2. 大力创新人才工作机制

一是创新人才培养开发机制。坚持以国家发展需要和社会需求为导向，以提高思想道德素质和创新能力为核心，完善现代国民教育和终身教育体系，注重在实践中发现、培养、造就人才，构建人人能够成才、人人得到发展的人才培养开发机制。坚持面向现代化、面向世界、面向未来，充分发挥教育在人才培养中的基础性作用，立足培养全面发展的人才，突出培养创新型人才，注重培养应用型人才，深化教育改革，促进教育公平，提高教育质量。统筹规划继续教育，基本形成学习型社会。

二是创新人才评价发现机制。建立以岗位职责要求为基础，以品德、能力和业绩为导向，科学化、社会化的人才评价发现机制。完善人才评价标准，克服唯学历、唯论文倾向，对人才不求全责备，注重靠实践和贡献评价人才。改进人才评价方式，拓宽人才评价渠道。把评价人才和发现人才结合起来，坚持在实践和群众中识别人才、发现人才。

三是创新人才选拔任用机制。改革各类人才选拔使用方式，科学合理使用人才，促进人岗相适、用当其时、人尽其才，形成有利于各类人才脱颖而出、充分施展才能的选人用人机制。深化党政领导干部选拔任用制度改革，提高选人用人公信度。健全国有企业领导人员选拔制度，加大市场化选聘力度。完善事业单位聘用制度和岗位管理制度，健全事业单位领导人员选拔制度。

四是创新人才流动配置机制。根据完善社会主义市场经济体制的要求，推进人才市场体系建设，完善市场服务功能，畅通人才流动渠道，建立政府部门宏观调控、市场主体公平竞争、中介组织提供服务、人才自主择业的人才流动配置机制。健全人才市场供求、价格、竞争机制，进一步促进人才供求主体到位。

(四)坚持党管人才原则

加强人才队伍建设,必须坚持党管人才原则。坚持党管人才原则,是我们按照完善社会主义市场经济体制的新要求,根据党所处历史方位的新变化,着眼于改革和完善党的领导方式和执政方式、提高党的执政能力做出的重大决策,是人才工作沿着正确方向前进的根本保证。

党管人才,主要是管宏观、管政策、管协调、管服务,绝不是党委包揽人才工作的方方面面,也不能简单照搬党管干部的所有方式。目的是更好地统筹人才发展和经济社会发展,更好地统筹人才工作和其他各项工作,更好地统筹人才工作的各个方面,把人才管好用活,为人才成长和充分发挥作用提供更有力的支持和更优良的服务。

坚持党管人才原则,就是要重点做好制定政策、整合力量、营造环境的工作,努力做到用事业造就人才、用环境凝聚人才、用机制激励人才、用法制保障人才。

坚持党管人才原则,必须整合力量、营造氛围。坚持党管人才,就要形成党委统一领导,组织部门牵头抓总,有关部门各司其职、密切配合,社会力量广泛参与的人才工作新格局,这样才能充分发挥人才工作各相关部门的职能作用,整合开展人才工作的各种力量。坚持党管人才,就要在社会努力营造"尊重劳动,尊重知识,尊重人才,尊重创造"、有利于优秀人才脱颖而出的舆论氛围,形成促进人才发展的综合环境。

新世纪新阶段,我们要更加坚决地实施人才强国战略。在建设中国特色社会主义伟大事业中,要把人才作为推进事业发展的关键因素,努力造就数以亿计的高素质劳动者、数以千万计的专门人才和一大批拔尖创新人才,建设规模宏大、结构合理、素质较高的人才队伍,开创人才辈出、人尽其才的新局面,把我国由人口大国转化为人才资源强国。

当前,我国正处于全面建成小康社会、加快推进社会主义现代化的新的发展阶段。面对新的形势和任务，我们必须坚持不懈地加强党的组织建设，着力建设一支高素质的党员干部队伍，着力把各级领导班子建设成为政治坚定、求真务实、开拓创新、勤政廉政、团结协调的坚强战斗集体，着力保持和发展广大党员的先进性，全面实施人才强国战略，为贯彻落实党的路线方针政策，推动科学发展、促进社会和谐提供坚强的组织保证。

第五章　党的作风建设

党的作风建设，与党的思想建设、组织建设都有着密切的联系，适时抓住关于党的作风建设，实际上就相当于抓住了新形势下进一步推进党的建设的一个十分重要的环节，也就相当于抓住了切实提高党的领导水平和执政水平、提高拒腐防变和抵御风险能力的一个十分重要的切入点。合理、有效地加强党的作风建设和相应的管理，在很大程度上是非常有利于党要管党原则和从严治党方针的贯彻执行的。

第一节　加强党的作风建设的重要性

党的作风不仅仅代表着党的一个具体形象，而且还是党的性质、宗旨、纲领、路线的一个重要体现，同时，更是党的创造力、战斗力和凝聚力的相关重要内容。要结合新的实际情况，努力发扬党的理论联系实际、密切联系群众、批评和自我批评的优良作风，同时要对于新的实践经验不断地进行总结，努力培育新的优良作风。一切不符合党的事业发展要求、不符合人民利益的不良风气，都应坚决予以克服。

党的作风建设，是党进行建设过程中的一项十分重要的内容，是进一步密切党同人民群众的血肉联系、巩固党的执政基础的一个重要性保证。切实加强和改进新形势下党的作风建设，具有极大的重要性和紧迫性。

一、加强党的作风建设是加强党的执政能力建设和先进性建设的重要体现

作风建设一直以来都是我们党进一步加强执政能力建设和

先进性建设的一项重要内容,所以作风建设一直都被党中央放到关系党生死存亡的重要地位来看待。党的作风好,那么党在人民群众中的凝聚力和号召力就强,党执政的基础就稳固。党的作风不好,就必然脱离人民群众、失去人民群众的信任,党的执政基础就会逐渐瓦解。可以说,党的作风状况是衡量一个政党是否具有较高执政能力、能否始终保持先进性的重要标志。

只有切实不断加强和改进新形势下党的作风建设,对广大党员干部不断进行教育和引导,以大力弘扬党的优良传统和作风,我们党才能不断使其自身的执政能力得到有效的提高,才能永葆先进性。而且我们党面临着更加复杂的国内国外环境,无论是世情国情还是党情都随时面临着深刻的变化。

因此,只有通过不断地加强和改进党的作风建设,紧紧抓住党的执政能力和先进性建设的主线不动摇,才能成功带领全国各族人民,及时抓住历史机遇,勇敢地克服各种风险挑战,不断取得全面小康建设的胜利,使中华民族立于世界民族之林。

二、加强党的作风建设是做好反腐倡廉工作的迫切需要

党员干部的作风好坏会直接关系到党的路线方针政策的具体落实,对于党在人民群众中的形象也会造成直接的影响,这些都直接反映着反腐倡廉工作的好坏。

加强对党的作风建设进行相应的改进,已经成为推进反腐倡廉工作的一种迫切需要。保持良好的作风是抵御消极腐败现象和保持清正廉洁的重要保障,滋生不好的作风往往会是进一步走向消极腐败的助推因素。

当前来看,党员干部的作风在总体上是偏向于一个正确的方向的,但是即便如此,也依旧难免会存在着一些党员干部党性不是很强、作风不正的现象,比如工作过程中简单粗暴,实施强迫性命令;有的专注于搞形式主义,虚报浮夸;有的执法不严,办事不公,吃拿卡要,甚至刁难群众,以权谋私,等等。这些现象往往与腐败是紧密相连在一起的,对于党在人民群众中的威信和党员队

伍的纯洁性造成了严重的损害。

针对近年来查处的党员干部腐败案件来看，绝大多数人出现违纪违法的情况都是从作风上出问题开始的。这就深刻表明，我们的一些党员干部只要在作风要求上稍稍放松，那么对于腐败的“免疫力”就会大大下降，难以举起防腐拒变的思想武器，最终坠入腐败堕落的深渊之中。

因此，我们必须把党的作风建设与反腐倡廉工作进行有机结合，这样才能更有效地坚持和弘扬党的优良作风，推进反腐倡廉工作的顺利进行。

三、加强党的作风建设是推动科学发展、促进社会和谐的重要途径

不断加强和改进党的作风建设，树立和弘扬优良作风，是深入贯彻落实科学发展观的一个具体要求，也是构建社会主义和谐社会的重要途径。必须要以优良作风深入推动科学发展，促进社会的整体和谐，不断推动经济社会又好又快发展。

深入贯彻落实科学发展观，主要依靠科学求实的态度和真抓实干的作风。经过这么多年的发展，我国无论是经济建设、政治建设，还是文化建设、社会建设以及生态文明建设都在一定程度上取得了举世瞩目的伟大成就。

但是同时，我们更应该清醒地看到，我国现在处于并将长期处于社会主义初级阶段，人口众多、发展也不太平衡，导致经济社会发展过程中仍会面临不少突出矛盾和问题。正是这些矛盾和问题带来了较为严峻的挑战，而这就要求党员干部具有实事求是的态度和真抓实干的作风，否则推动科学发展只能是一句空话，并没有什么行动力。

实现社会整体和谐，建设美好的社会家园，始终都是人类孜孜以求的一个社会理想，这也是包括中国共产党在内的马克思主义政党不懈追求的一个社会理想。近些年来，一些群体性事件的发生实际上与某些党员干部宗旨意识不强、群众观念淡薄、作风

不正有很大的关系。

因此，只有始终做到保持一个良好的作风，才能把损害群众利益的不正之风予以及时解决，着力对一些腐败现象进行彻底的消除，维护社会的公平正义，理顺群众的情绪，消除社会上存在的不和谐的因素，只有这样才能在真正意义上进一步促进全社会形成诚信友爱的风气，推动和谐社会建设向前发展，实现社会稳定，政通人和。

第二节　十八大以来中国共产党作风建设的历史进程

党的十八大以来，以习近平为总书记的党中央，在深入推进中国特色社会主义伟大事业和党的建设新的伟大工程的实践过程中，作风建设始终都被摆在一个优先的位置，踏石留印的坚韧精神得到继续的发扬，扎实推进关于党的作风建设，令党风政风为之一新、党心民心为之一振。

一、以落实八项规定为切入口，扎实推进作风建设

（一）八项规定精神的落实工作作用突出

1. 禁令措施频繁出台

落实举措在八项规定正式出台之后，也都陆陆续续一项项地正式推出。

2013 年，中央特别针对关于作风的一系列问题，对应出台了具有明确针对性的十几条禁令，具体包括禁卡令、禁礼令、禁烟令等，从一件件具体的事情进行严抓整改，从一个个特定的时间节点严抓落实，这种整顿的效果十分的明显，在很大程度上对歪风进行了有效的打击和打压，整体上形成了很好的治理力度。

2. 铁面无私，严格执纪

各级纪检监察机关实施铁面无私，严格执纪，坚持“老虎”“苍

蝇”一起打的态势，对于一些严重违反中央八项规定精神的问题进行严肃的查处。

之前在通报中，屡屡“表现突出”的“四风”问题，在经过一定力度的整顿后，也得到了不同程度的改善。

（二）扎紧执行八项规定精神的制度笼子

中央相继出台了对于八项规定进行深入细化的政策措施，要把制度的“笼子”牢牢扎紧。中央纪委还与此同时建立明确落实“八项规定”精神情况的月报制度。中央办公厅、国务院办公厅会同有关部门，正式提出了以《党政机关厉行节约反对浪费条例》为“基本法”，积极构建厉行节约反对浪费“1＋20”制度框架。“1＋20”制度建设框架涵盖面十分广泛，具体包括了预算管理、公务接待、公务用车、会议活动、领导干部待遇等方面。

截至目前，“1＋20”的制度建设已相继出台《关于党政机关停止新建楼堂馆所和清理办公用房的通知》《关于全面推进公务用车制度改革的指导意见》等13项制度。这些制度规定得十分慎密，在一定程度上，建成了一张密布的“高压电网”，促使八项规定真正成为“铁八条”。

二、以开展群众路线教育实践活动为平台，扎实推进作风建设

（一）稳固改进作风的思想基础

之所以出现作风问题，其实细究背后还是因为关于思想觉悟的一系列问题。对此，中央作了相关的强调，要深入开展有关教育实践活动，就需要把学习教育摆在一个非常突出、醒目的位置，着力把世界观、人生观、价值观这个“总开关”问题解决好、处理好，把“为了谁、依靠谁、我是谁”的问题解决好、处理好，始终保持一颗为人民服务的心，对于改进作风的思想基础进行稳固。

(二)落实改进作风

广大党员干部与群众路线教育实践活动结合是非常有必要的，找准问题的发生点，找准作风之“弊”，重点围绕“为民务实清廉”的要求，采取多种找问题的方法，深入查找、认真梳理“四风”方面的突出问题。

最终，可以把查找出来的各类问题，进行有针对性地加强整改并予以进一步的落实，努力做到发扬钉钉子的精神，一个钉子一个眼、一锤接着一锤敲，坚决把行为之“垢”彻底祛除。

(三)做好活动“接力赛”

我们党所具有的一个优良传统就是善于进行经验总结。习近平总书记在党的群众路线教育实践活动第一批总结暨第二批部署会议上发表重要讲话，对于第一批教育实践活动的“四条经验”进行了相关的总结：坚持中央和领导干部带头示范，坚持开门搞活动，突出问题导向，强化外力推动。

这些经验对搞好第二批教育实践活动具有非常重要的指导作用。教育实践活动虽然分两批依次进行，但并不代表他们是分散开来的，反而是一个有机整体，是一场“接力赛”。

按照中央的具体部署，第二批教育实践活动应该坚持“主题不变、镜头不换”，针对第一批活动的好做法、好经验进行合理的借鉴与运用，把第一批活动的成果进行巩固并予以扩大，通过在巩固中不断地坚持，在坚持中继续加深巩固，不断把作风建设引向深入的层次。

三、以抓好领导干部示范带动为重点，扎实推进作风建设

(一)坚持高层躬亲示范

1. 带头践行八项规定

2012 年 12 月 4 日，中共中央政治局召开会议，审议通过了中

央政治局关于改进工作作风、密切联系群众的八项规定。其主要内容包括以下八个方面。

(1)要改进调查研究,到基层调研要深入了解真实情况,总结经验、研究问题、解决困难、指导工作,向群众学习、向实践学习,多同群众座谈,多同干部谈心,多商量讨论,多解剖典型,多到困难和矛盾集中、群众意见多的地方去,切忌走过场、搞形式主义;要轻车简从、减少陪同、简化接待,不张贴悬挂标语横幅,不安排群众迎送,不铺设迎宾地毯,不摆放花草,不安排宴请。

(2)要精简会议活动,切实改进会风,严格控制以中央名义召开的各类全国性会议和举行的重大活动,不开泛泛部署工作和提要求的会,未经中央批准一律不出席各类剪彩、奠基活动和庆祝会、纪念会、表彰会、博览会、研讨会及各类论坛;提高会议实效,开短会、讲短话,力戒空话、套话。

(3)要精简文件简报,切实改进文风,没有实质内容、可发可不发的文件、简报一律不发。

(4)要规范出访活动,从外交工作大局需要出发合理安排出访活动,严格控制出访随行人员,严格按照规定乘坐交通工具,一般不安排中资机构、华侨华人、留学生代表等到机场迎送。

(5)要改进警卫工作,坚持有利于联系群众的原则,减少交通管制,一般情况下不得封路、不清场闭馆。

(6)要改进新闻报道,中央政治局同志出席会议和活动应根据工作需要、新闻价值、社会效果决定是否报道,进一步压缩报道的数量、字数、时长。

(7)要严格文稿发表,除中央统一安排外,个人不公开出版著作、讲话单行本,不发贺信、贺电,不题词、题字。

(8)要厉行勤俭节约,严格遵守廉洁从政有关规定,严格执行住房、车辆配备等有关工作和生活待遇的规定。

中央政治局自从正式出台八项规定以来,一直都在以具体的实际行动积极履行着向全党全国人民做出的庄严承诺。

习近平总书记在地方进行考察工作时,也不例外,吃自助餐、大盆菜；住普通房间、临时板房；同村民一起摘柚子、在包子铺排队点餐……率先垂范，亲力亲为，中央政治局其他常委同志也以实际行动践行承诺，积极落实八项规定，做到了以上率下、示范全党。

2. 先行开展教育实践活动

党的群众路线教育实践活动，第一批于 2013 年 6 月 18 日启动，教育活动时间一年左右，活动将紧紧围绕保持和发展党的先进性和纯洁性，以“为民、务实、清廉”为主题，按照“照镜子、正衣冠、洗洗澡、治治病”的总要求，自上而下在中共全党深入开展。切入点是：贯彻落实中央八项规定。教育活动重点对象是：县处级以上领导机关、领导班子和领导干部。

中央政治局专门召开了相关的会议，对于关于党的群众路线教育实践活动进行相应的开展，对照检查中央八项的规定，聚焦作风问题，并进行批评和自我批评。

中央政治局一直以来对自身的要求都非常的严格，无论何时何地都以身作则，这种举动在全党都起到了上行下效的积极作用，产生了较为强大的示范效应。

（二）树立“三严三实”作风建设新标杆

2014 年 3 月 9 日，习近平总书记在中华人民共和国第十二届全国人民代表大会第二次会议安徽代表团参加审议时，关于推进作风建设的讲话中，提到“既严以修身、严以用权、严以律己；又谋事要实、创业要实、做人要实”的重要论述，称为“三严三实”讲话。严以修身，就是要加强党性修养，坚定理想信念，提升道德境界，追求高尚情操，自觉远离低级趣味，自觉抵制歪风邪气；严以用权，就是要坚持用权为民，按规则、按制度行使权力，把权力关进制度的笼子里，任何时候都不搞特权、不以权谋私；严以律己，就是要心存敬畏、手握戒尺，慎独慎微、勤于自省，遵守党纪国法，做到为政清廉；谋事要实，就是要从实际出发谋划事业和工作，使点子、政策、方案符合实际情况、符合客观规律、符合科学精神，不好高骛远，不脱离实际；创业要实，就是要脚踏实地、真抓实干，敢于担当责任，勇于直面矛盾，善于解决问题，努力创造经得起实践、人民、历史检验的实绩；做人要实，就是要对党、对组织、对人民、对同志忠诚老实，做老实人、说老实话、干老实事，襟怀坦白，公道正派。要发扬钉子精神，保持力度、保持韧劲，善始善终、善做善成，不断取得作风建设新成效。

从八项规定"只是我们改进作风的第一步"，到"三严三实"作风建设新标杆的树立，这既是对作风建设历史经验的一个明确性总结，同时也是党的十八大以来作风建设具体规定的一个升华，为深入推进作风建设指明了新的方向，是全党加强作风建设的再整装、再启程。

四、以建立健全相关制度为保障，扎实推进作风建设

一是需要不断加强党内法规建设。党的十八大以来，我们党一直坚持以《中国共产党党内法规制度条例》为"基本法"，按照《中央党内法规制定工作五年规划纲要（2013—2017 年）》要求，抓好落实经实践检验行之有效的制度，对于一些不适用的制度进行废止，对一些已经不适应的制度进行相应的合理修订完善，切实抓紧制定缺乏制度规范领域的新制度，将群众路线教育实践活动好的经验做法进一步上升为具体的制度规范，不断深化党的建设制度改革。

二是需要明确制度执行与制度建设是同等重要的关系。制度形成之后，必须严格遵守。对于制定的八项规定，中央提出了明确的要求，"规定就是规定，不加'试行'两字，就是要表明一个坚决的态度，表明这个规定是刚性的"。

党的十八大以来，全党一直坚持制度面前人人平等，没有例外，对制度的严肃性和权威性进行了坚决的维护，使制度在真正意义上成为党员干部联系和服务群众的一种硬约束。通过制度约之以典章、规之以法纪，以强有力的制度执行保证制度建设的实际效果。

第三节　加强学风建设，建设学习型政党和学习型党组织

党的十七届四中全会明确提出了关于进一步建设马克思主义学习型政党的战略任务和基本要求："必须按照科学理论武装、具有世界眼光、善于把握规律、富有创新精神的要求，把建设马克思主义学习型政党作为重大而紧迫的战略任务抓紧抓好。"党的十八大报告进一步指出："增加自我净化、自我完善、自我革新、自我提高能力，建设学习型、服务型、创新型的马克思主义执政党，确保党始终成为中国特色社会主义事业的坚强领导核心。"

在深入贯彻落实党的十八大精神中，就是要把学习科学理论和先进知识在全党形成制度、形成一种良好的风气，就是要以一种有效的学习方法使党的创新能力得到有效的提升，进一步增强党的自我提高能力。

一、建设学习型党组织的总体要求

有针对性地建设马克思主义学习型政党，使各级党组织成为学习型党组织是一个较为基础性的问题。我们党对于学习型党组织的相关建设，必须以科学发展观为具体的指导，从新世纪、新阶段我们党所面临的新机遇和新挑战来进行思考和探索。

我们党要通过树立科学合理的学习理念，构建科学有效的学习体系，建立科学规范的学习机制，来全面实施学习型党组织建设工程，并从整体上推进学习型党组织建设向纵深方向不断发展。要大力营造和形成重视学习、崇尚学习、坚持学习的浓厚学习氛围，牢固地确立党组织全员学习、党员终身学习的理念，同时努力建立健全科学有效的学习制度，使党员的学习能力不断得到提升、知识素养不断得到提高、先锋模范作用充分得到发挥，使党组织的创造力、凝聚力、战斗力不断得到增强。

(一)树立科学的学习理念

领导干部必须具有观念创新,这是建设学习型党组织的一个必要前提和灵魂。这就在很大程度上决定了想要进一步推进学习型党组织建设,一个首要的任务就是要针对党员干部所具有的旧的传统观念进行有效的破除,从而在最大限度上树立起能够与学习型党组织建设相适应的新理念。

虽然学习的理念具体来讲多种多样,但总体来说就是要树立学习是生存和发展需要的基本理念。对党员干部来讲,学习主要是以能够有效提高自身的思想素质和业务素质为出发点的,党员干部要紧紧围绕党和国家工作的大局,按照科学理论武装、具有世界眼光、善于把握规律、富有创新精神的实际要求,以最大限度提高全党思想政治水平为基本目标,深入认真地学习马克思主义理论,学习党的各项路线方针政策和国家法律法规,学习党的发展历史,学习现代化建设所需要的各方面知识,不断在武装头脑、指导实践、推动工作上获得新成效。

(二)构建科学的学习体系

构建不同层次的教育体系,是建设学习型党组织的一个核心内容。经过多种学历教育培训、短期教育培训和常规教育培训相应地构成了学习型党组织建设的三大体系。

但是,这三大体系并不是简单的相互叠加,而是对于多种教育资源和人才培养模式的相关优化和有效整合。

1. 学历教育培训体系

所谓的学历教育培训体系,也就是要求我们对于高等教育资源应该进行充分有效的利用,使党员干部既能通过高等学校直接进行相关的教育培训,也能有参加成人高考、函授以及参加以计算机网络教育为主要形式的远程开放式高等教育的机会,从而取得更高的学历。

对于党员干部尤其是青年干部而言，要自觉主动地参加各种高等教育培训，不断努力使自身的学历档次得到有效的提高，以进一步优化党员干部的整体学历结构。

2. 短期教育培训体系

短期教育培训体系，是能够加强党员干部的教育的一项重要任务。每一年，党的宣传部门、党的组织部门、党校、人事部门、司法部门以及各种群团组织都应该有计划地组织相应的知识培训，以此来进一步提高党员干部某方面的素质水平，然后把这些方面系统性地综合起来，这样就能从整体上使党员干部的综合素质得到显著性提高。

3. 常规教育培训体系

每年的各级机关、群团组织以及各类社会事业部门都应该根据自身的具体实际情况，有计划、有针对性地积极组织党员干部开展关于提升业务知识方面的系统性培训，以此更好地达到常规培训经常化、制度化。

（三）建立科学的学习机制

建设学习型党组织相对来说是一项较为复杂的系统工程，它是由多种因素相互联系、相互作用的一个有机整体，要想保证整个系统能够进行有效运行，那么就必须建立一个健全协调、平稳和高效的运行机制。

1. 建立动力机制

建立具有动力的机制，其实也就是通过系统、有针对性地制定相应的激励和竞争机制，以此来进一步激发关于党员干部的浓厚的学习热情。

2. 建立领导机制

建立领导机制，也就是要求建立一个完善的领导体制和管理机构,把握好这一点是建设学习型党组织的一个重要保证。各级党委要负总责,其中一把手为第一责任人。

在进一步深入学习型党组织的建设过程中,需要各单位各部做到各司其职、各尽其力,努力来共同拉动和建立有效的工作运行机制,营造一个良好的社会环境。

3. 建立投入机制

建设学习型党组织,相应的硬件建设也是必不可少的,如各种教育培训设施以及文化设施、各基层组织的学习场所等,这都是建设学习型党组织的一些基础条件,这就需要通过加大硬件设施的投入,使学习的基础设施建设不断得到完善并进一步充分发挥其所具有的作用。

(四)实施学习型党组织建设工程

建设学习型党组织,一个首要任务就是要对好的学习载体进行充分的利用,并对其原有载体进行相应地完善,通过大力开展多种形式的学习活动,使党员干部形成一种人人想学、勤学、真学、深学和善学的良好氛围。

(1)要把各级党组织领导班子中心学习组学习的具体情况了解好,这是理论武装工作过程中的一个"重点工程"的现实需要,要进一步使领导干部的执政能力和执政水平都得到有效提高,同时,更要通过领导干部的率先垂范,来强有力地匀速学习型党组织的建设进程。

(2)要把党员干部学习的"基础工程"充分地进行具体实施,从而更好地推动全党的全员性学习,并全面不断地提高党员的素质,不断推动党员保持和发展党的先进性。

(3)要把青年党员干部学习这一理论武装工作的"希望工程"进行充分实施,这是为党的事业的健康发展培育一大批高素质接班人和建设者的现实需要,同时更是永葆党的先进性的一种切实性的充分保障。

因此，大力建设学习型党组织，就一定要做到始终坚持实现学习的具体形式与效果的有机统一，从而最大限度地确保学有所获、学有所成。

二、建设马克思主义学习型政党的中心任务

建设学习型政党的一个题中之意就是进行学习，在全党范围营造一个高度崇尚学习的浓厚氛围，积极向书本学习、向实践学习、向群众学习，针对知识结构进行相关的优化，使综合素质得到有效的提高，创新能力也有所增强。

习近平同志强调指出："各级领导干部应深刻认识现代领导活动与学习的密切关系，深刻认识领导干部的学习水平在很大程度上决定着工作水平和领导水平，真正把学习当作一种生活态度、一种工作责任、一种精神追求，自觉养成学习的习惯，真正使学习成为工作、生活的重要组成部分，使一切有益的知识和文化入脑入心，沉淀在我们的血液里，融汇在我们的从政行为中，做到修身慎行，怀德自重，敦方正直，清廉自守，永葆共产党员的先进性。"

作为党员，必须要严格按照习近平总书记所指出的那样，应当积极围绕提高思想水平、增强工作能力、完善知识结构、提升精神境界，选择那些与所从事的工作关系密切、自己爱好和有兴趣的理论和知识来学习。

（一）学习马克思主义中国化创新理论成果

马克思主义是一种能够明确指引我们认识世界和改造世界的强大思想武器，马克思主义理论素养是领导干部领导素质的主要核心和灵魂，能够正确掌握马克思主义理论，可以说是领导干部的一项重要基本功。

中国特色社会主义理论体系是马克思主义进行中国化的一项最新理论成果，它是与马克思列宁主义、毛泽东思想一脉相承并与时俱进、创新发展的科学思想理论。马克思主义学习型政党

建设首先明确要求党员干部要进行不断地深入学习、系统掌握中国特色社会主义理论体系，能够充分做到真学、真懂、真信和真用。

在党领导人民全面建成小康社会的实践过程中，科学发展观既是我国经济社会发展的一个重要指导方针，又是发展中国特色社会主义必须不断坚持和贯彻的重大战略思想。这也就在很大程度上决定了领导干部要在学习实践科学发展观方面起到有效的带头和示范作用，切实做到用科学发展观来进一步武装头脑、指导实践和推动相关的工作。

同时，除了针对中国特色社会主义理论体系进行学习之外，党员干部也要对马克思主义经典作家的著作进行认真学习，尤其是深入学习马克思主义哲学，这样可以从根本上对马克思主义的真理性产生一定的信服，同时以此来进一步坚定理论信念；从根本上对马克思主义的世界观和方法论充分把握，进一步坚定政治立场和党性原则；从根本上认识马克思主义的具体发展进程及其基本理论与创新理论的相互关系，充分做到在继承中坚持、在坚持中发展、在发展中创新。

（二）学习做好党的工作必需的各种知识

由于党建工作具有的综合性、系统性都十分强大，因而就需要多方面地丰富知识积累。因此，广大党员特别是党的领导干部不断地加强自身现代知识的扩充和更新，就显得十分有必要，也十分迫切。

总而言之，广大党员应当学习多方面的知识，具体包括经济、法律、科技、文化、管理、国际和信息网络等各方面的知识。广大党员特别是党的领导干部的成长进步是与其岗位的相关调整相结合的，一名优秀的党员干部的形成并不是轻而易举的，总是要经过多个领域、多种层次和多个岗位的锻炼。

因此，对于知识结构进行的相关性调整，对于知识体系所进行的完善，其实就是一种动态的发展过程。领导干部要努力坚持干什么学什么、缺什么补什么的原则，有针对性地学习和掌握做好领导工作、履行岗位职责所必备的各方面知识，多读与本职工作相关的新理论、新知识、新技能和新规则的书籍，努力使自己成为行家里手、内行领导。

（三）学习古今中外优秀传统文化

中外优秀传统文化思考和表达了人类生存与发展的一些根本问题，其闪耀的智慧光芒不但穿透历史，思想价值更是跨越了时间，历久弥新，成为人类所共有的一种精神财富。

尤其是我们中华民族有着五千多年的文明史，在传统文化中深深蕴藏着许多做人做事和治国理政的大道理，值得深思和学习。毛泽东说过："从孔夫子到孙中山，我们应当给以总结，承继这一份珍贵的遗产。"党的十八大也明确提出了，要大力弘扬中华文化，建设中华民族共有的精神家园。

优秀的传统文化，可以说是中华民族永远不能舍弃的一个重要家园。领导干部必须多加学习传统文化，经常接受关于优秀传统文化的熏陶，这样一来可以不断使自身的人文素养得到有效提高，可以在很大程度上增强对人与人、人与社会、人与自然关系的认识和把握能力，以及正确处理义与利、己与他、权与民、物质享乐与精神享受等重要关系。

此外，领导干部应该通过对一些优秀的传统文化书籍进行深入的研读，把前人在修身处事、治国理政等方面的智慧和经验进行有效吸收，养浩然之气，塑高尚人格，不断提高自身的人文素养和精神境界。

三、创建学习型的领导班子

一般而言，学习型领导班子应该具有以下基本的特征。

(1)提高班子的学习力，有效地增强集体的智慧。即应该把学习摆在一个重要的位置，通过适度地提高学习力来进一步增强集体的智慧。

(2)提高班子的凝聚力,有效地增强整体的效能。即在进行相关的管理过程中,始终要做到以人为本,运行要浑然一体,决策要民主开放。

(3)提高班子的创新力,需要进一步推进关于工作的详细落实状态。

(4)通过提高班子的竞争力,实现班子可持续发展。即要把提高竞争力始终作为最高的一个奋斗目标,把学习、工作和管理有机融合在一起。

有针对性地创建学习型领导班子,这是一项长期的、全新的工作,它并不是按照已经规划好的路线直接前进即可,而是在这一过程中,根本没有现成的地图,所有的路都需要靠自己走出来,因而需要做到以下几点。

(一)将“个人愿景”与“组织愿景”结合

通过制度促进合作,通过激励让大家能够积极享受合作的具体过程,从而将领导班子奋力打造成为一个利益共同体,促使“个人愿景”与“组织愿景”融合为一体,最终形成“共同愿景”。

在积极建立共同愿景的一系列过程中,需要从以下三个方面进行重点入手。

首先,应该尊重人的具体需要。人与动物是存在不同的,而最大的不同就在于人对自己的身体进行维护的同时,又在不断追求自我的维护和提高。“以人为本”就是要尊重人和发展人,在不失原则的前提下积极创造合适的条件,从而满足成员的各种合理需求,促使每一个成员的命运与整个团队的命运紧密联系在一起。

其次,应该实现自身的具体价值。对于每一个成员,都应进行合理地使用,让他们自身所具有的作用能够得到充分的发挥,这样一来,能使每一个人都深刻体验到工作带来的成就感。

最后,应该享受合作过程的具体乐趣。积极树立“探索的工作精神、严谨的工作作风、合作并交流的工作方法”的理念,正确地引导班子成员在深刻认识到个人所具有的重要性的同时，更要认识到整体合作的重要性。

（二）提高领导班子思想政治水平

建设学习型领导班子的基础，就是进一步提高领导班子的思想政治水平。不断加强政治理论的学习，既是提高领导班子自身建设的一个首要问题，同时也是领导班子增强凝聚力，提升政治理论素质的保证。

要在进一步建设学习型领导班子的实践中，自觉地学习马克思列宁主义、毛泽东思想，特别是关于中国特色社会主义的理论体系，学会坚持用中国特色社会主义理论体系为我们党提供的立场、观点、方法指导实践工作；认真学习党的路线方针政策，使各级领导班子与党中央在政治上、思想上保持高度一致。

理论上的成熟虽然只是一种政治成熟的基础，但是也很重要，如果没有正确的理论基础来进一步指导我们党的具体实践，那么就很难保证政治上的坚定性和决策上的正确性，同时也很难保证领导班子的凝聚力和战斗力的充分发挥。

因此，领导干部的理论学习是一项战略性、基础性的工作，应该紧紧抓好，不能松懈。

（三）健全沟通协调机制

首先，应该做到及时更新思想观念。对于“真理在我手中”的思想应该予以及时破除，学习型领导班子具有的鲜明特点就是，所面对的每一项工作都是全新的状态，班子中的每一个成员都在进行积极思考。

其次，要实行团队角色的具体定位。现代管理学理论的相关研究表明，一个有效的领导团队中，必须具备四种角色：第一种就是行动者，第二种是质疑者，第三种是追随者，第四种是细微观察者。在领导班子的议事过程中，所有班子成员都要结合自己的具体职责和具有的个性气质，承担起相应不同的角色。

再次,要积极进行团队学习。通过对“深度会谈”“讨论”和“情景技术”等方式进行合理地运用,应该努力让班子成员发挥出超乎个人才华总和的知识和能力,只有这样才能够得到高于个人智力总和的团体智慧。

最后,形成一种具体的学习工作新模式。合理构建一个“调查研究—集体学习—集体研讨—集体决策—集体行动—集体反思”的团队学习工作模式,使之整体循环,把领导班子从真正意义上变成一个工作学习有机融合、持续不断学习的团队。

(四)提高领导班子推动科学发展的能力

各级领导班子的成员,要坚持用马克思主义中国化最新成果武装头脑,充分认识科学发展观创立的时代背景、实践基础和重大意义,认真学习和理解科学发展观的科学内涵和精神实质,特别是要积极投身于深入学习实践科学发展观的实践之中,以进一步推动经济社会科学发展的成就,使党员干部受教育、科学发展上水平、人民群众得实惠。

要坚定不移地继续解放思想,着力提高开拓创新能力,以思想的新解放引领改革发展的新突破,以观念的新转变开拓改革发展的新境界。使领导班子懂技术、会管理,成为学习型组织的带头人,增强领导干部在推动科学发展中的内驱力、凝聚力、亲和力、创造力,努力适应新时期执政需要和形势发展变化需要,开拓创新,与时俱进,富于创造性地开展工作,提升领导科学发展的水平和成效。

(五)突出抓好“一把手”

创建学习型组织,必须要有学习型的领导去积极地带动大家,党政“一把手”的因素对于学习型领导班子的创建能够起到决定性的作用。

创建学习型领导班子是一个“一把手”工程,这就需要“一把手”做到:

(1)要有一种来自感情上的使命意识,并以此进一步感染班子中的其他成员。

(2)要对组织的未来发展有信心,做到胸有成竹,积极指导帮助班子成员在工作过程中正确树立全局的意识,对组织中的资源进行合理的调配,做到宽严有度,激励班子成员发挥自身的创造力和价值,完成各项目标。

(3)要把共同愿景、发展的基本理念和学习工作模型设计得当,积极组织班子成员开展好学习工作。

四、与时俱进,构建学习型党组织建设体系

(一)把用中国特色社会主义理论体系武装全党作为首要任务

把用中国特色社会主义理论体系武装全党作为首要任务,就需要按照武装头脑、指导实践、推动工作的具体要求,把学习贯彻科学发展观的新高潮不断引向一个深入的层次;做到坚持以改革发展稳定中的实际问题、以我们党正在做的事情为主要中心,对理论研究不断地进行加强和改进。

(二)把为改革发展稳定的大局服务作为中心工作

要在党组织中对于全面建成小康社会的奋斗目标进行广泛深入的宣传,全面准确地宣传中央的重大决策部署和各项方针政策,及时充分地对各行各业和各条战线发展的新思路、改革的新突破、开放的新局面、工作的新举措进行如实地反映,着力营造聚精会神搞建设、一心一意谋发展的良好氛围,在最大限度上促进全党牢固树立和真正落实全面、协调、可持续的发展观,正确引导党员干部有效增强抓住机遇加快发展的紧迫感、责任感和使命感,增强投身全面建设小康社会的积极性、主动性和创造性。

对于进一步推进改革过程中的宣传舆论工作要予以高度重视,并进行精心的组织。要努力营造一个解放思想、实事求是、与时俱进的良好氛围,营造一个时刻顾全大局、珍视团结、始终维护

稳定的良好氛围。

（三）把弘扬和培育民族精神作为重要抓手

在学习型党组织中，要始终做到坚持倡导一切有利于民族团结、祖国统一、人心凝聚的思想和精神，坚持倡导一切有利于国家富强、社会进步、人民幸福的思想和精神，坚持倡导一切用诚实劳动创造美好生活的思想和精神，进一步使得党员队伍具有的凝聚力不断得到有效增强。

深入持久地宣传和贯彻尊重劳动、尊重知识、尊重人才、尊重创造的方针，宣传和弘扬解放思想、锐意改革、艰苦创业、开拓创新的精神，不断增强党员队伍的创造力。

（四）把提高思想政治品质作为基本职责

要在各级党组织中深入有效地开展关于党的基本理论、基本路线、基本纲领和基本经验教育，深入开展中国革命、建设和改革的历史教育和国情教育，对广大党员干部进行积极的引导，使其正确地认识社会发展规律，正确认识国家的前途和命运，从而明确地去树立正确的世界观、人生观和价值观，对于进一步建设中国特色社会主义的理想信念更加坚定。

开展思想政治工作必须与经济工作和其他实际工作结合在一起，把需要解决的思想问题同需要解决的实际问题紧密地结合在一起。要大力把党员队伍立党为公、执政为民的公仆意识进行实质性的提高，着力营造一种权为民所用、情为民所系、利为民所谋的良好氛围，对群众利益无小事的道理进行深刻的阐述，多为人民办好事实事、得民心、稳民心、向民心，营造良好的党群关系。

（五）把推进文化建设作为重要任务

把重点推进文化建设作为学习型党组织建设的重要任务，就需要做到：

(1)对于文艺出版工作而言，要真实地反映生活、服务群众，从而创作生产出更多积极向上、健康、人民群众喜闻乐见的精神文化产品，对群众的文化生活不断地进行丰富，使群众的精神境界得到有效的提高。

(2)对于新闻工作来说，就需要对舆论导向做到牢牢把握，坚持做到团结稳定鼓劲、正面宣传为主的方针，积极唱响时代的主旋律，在全社会形成和发展一种积极健康的主流舆论。

(3)对于哲学社会科学研究而言，要立足于实际的国情，立足于当代，以深入研究重大的现实问题作为一个主攻的方向，不断地加强马克思主义理论研究和相关的建设，努力担负起进一步认识世界、传承文明、创新理论、咨政育人、服务社会的职责。

总之，想要把关于新形势下的学习型党组织建设做好，就必须在继承和发扬成功经验和优良传统的基础上，大力构建相应科学合理的体系，要始终做到坚持解放思想、实事求是、与时俱进，科学地认识和把握新形势下学习型组织建设的特点和规律，形成新思路，探索新办法，开辟新途径，取得新成效。

五、不断探索学习型党组织的新路子

创建学习型党组织，并不是一件易事，这一项具有长期性的、非常艰巨的任务，虽然在进行活动创建过程中，也有针对性地采取了有益的措施，也在这个过程中积累了较为可贵的经验，并由此取得了一定可观的成效。但是，具体来说，这也只是进行一些积极地探索和思考。

对于创建学习型党组织活动的探索，应该不断地进行有效加强，建设马克思主义学习型政党，积极地推动学习型社会能够早日形成。这样一来，是非常有益于加强党的执政能力建设的，不仅如此，还会在一定程度上增强党的创造活力，进而更好地为经济建设和社会发展提供源源不断的丰盛动力，在未来的发展过程中保持永久持续的生命力。

（一）党员广泛参与是基石

创建学习型党组织，是重点建设学习型政党的一个重要组成部分，同时也是把各级党组织在真正意义上建设成为坚定贯彻党的理论和路线方针政策、善于领导科学发展的坚强领导集体的重要载体和有效途径。

这里需要明确的一点是，学习型党组织中提到的“学习”与一般意义上的学习两者之间存在很大的区别，学习型党组织中提到的“学习”对于“终身学习”“全员学习”“全过程学习”和“团体学习”相对更为注重，以此来进一步扩大党员参与其中的整体覆盖面，对于党员学习的系统性和连贯性能够起到很好的保障，使党员干部的学习意识在很大程度上有所提高，形成一种人人学习、自觉学习的融洽局面，从而构建学习型社会，为创建学习型党组织提供扎实稳定的智力保障。

（二）科学选择内容是基础

在创建学习型党组织的过程中，需要各级党组织和广大党员从本单位和自身具体的实际情况出发，科学地选择进行学习教育的相关内容，这就需要注意以下几点：

(1)要具有针对性强的学习资源，对于党员干部知识结构所存在的“短板”进行一个较为准确的定位，需要什么样的知识就进行什么方面的专题学习培训。总之，广大党员干部缺乏什么就相应地补充什么。

(2)在进行专业的学习培训过程中，要让广大党员干部学有所获、学有所得，把广大党员干部的学习兴趣和主动性的激发点准确地找出来。做到学以致用，把学习和运用重点放在正在进行的工作上，以更好地适应新形势的需要。

(3)对于广大党员干部学习的具体内容，也要不断地进行更新。要根据形势发展的具体新要求，国际政治、经济、文化所显现出来的新动向，信息革命和知识经济的新浪潮，对于学习的内容进行相应地安排和调整。

(三)创新学习载体是关键

在进一步创建学习型党组织的过程中,必须对学习载体进行不断的创新,使学习形式不断得到丰富,相应地把学习培训的覆盖面予以扩大。只有这样,才能吸引更多的广大党员广泛参与其中,不断增强创建工作的具体实效性、感召力和吸引力。

在社区、流动党员经常聚集的地方,可以适当地与社区群众体现出来的具体需求进行结合,有针对性地建立推广社区大学,真正做到让大学教育走进社区,根据居民的文化水平和精神文化需求,有针对性地开设各种层次的课程类型,在一定程度上不断激发社区居民的学习积极性,使群众文化生活得到丰富,促使群众科学素养得到提高。

(四)建立健全制度是保证

建设学习型党组织,实际并不是一件容易的事,它是一个较为系统的工程,同时也是一个艰巨的课题。严抓学习的过程中,不能只是简单地停留在发号召和提要求上面,必须依靠具体的制度来落实到位,使学习的过程中能够有可以遵循的具体规范,这样也可以使考核评估指标得以明确。由此一来,抓学习才能在真正意义上取得一定可靠的实效。

因此,应该采取积极有效的措施,逐步把学习型党组织、学习型干部创建工作纳入制度化、规范化的轨道。建立健全的激励机制,进一步加强对学习的严格检查考核,将学习的具体情况作为民主评议党员和评先评优、职级晋升、提拔使用的重要依据,做到坚持鼓励先进,鞭策后进,大力增强学习者的一种内在动力。

与此同时,在进一步创建学习型党组织的实践过程中,要根据随时出现的新情况、新问题,深入调查进行相关的研究,以便能够及时采取对策,从制度上加以规范。

六、学习型党组织开展学习的“四结合”方法

学习方法与学习的具体过程、阶段、心理条件等都有着密切的联系，它不但蕴涵着对学习规律的深刻性认识，而且对学习内容理解的具体程度也进行了如实的反映。

在一定意义上来看，它还是一种带有明显个性特征的学习风格。虽然学习方法会因人而异，但是整体上来说，正确的学习方法应该对五个具体原则有所遵循，即循序渐进、熟读精思、自求自得、博约结合、知行统一。

具体而言，可以按照以下的“四结合”方法，进行具有针对性的学习：

（一）个体学习与组织学习相结合

学习型党组织深入开展学习的方法主要分为两个层面，分别是个体学习的层面和组织学习的层面。党员进行学习可以说是党组织学习的主要基础，而党组织学习是党员学习的环境，他们两者之间相互形成一种依托，相互支持，都不可偏废。

在个体学习的过程中，要分清主次点，要把创造性作为学习的重要目标，使创造和学习相互融合在一起，通过探源索隐、辨异求同、立体思考、浓缩纲要、长远预测、趋势外推以及类比模拟等方式来达到此目标。

不论是组织学习还是个体学习，他们同属于学习型党组织的学习方法，把两者结合在一起就显得十分必要。试想一下，如果没有了一个整体组织的学习，那么个人的学习就会显得盲目，与组织的任务没有任何的关系，有时即使是与工作相关的，那么由于没有来自组织的正确引导，也不能形成有用的合力。

而组织学习主要是建立在个人的基础上，所以也可以看作是一个系统的过程，它是能够进一步保证学习型党组织建设成效的重要支撑。一般来说，它主要包括七个阶段，即敏锐“发现”、创意“发明”、不断“选择”、不折不扣“执行”、复制“推广”、不断“反馈”

以及沉淀"知识"。

总体来说,这七个阶段分别产生的知识以及外部环境的知识最终都要流入组织的"知识库"中,然后通过组织的"知识库"中的知识对每个阶段产生具体的影响,再次输出到外部环境之中。学习型党组织要想有一定针对性地建立学习和自我更新的能力,就必须在它的经营流程、组织结构、管理制度以及信息系统中明确蕴涵以上提到的七个方面的基本思想,并将它们进一步转变成具体的组织设计方法和措施。

(二)坚持集中辅导学习与自学相结合

1. 明确建立关于党组织"集中学习日"的制度

开展这类相关的活动,从原则上来讲是不会对工作时间进行占用的。通过在每月选择一个固定的时间,将其定为党组织的"集中学习日"。

这就需要党组织进行认真的制定、严格的执行"集中学习日"的具体规范制度,积极地组织党员干部开展各种形式多样的学习教育活动。

2. 要坚持党员干部自学

根据全民学习、终身学习的要求和党组织的具体实际情况,合理有效地组织党员干部明确制订个人学习计划,对学习目标进行明确。党组织要将党员个人学习的相关计划汇集起来,再按照学习的不同岗位目标进行具体的分类,据此对党员干部的具体学习情况进行整体的考评。

党组织针对本单位的实际情况进行相应的结合,把具体的学习要求进行明确,在此基础上,列出相关的必读书目,并定期进行检查考核。原则上规定党员干部每人每月确保自学不少于一定时间。应该要广泛开展多种形式的读书学习活动,坚持有计划、有系统地选读一些当代专家学者撰写的政治、经济、科技、文化、管理以及和党员本职工作相关的著作。

(三)坚持脱产学习与在职学习相结合

对于脱产学习来说,虽然会在一定程度上不可避免地对党组织的正常工作进程和计划造成一定的影响,但是也不可否认适当地进行脱产学习可以更为有效地对党员干部进行全面、系统地知识培训。

连续性的脱产学习更是能够在很大程度上积极促进党员学习形成一种长效机制。在选择脱产学习时,必须坚持以妥善安排好原有本职工作计划为前提基础。对于党校学习班、党组织集中脱产培训学习和每周固定的学习时间应该进行充分的利用,进行较为集中、系统地学习。

每年都应选送部分党员干部脱产到上级党校或行政学院、相应高校或其他党组织进行集中时期的学习,进一步使他们的理论知识、专业知识和管理水平得到有效提高。更重要的是平时也不能一副若无其事的样子,而是应该挤时间去学习,坚持以在职学习为主的学习方式。

要将教育和学习理念彻底贯穿到党员干部的日常工作当中,积极培养他们形成自觉学习的主动习惯,进一步促进学习由被动向主动的方向进行转变。要坚持学习工作"两不误、两促进"。对于有条件的党组织来说,可以有针对性地开展"四个一"活动,即精读一本好书,做一本读书笔记,写一份学习体会,总结一份工作经验或写一份调查报告。

(四)坚持全面学习知识和培训业务能力相结合

在相关的学习内容上,要特别注意根据科学技术的快速发展、行政管理改革形势的具体变化,对于培训内容进行及时地更新置换,以更好地适应党和政府管理的迫切需要。

应该做到认真贯彻"理论联系实际,学用一致,按需施教,讲求实效"的原则,针对培训内容进行相关的设计和安排。除了需要把切实提高党员的政治素质和政治鉴别能力放在首位，有效加强他们正确的世界观、人生观、价值观教育外，还要对于业务能力的具体培训有所注重，把我国的经济建设中的重点、难点问题和政府行政工作中的重点、热点问题作为党员学习培训的具体内容。

与此同时，还要按照不同党员所具有的爱好和需求，相应地设置多种类型的选修课，以更好地满足他们拓宽知识、提高自身技能的需要，如设立一些电子政府应用、网页设计等课程，促进不同层次党员的发展，如农村党组织引导农村党员干部学习农业技能知识，学习防治农业病虫害知识，组织开展为农民党员讲授基础法律知识的培训；机关党组织引导机关党员干部学习行政管理知识、秘书公文处理技能等。

第四节　加强生活作风建设，保持高尚精神追求

在党的作风建设的过程中，领导干部的生活作风是非常重要的一个方面，因为这对于党的建设全局以及带动政风和促进社会风气的根本好转具有极其重要的意义。

一、大力加强领导干部生活作风建设

（一）强化思想教育

想要严格抓好领导干部的生活作风建设，那么必须把思想教育这个基础抓好抓实，筑牢来自心灵的第一道防线，使领导干部拒腐防变的能力得到有效增强。具体来说，包括以下几方面。

(1)要切实加强对领导干部的理想信念和宗旨教育，积极正确地引导广大党员干部始终做到坚定理想信念，牢牢站稳政治立场，不断增强鲜明的宗旨意识。

(2)要切实加强对领导干部的政绩观进行的相关教育，积极正确地引导领导干部明确树立正确的政绩观，对于自身的政绩，

能够用正确的态度进行看待，对于政绩进行科学的衡量。

(3)要切实加强对领导干部自身执政能力的相关教育，积极正确地引导领导干部树立明确的执政意识，使其自身的执政能力有所提高，对于执政规律能够进行熟练的把握。

(4)要切实加强对领导干部进行诚信教育，正确地引导领导干部树立扎实的诚信观念，明确确立诚信意识，塑造整体的诚信形象，提高诚信素质。

(5)要切实加强对领导干部的勤政廉政进行教育，始终能够做到清正廉洁。

(二)强化制度保障

建立系统配套的制度管理和约束机制，是切实加强领导干部生活作风建设可靠的保证。

(1)必须要针对制度的制定和修订工作进行不断的加强，只有这样，才能在一定程度上逐步形成一套完整的，实践性、针对性和可操作性都比较强的制度体系。比如，有针对性地建立关于领导干部生活作风的奖惩制度，明确制定并规范领导干部生活行为的一些具体规章和实施细则等。

(2)必须要对领导干部的生活作风制度的执行力度进行切实有效的加强，使得制度在进一步的执行过程中的严肃性、强制性统统得到强化。

对于干部任用过程中的生活作风进行严格把关，对于预算管理和审计监督进行一定程度的强化，做到切实防止挥霍和滥支公款，铺张浪费；有效清理“小金库”，严禁坐收坐支和截留挪用的现象频繁发生。

(3)在进一步针对制度的完善和创新过程中，应该予以一定的加强。通过对所制定的制度进行一定的综合评价，对一些不合时宜的制度及时进行修改和调整；进一步加大对制度的创新力度。具体而言，主要包括创新制度的相关的内容、制度的具体形式、实施制度的主要途径等。

(三)强化监督管理

对领导干部的生活作风建设不断地进行加强,一个最为关键的地方就是严格的监督管理。具体来说,需要做到以下几点:

(1)对于进行监督的重点,要进行准确的把握,突出抓好对"一把手"的严格监督。

(2)要不断地加强群众监督,这样就会使对领导干部的监督范围有所扩大。因此,需要不断对群众监督制度进行完善,使得群众监督渠道有所拓宽,进而提高群众监督的积极性。

在监督范围上,始终做到坚持八小时内与八小时外的相互结合,从"工作圈"进一步延伸到"生活圈""社交圈",特别是对于一些领导干部经常习惯性到"灯红酒绿"的娱乐场所利用公款吃喝玩乐的歪风,予以严厉的一击。在最大限度上谨防领导干部"傍大款""交黑友",努力做到使领导干部在进一步行使权力的过程中,时时处处受到有效的监督。

(3)对于领导干部的舆论监督也要予以不断的强化。通过建立与新闻单位的情况通报制度,主动对舆论的力量进行正确借助,针对某些领导干部出现的不检点行为及时批评和纠正。

(四)加大惩处力度

实践证明,只有采取的惩治具有一定的明显力度,那么才能进一步增强制度的约束力和监督的制衡力。

必须要以严明纪律为主要手段,加大对领导干部生活作风问题的惩戒力度。要加大对领导干部生活作风问题的查处力度,针对领导干部中存在的一些腐化堕落的典型,应该加大进行惩处力度,并予以曝光。这样一来,就会使那些生活作风不正者常有一种"众目睽睽"的感觉,怀有一种"伸手必被捉"的心理压力,应努力使道德败坏的行为成为"过街老鼠,人人喊打"。

二、充分认识大力加强领导干部生活作风建设的重要意义

（一）高度重视和大力加强领导干部生活作风建设是我们党的优良传统

党的十八大以来，以习近平同志为核心的党中央始终坚定不移地推进全面从严治党，始终把加强作风建设摆在一个突出的位置，以“打铁还需自身硬”的鲜明态度，以猛药去疴、壮士断腕的坚强意志，认真执行中央八项规定、坚决反对“四风”问题、始终做到“三严三实”、扎实推进“两学一做”，以身作则、率先垂范，坚持抓早抓小，坚持依靠群众，经常抓、深入抓、持久抓，有力推动作风建设取得显著成绩。

这都明确地告诉我们，只有高度重视和大力加强领导干部生活作风的建设，才能使党群干群关系越来越密切，才能不断增强马克思主义政党的生机与活力。

（二）高度重视和大力加强领导干部生活作风建设是永葆党的纯洁性的内在要求

大力加强领导干部生活作风的建设，具体就是指时刻要求领导干部无论在任何时候、任何情况下，都要始终做到能够一直保持艰苦奋斗、清正廉洁、情趣健康的一种生活作风，能够做到与人民群众同甘共苦。

实践证明，只有不断地加强和改进领导干部生活作风的相应建设，积极正确地引导各级领导干部树立崇高的理想、坚定的信念，把建设中国特色社会主义事业作为一种矢志不渝的追求，才能永葆党的纯洁性。

（三）高度重视和大力加强领导干部生活作风建设，是党风廉政建设和反腐败工作深入开展的迫切需要

始终保持一个良好的生活作风状态，是进一步抵御消极腐败

的现象、继续保持清正廉洁的切实重要保障，一旦拥有了不良的生活作风，接下来则往往会很容易导致消极腐败的现象滋生。

大量的腐败案件表明，一些领导干部之所以出现腐败的现象，并不是因为遇到了困难临阵退缩才开始腐败的，而是彻底倒在了糖衣炮弹面前，这些领导干部的蜕化变质大都是从生活作风上放松要求开始的。

因此，只有高度重视和大力加强领导干部的生活作风建设，正确地教育和引导领导干部培养一个健康的生活情趣，才能在真正意义上筑牢进一步拒腐防变的思想道德防线，做到有效防止腐化堕落的现象发生。

本章在重点围绕党的作风建设内容上，主要分为四个部分有针对性地进行了相关的探究与深刻的论述。其中，第一部分主要是针对进一步加强党的作风建设的重要性作了相关阐述；第二部分则是集中针对十八大以来，中国共产党关于作风建设的历史进程进行了相关重要论述；第三部分主要是对于加强学风建设、建设学习型政党和学习型党组织进行了相关探讨；第四部分主要是对加强生活作风建设，保持一种高尚的精神追求进行了相应论述。通过整体对党的作风建设探究以及详细分析，我们对于党的作风建设有了更加清晰的认识。

第六章　党的反腐倡廉建设

腐败严重影响着社会的发展，是社会的毒瘤，它对于一个国家的长治久安和经济社会发展有着致命的影响。反对腐败，建设廉洁政府，始终是我们党坚持的政治立场，党的十九大报告指出，要坚持反腐败无禁区、全覆盖、零容忍，坚定不移“打虎”“拍蝇”“猎狐”。深入推进反腐败斗争，不断提高党的建设质量，把党建设成为始终走在时代前列、人民衷心拥护、勇于自我革命、经得起各种风浪考验、朝气蓬勃的马克思主义执政党。

第一节　反腐倡廉建设的重要性

从世界来看，腐败现象具有普遍性，因此反腐倡廉也是一个世界性的话题。人类发展至今，虽然世界上各个国家对于反腐倡廉建设一直在进行探索，但是一直没有根除腐败。对于当前我国来说，反腐倡廉具有重要的作用和意义。

一、腐败及其产生原因分析

(一)腐败的内涵

当前来看，我国处于社会转型时期，关于腐败现象的概括王沪宁教授的观点比较具有典型性。在他看来，在转型时期的中国，公众通常同时面对广义上和狭义上两种政治腐败现象。当前阶段，以权谋私行为的泛滥，使得狭义上的政治腐败概念被突出显示出来，它指的是为了实现私人的目的而利用手中的公共权力，其基本特点是公共权力和公共资源的非公性、非规范(不符合公认的法律或道德规范）的运用[①]。由他的观点可以看出，我国的腐败现象包括范围比较宽泛，不仅将公职人员施政措施的评判包括进来，还包括对公职人员个人生活的评判。

（二）腐败现象的类型

腐败是一种公共权力或公共资源滥用行为，在社会生活中的表现比较复杂，人们需要对其进行分门别类加以认识和研究。由于无法强求腐败概念的唯一性，概念本身也存在抽象性，需要通过选择分类方法来认识腐败现象。

腐败现象根据不同的标准和角度有不同的分类。“在腐败问题的探讨中，人们对腐败的类型进行了多方面的归纳，如从腐败的程度、方式、性质上看，可分为严重的腐败和轻微的腐败，明显的腐败和渗透的腐败，流行的腐败和罕见（或孤立）的腐败，复杂的腐败和简单的腐败，直接的腐败和间接的腐败，互相的腐败和单向的腐败，公开的腐败和秘密的腐败，明确的腐败和含糊的腐败，例常的腐败和少见的腐败，等等。”[②]

对于当前转型期中国腐败的类型，何增科研究员采取综合分类法，从八个角度对其进行了分类：根据腐败行为主体的性质和数量，可以将政治腐败区分为个体腐败和群体腐败；根据腐败行为主体的层级分布情况，可以将政治腐败区分为高层腐败、中层腐败和基层腐败或低层腐败；根据腐败行为发生的领域或部门，可以将政治腐败行为区分为政治和行政领域的腐败、经济领域的腐败和社会领域的腐败等，并可进一步细分；根据腐败行为动机的不同，可以将政治腐败区分为逐利型腐败、徇私型腐败和因公型腐败；根据不同形式腐败的制度性成因的差异，可以将政治腐败区分为传统型腐败、过渡型腐败和现代型腐败；根据腐败交易中各参与方的得失情况，可以将政治腐败区分为互惠型腐败（又称交易型腐败）和勒索型腐败；根据腐败行为违法违纪程度和直

---

① 王沪宁：《反腐败：中国的实验》，三环出版社1990年版，第6页。

② 孙恒山：《“腐败”概念的分析与刑法学思考》，载《当代法学》2005年第1期。

接危害程度,可以将政治腐败区分为轻微腐败、一般腐败和腐败犯罪;根据人们对各种腐败行为的宽容程度,可以参照博登海默的分类法将政治腐败区分为白色腐败、灰色腐败和黑色腐败①。需要指出是,这里所说的"政治腐败"即本书所指的"腐败";而且正如该学者承认,以上八种分类并未穷尽政治腐败的分类。

有学者从十二个角度对腐败的类型进行了划分:依据腐败主体是否为公职人员,分为权力腐败和非权力腐败;依据腐败主体是否担任官方职位,分为官员腐败与非官员腐败;依据腐败主体数量不同,分为个体腐败与群体腐败;依据腐败主体层级不同,分为基层腐败、中层腐败和高层腐败;依据行为动机是否直接,分为徇私型腐败和逐利型腐败;依据行为动机是否主动,分为主动腐败与被动腐败;依据腐败手段是否互动,分为交互腐败与非交互腐败;依据腐败作用领域,分为经济领域腐败、政治与行政领域腐败和其他领域腐败;依据腐败行为方式显露程度,分为隐性腐败与显性腐败;依据公众的容忍程度,分为黑色腐败与灰色腐败;依据行为后果的严重程度,分为轻微腐败、一般腐败和严重腐败;依据腐败行为得利情况,分为合谋型腐败与勒索型腐败②。

除了以上学者对腐败问题的分类情况,我们认为以下几种腐败现象的分类也值得关注。其一,根据腐败主体的主观认识不同,可以将腐败分为故意腐败和"无知"腐败。所谓故意腐败,是指明知自己的行为是腐败行为仍然为之;所谓"无知"腐败,是指腐败者由于主观认识的局限,常常并未意识到自己的行为是腐败。其二,根据利用权力谋取的利益实现时间不同,可以将腐败现象分为当权腐败(或称即期腐败)和期权腐败。所谓当权腐败,是指腐败者利用享有的公共权力或掌握的公共资源获取即期私

---

① 何增科:《反腐新路:转型期中国腐败问题研究》,中央编译出版社 2002 年版,第 41—45 页。

② 何帆,宋旭光:《来自国际反腐败经验的理论思考》,李秋芳:《反腐败思考与对策——中国社会科学院惩治和预防腐败体系理论研究论文集》,中国方正出版社 2005 年版,第 274—275 页。

人利益的行为，典型者如直接权钱交易；所谓期权腐败，是指领导干部在位时利用公共权力，为他人谋取不当或非法利益、在一段时间后（离职或离退休后）再进行利益兑现的一种腐败行为。其三，根据官方对腐败现象内容的概括可以将腐败现象分为腐败犯罪行为、部门和行业性不正之风、挥霍浪费之风。腐败犯罪行为是指利用公共职权或公共资源谋取私人利益而触犯刑律的腐败行为；部门和行业不正之风是指将公共权力或资源不当地用于增加部门或个人利益的行为，如备受声讨的一些垄断行业或公共单位的“福利腐败”；挥霍浪费之风是指将公共资源直接或间接用于追求个人享受的行为。此外，还有一些关于腐败类别的提法，如结构性腐败、非典型腐败，这里不作详述。

综合来看，以上种种分类是依据不同标准、从不同角度进行的，因此某种或某些腐败现象可能属于不同的类别，如高官贪污行为可以认为是个体腐败、高层腐败、行政领域的腐败、逐利型腐败、传统型腐败、腐败犯罪、黑色腐败等。对腐败现象进行类型划分的意义不仅在于认识腐败现象的属性，更有利于在反腐倡廉建设中有所侧重、采取相应的措施。如群体腐败现象即串案、窝案、集团犯罪等腐败行为的频频发生，就使得人们开始反思转型时期的管理体制和制度是否存在问题；比如期权腐败现象的出现，腐败现象更加隐蔽和边缘化，说明反腐倡廉建设需要不断应对和解决实践中出现的新情况、新问题。

（三）腐败产生的根本原因

各个国家、各个朝代都出现过贪官污吏等腐败分子和腐败行为，也都开展过反腐肃贪工作，直至今日，腐败现象作为社会政治生活中的一个毒瘤仍未得到铲除。腐败现象产生的根源何在？我们知道，腐败现象的本质是为谋取私利滥用公共权力或公共资源；既然这样，如果没有公私之分、没有公共权力的存在，腐败现象自然也就不会产生。由此分析可以认为，私有制和公共权力的存在是腐败的根源。

1. 私有制的存在

从本质上来看，腐败在于公权私用，如果没有公私之分，自然也就不存在公权私用的腐败现象。可以认为："腐败作为一种特殊的社会现象，随同私有制、阶级和国家而出现。腐败并非是特定时期或特定的社会制度所独有的现象，也不是特定民族文化的产物。"[①]腐败现象伴随私有制的产生而产生，也将随着私有制的消灭而消灭，在原始社会、共产主义社会都不会存在腐败现象。

西方的空想社会主义者最早敏锐地发现私有制和种种社会腐败现象之间的关系，许多社会主义思想家把社会的不平等、罪恶、剥削和压迫等现象都归因于私有制的存在。英国空想社会主义者莫尔在其著作《乌托邦》中指出："任何地方私有制存在，所有的人凭现金价值衡量所有的事物，那么，一个国家就难有正义和繁荣。"[②]马克思、恩格斯对空想社会主义者的思想进行了批判吸收，他们在分析了人类社会发展和腐败现象的内在规律后指出：私有制（经济方面）和国家的存在（政治方面）是腐败产生的根源，在剥削阶级社会无法根除，只有共产主义社会才能最终消灭。

私有制使得人们的一切行为都围绕自身利益，社会公共利益的存在也是个体之间利益妥协的结果；建立在私有制经济基础之上，经济学更将追求自身利益最大化作为经济理性人的基本预设。私有制的结构和运行方式对人们的精神生活产生重大影响，有学者这样概括："一方面，面对开放的和大规模的生产经营和资源流动体系，不得不围绕现代资本运作的要求，形成一套相应的伦理道德体系，制定了诚实、守信、效益、精确等准则，以适应生产力的发展。但另一方面，其损人利己、贪得无厌、自私自利、损公肥私等行为仍然在私有制的经济基础上盛行甚至不断地渗透政

① 中共中央纪律检查委员会，中共中央党校组织：《新时期领导干部反腐倡廉教程》，中共中央党校出版社 2007 年版，第 13 页。

② [英]莫尔：《乌托邦》，戴镏龄译，商务印书馆 1982 年版，第 43 页。

治领域，腐蚀经济活动和公共权力，导致政治腐败现象的横行。”①私有制的这种消极影响导致享有公共权力的主体在社会公共利益与个人利益冲突时更倾向于追逐个人私利甚至损公肥私。

2. 公共权力的特殊性

社会公共权力的存在由私有制和国家的存在决定，而但凡权力存在之处，都存在权力腐败的风险。这种风险由两方面因素共同决定：权力内在蜕变机制的存在和权力外部制约局限。“权力内在地存在着一种蜕变机制，它的不平等性和可交换性以及能够增值的特点，使得任何权力只要不加限制，都有可能被扩张而滥加使用，不受制约的权力必然发生腐败，权力腐败是权力蜕变的极端形式。”②

(1)权力自身存在蜕变的倾向

一方面，公共权力是为了维护社会公共利益，具有一定的不平等性，公共权力的享有即意味着对一定资源的垄断或支配，甚至意味着对他人行为的控制。因此，拥有公共权力的人可以通过运用、影响或操纵权力来实现公共权力的公共目的、实现公共利益，也可以借此达到个人目的、谋取个人私利。“政治权力的客观存在，就为掌权者利用公共权力或资源满足个人私欲开辟了一条新的途径。权力配置资源是腐败行为产生的制度基础，也是腐败行为产生的最根本的经济原因。”③另一方面，权力由于具有可交换性，可能脱离主体被用于交换。由于社会资源具有稀缺性，为了获取资源或获取更多的资源，人们常常选择对配置资源的权力主体施加影响，包括规范和非规范、正当和非正当的，具体的方式就是提供一定的价值来交换或收买权力。“可以用于与公权力交

① 宋振国，刘长敏等：《各国廉政建设比较研究》，知识产权出版社 2005 年版，第 70 页。

② 中共中央纪律检查委员会：《中共中央党校组织．新时期领导干部反腐倡廉教程》，中共中央党校出版社 2007 年版，第 8 页。

③ 宋振国，刘长敏等：《各国廉政建设比较研究》，知识产权出版社 2005 年版，第 75 页。

换的东西很多，人情、货币、物、权力、职称、职位、职务、荣誉、性等，都能成为与公权力交换的东西。”[①]权力介入资源配置程度越深、权力支配的资源越稀缺，权力越容易增值，受收买腐蚀的机会也就越大。

(2)信息不对称使得权力制约方面的局限难以根除

根据经济学中的委托—代理理论，由于代理人占有信息优势，如果缺乏一种科学的激励—约束机制，代理人就会产生逆向选择与道德风险。这一理论也可以用于分析腐败现象的根源，因为民众与行使公共权力的机构或人员之间的关系，就可以认为是一种委托—代理关系。根据主权在民原则，国家的权力来自社会，是民众为了协调和稳定群体内部关系、保护其共同利益将其一部分权利让渡给国家机构，赋予国家相应的公共权力，公职人员或机构是公共权力的具体执行者、代表国家行使公共权力，民众与公职机构或人员之间形成公共权力的委托—代理关系。而因为广大民众之间私有权利的相互冲突和相互制约性、监督制度安排的不合理等多种因素的存在，民众掌握的信息不可能是充分的，而作为代理人的公职人员或机构在信息方面具有优势。由于委托人和代理人的信息不对称，公共权力委托—代理就会失灵；加上有效监督的缺位，腐败行为就可能大量滋生。此外，反腐败机构与腐败者之间掌握的信息也具有不对称性。既然这两方面的信息不对称性在现实生活中不可能消除，权力发生腐败的可能也就一直存在。

二、反腐倡廉的重要性

腐败必将导致亡党亡国。习近平同志不止一次强调：如果“腐败问题越演越烈，最终必然会亡党亡国！我们要警醒啊！”[②]通过领导革命、建设和改革开放，我们党建立来之不易的今日中国，

① 中共中央纪律检查委员会，中共中央党校组织：《新时期领导干部反腐倡廉教程》，中共中央党校出版社2007年版，第7页。

② 《十八大以来重要文献选编(上)》，中央文献出版社2014年版，第81页。

我们理应倍加珍惜。但是,作为一个执政党,往往会出现长期执政条件下腐化变质的问题,因此,必须将反腐败当作重大的政治任务抓实抓好。

(一)腐败会涣散党心民心

由现代政党发展历史可以看出,出现日益严重的腐败现象,而且不能有效地加以遏制,在政党内部就会出现不断增大的离心力量,失去党员干部,进而产生削弱执政合法性问题,甚至丧失执政地位。一个政党只有通过自我净化、自我完善、自我革新、自我提高,不断消除腐败现象,才能凝聚党心民心,人民的认同度也会持续增强,国家政权才会不断趋于稳固。现实生活中,腐败现象的蔓延,会导致越来越多的党员干部追逐私利,忘却党的宗旨观念,改变党在人民群众中的形象。人民对于政党形象的改变,也会在党内形成回应,形成各种不利于团结的思想、言论,甚至产生不同派别,影响党的政治行动力和凝聚力,出现党心涣散现象。一旦出现党心涣散现象,又反过来会影响党与人民、干部与群众的关系,从而不利于党执掌国家政权的合法性。1992 年,邓小平曾鲜明指出:"中国要出问题,还是出在共产党内部。"他告诫全党"对这个问题要清醒。"[①]邓小平的告诫,在本质上就是如何稳定和凝聚党心民心的问题。这个问题的解决,关键在于反腐败。通过反腐败,才能赢得党心民心,凝聚社会力量。

自成立以来,我们党历来重视党内的腐败问题。早在 1926 年 8 月,中共中央扩大会议曾发出通告强调,对腐化分子混入党内的现象必须高度警惕,应该很坚决洗清这些不良分子,和这些不良倾向斗争,才能巩固我们的营垒,才能树立党在群众中的威望。之后,我党一贯高度重视党风廉政建设和反腐败斗争,从而凝聚了党心民心,取得革命胜利、建设的巨大成就,并推动改革开放。为此,习近平同志在第十八届中纪委第二次全会上强调:"坚

① 《邓小平文选(第 3 卷)》,人民出版社 1993 年版,第 380 页。

定不移地惩治腐败,是我们党有力量的表现,也是全党同志和广大群众的共同愿望。”①

(二)腐败会扭曲党的路线方针政策

现代政治的重要特征之一就是政党代表人民治理国家。政党治理国家的手段,主要是通过整合人民利益,形成代表人民利益的公共意志,制定符合人民、社会需求的路线方针政策,并把这些路线方针政策通过法定程序变成国家意志。这是政党利益与人民、社会、国家利益达成一致的表现。政党政策源于人民和社会的需求,政党据此所制定的路线方针政策,必须获得人民和社会的认同。但是,伴随腐败现象而来的却是政党假借公共权力形成宗派性利益。这种情况会使得政党在制定路线方针政策时,就不能真正体现人民和社会的需求,从而扭曲了人民和社会的利益和公共意志。在历史上,一些政党,在上台前能够提出满足人民和社会需求的路线方针政策,上台后就抛却之前的承诺和路线方针政策,采取“政党分赃”方式滥用公共权力。在制定路线方针政策的过程中,政党往往扭曲人民和社会的利益,假借人民的整体性名义,形成满足一些人和组织私利的路线方针政策。当政党抛弃人民和社会的时候,人民和社会也就抛弃了政党。一些领导干部为了满足“帽子”或者私人利益,就会运用手中的权力凌驾于组织之上、凌驾于班子集体之上,运用公共权力修改、变通、制定和出台一些损害整体利益的政策、措施,形成贯彻执行党的路线方针政策的“堰塞湖”。这既损害了党的利益,也损害了人民和国家的利益。因此,在党的十八届中纪委第二次全会上,习近平同志强调,在指导思想和路线方针政策以及关系全局的重大原则问题上,全党必须在思想上政治上行动上同党中央保持高度一致。各级党组织和领导干部要牢固树立大局观念和全局意识,正确处理保证中央政令畅通和立足实际创造性开展工作的关系,任何具有

① 《更加科学有效地防治腐败,坚定不移把反腐倡廉建设引向深入》,载《人民日报》2013年1月23日。

地方特点的工作部署都必须以贯彻中央精神为前提。要防止和克服地方和部门保护主义、本位主义，决不允许"上有政策""下有对策"，决不允许有令不行、有禁不止，决不允许在贯彻执行中央决策部署上打折扣、做选择、搞变通，提出要"以反腐倡廉的实际行动取信于民"，破除"堰塞湖"，使党的路线方针政策符合人民和国家的利益[①]。

（三）腐败会在党内形成多个利益集团

由政党发展史可以看出，曾经由于宗派性的存在政党被社会和人民所唾弃。因为宗派性使党内形成基于各自利益需求的小团体或小集团，在党外则出现各种私利集团或组织，从而分裂政党、社会和国家。正因如此，在现代政党成立初期，由于各种不同政治派别的普遍存在，现代社会和国家曾经处于某种激烈的动荡之中。直到这些政治派别不断抛弃内部和外部分歧，在解决社会或国家的具体问题中，形成相互对立的两个政治派别（或组织），或者在解决具体问题时，在国家机器之外又出现与内部政治派别有差异的政治组织，这就形成了党、两党或多党执政的政党体制。在这里，现代政党制度的形成，不仅没有分割社会和国家，反而以社会和国家为存在前提，只是在解决社会和国家的具体问题中，存在一些具体差异而已，从而使国家和社会更加整体性和有机化。现代政治中并不能时刻保持如此理性，腐败就是麻醉、消解理性的毒瘤。这种毒瘤之所以能够发挥作用，主要在于人的自利性。自利是人的本质。追求利益最大化的个体，为了防止各自被消灭，从而创造了国家这类满足欲求的政治作品，腐败则是寄生在这一作品之上的副作品：通过国家权力（公共权力）满足个人私欲。一旦理性被权力所掩盖，或者私利行为足以消解理性行为时，人就会出现非理性行为，甚至铤而走险。马克思在《资本论》中就提出：如果有 100％的利润，资本家们会铤而走险；如果有

① 《更加科学有效地防治腐败，坚定不移把反腐倡廉建设引向深入》，载《人民日报》2013 年 1 月 23 日。

200%的利润,资本家们会藐视法律;如果有300%的利润,那么资本家们便会践踏世间的一切!由此,腐败便寄生于公共权力。如果腐败问题愈演愈烈,也就是越来越多的公共权力被用于谋取私人利益,那么作为治理社会和国家的主体——政党——也会随着这种腐败现象的蔓延而在内部或者外部形成追逐私利的小团体。

由以上分析可以看出,当党内因腐败而出现追逐私人利益的小团体或集团时,党内就会出现分裂,也就不能形成代表人民和社会整体性的路线方针政策,执政合法性问题就会出现,从而出现失去执政地位的危险。

第二节　廉政文化建设

一个国家的腐败状况与该国的政治文化乃至整个社会文化都有着非常紧密的关系。一个国家的政治文化会深深地影响该国民众的行为方式和生活习惯;而民众的行为方式和生活习惯又会反作用于该国的政治文化,从而成为政治文化的一部分。因此,要在我国遏制腐败的蔓延,必须要加强廉政文化建设,抑制或消除我国政治文化中不利于反腐倡廉建设的部分或因素,加强并发扬其中有利于反腐倡廉建设的部分或因素。

一、廉政文化建设原则

当前来看,在国际政治斗争日趋复杂化尖锐化、国内社会矛盾适时凸现激化、腐败案件频发难抑的局势下,廉政文化建设必须在遵循国体政体发展、遵循意识形态建设和科学执政规律的基础上,按照自身具备的客观发展规律,以有条不紊、循序渐进、改革创新、勇于担当的姿态全速推进。为此,特别需要强化和遵循以下主要原则:

第一,对于廉政文化建设,必须按照世情、国情、党情及民情的特殊情势,实施分类处置、区别对待、耐心细致、雅俗共赏、老少咸宜的特殊安排。具体说就是:针对党员领导干部,必须将党规党法的教育与廉政文化的教育实现“合二为一”的整合;针对一般普通群众，则需将乡规民约教育、国家大法教育与日常的以德养性引导及向美向善熏陶实现有机结合，切忌以“大呼隆”“一刀切”的空洞说教方式去普及廉政文化教育。须知，党廉干廉教育与民廉社廉教育既有着程度层级的区别，又有着方式方法的区别。

第二，必须从国体政体健康发展的旨归追求意义上，使廉政文化教育实现综合关照、统筹兼顾、行重于言的理性回归。廉政文化建设在统治者的治国理政序列中，绝对具有“皮之不存，毛将焉附”的权重。要竭力克服以往将廉政文化建设停留在理论层面虚置空转的弊端。力争将廉政文化建设与各级党政部门的日常政绩考核、干群关系考核真正挂钩。从理论认识和务实操作这两个向度上全面检验各级党政部门深入推进廉政文化建设的实际成效。

第三，要深刻认识到廉政文化建设的长远性和艰巨性，科学地理解和处置惩防并举中“惩治腐败”与“预防腐败”的功能站位。要知道，“惩治腐败”的优长之处正在于“亡羊补牢”“以儆效尤”“杀一儆百”，其不足之处在于“事后追究”“于事无补”“代价巨大”。相形之下，廉政文化建设是“预防腐败”诸多手段中的一种，其优势在于“事前警醒”“防患于未然”“防微杜渐”，它能够在一定程度上减少甚至消除治国理政原本可以避免的内耗成本。由此来看，国家对于惩防腐败可以做出相对均衡的安排。

二、廉政文化建设路径

（一）整合各种文化资源，丰富和完善廉政文化建设内容

1. 挖掘和提炼中华民族廉洁名人事迹，树立清正廉洁形象，增进广大党员、干部对党的价值观念的认同

中华民族源远流长，在其发展过程中形成了优秀的民族传统文化，廉洁自律、操行高尚、俭朴节约、公道正派、干净干事、清白做人等正是其中的精华。我们应努力挖掘中华民族的典型事例，大力弘扬中华民族千百年来形成的廉洁自守、正心修身、扶危助困、浩然正气精神，用他们廉洁的事迹正面引导，帮助其增强“为

民、务实、清廉"的理念，树立清正廉洁的干部形象。使我们的党员、干部在潜移默化中认知、感悟、积淀、传承优秀文化传统，陶冶情操，提高素养。在进行廉政文化建设时要充分调动各方力量、整合各种文化资源，总结挖掘廉政文化内涵，尤其是中华民族的传统美德，把它与时代合拍、与廉洁文化要求一致的内容提炼出来，推陈出新，不断丰富廉政文化的内涵，融入廉洁教育中去。在提高广大党员群众的思想素质，增强反腐倡廉的信心方面，还要注意挖掘身边名人的先进事迹，宣传他们身上的勤廉风采，树立榜样，用可信、可亲的事例教育身边人，以他们的精神和事迹激励自己、对照自己、警示自己，使各种体现中华民族优良精神与核心价值观的先进事迹，成为激励广大党员干部开拓进取、奋发有为的强大精神动力，增强廉政文化的感召力和凝聚力。通过事实教育，使忠实执行党的路线、方针、政策，廉洁奉公、公道正派、为党的事业奋斗的思想和观念深入广大党员干部，使党的价值观念得到广大党员干部的认同，并内化为广大党员干部的思想观念，成为日常生活的准则，进而付诸行动，从而有利于党的路线、方针、政策的执行，保证党的奋斗目标的实现。

2. 利用反面典型加强警示教育，充分提高廉政教育效果

我们党历来重视用正反面典型教育党员和干部，这是提高廉政教育效果，加强廉政文化建设的一条重要而且有效的途径。在高举中国特色社会主义伟大旗帜、全面建设小康社会的今天，运用反面典型对广大党员干部特别是领导干部进行警示教育，有着重要而深远的现实意义。在事例选择上，可以选择近年来我国查处的重大案例，进行认真的剖析。如中央纪委查处的胡长清、成克杰、王怀忠、陈良宇等高官腐败案件。他们完全背离了共产主义的理想信念和全心全意为人民服务的宗旨，私欲极度膨胀，把党和人民赋予的权利作为谋取个人私利的手段，最终走向人民的反面。同时，我们还要利用本地的反面典型进行教育，使广大党员干部有更直接的了解和更直观的认识。此外，还应该运用这些

有影响的腐败案件对广大党员干部进行教育,更好地发挥这些反面典型的警示作用,从而警示干部从中吸取教训,树立正确的权力观、地位观和利益观,正确对待和规范使用党和人民赋予的“权力”,自觉约束自己,不断提高思想境界,提高廉洁自律的自觉性,形成廉荣贪耻的价值取向和社会风尚,永葆共产党人的蓬勃朝气、昂扬锐气和浩然正气,增强使命感和责任感,真正做到为官一任、造福一方,为中国特色社会主义事业做出应有的贡献。

3. 利用红色文化资源加强教育,充分发挥其育人功能

从新民主主义革命时期开始,党领导人民为夺取新中国的胜利浴血奋战,在许多地方都留下了奋斗的足迹;众多革命先烈为了中国的独立和解放而英勇斗争,留下了许多可歌可泣的事迹,这些红色文化资源是加强廉政文化建设、进行党风廉政教育的宝贵精神财富。用健康向上的红色文化筑牢党员的思想阵地,使广大党员干部时刻牢记党的宗旨,做到自重、自警、自励、自省,不犯错误。因此,加强这方面的教育,有助于培养和造就具有高尚思想品质和良好道德修养的党员干部队伍,凝聚全党力量。梅州的红色文化资源非常丰富,如梅县的叶剑英元帅纪念馆、丰顺的李坚真纪念馆、大埔的三河坝战役纪念馆等都是对党员干部进行党风廉政教育丰富而鲜活的生活教材。

利用红色文化资源加强教育,一是可以组织党员干部“看”廉,看体现革命先烈勤政廉政的文物和反映革命先烈勤政廉政的影视资料;二是组织“听”廉,听讲解员讲解革命先烈勤政廉政的动人事迹;三是组织“诺”廉,组织党员干部在党旗下重温入党誓词。新的历史条件下,利用红色文化资源加强教育,无疑是给广大干部提供一种文化范式、学习榜样,促进广大干部廉洁意识的培养,塑造广大干部的清廉品格。能够鼓舞人们的斗志,激发人们的热情,推动人们积极进取,成为人们奋斗的动力。

(二)开展廉政文化“六进”活动,扩大廉政文化的覆盖面

廉政文化建设需要将全社会成员调动起来。大力加强廉政

文化建设，积极推动廉政文化进机关、社区、家庭、学校、企业和农村。通过“六进”活动，不断扩大廉政文化的覆盖面。

1. 廉政教育进机关

各级党政机关是党和政府的办事机构，是贯彻、执行党的方针、政策的场所，机关工作人员则是党的方针、政策的直接执行者，机关作风好坏与否，机关工作人员道德水准高与低，是否廉洁从政，对于党和政府的形象有着直接的反映和影响。所以，要做好廉政文化进机关工作，大力繁荣机关廉政文化，通过系统、正规和有计划的廉政文化教育培训，使广大机关工作人员深入了解廉政文化的思想内涵，更好地传承廉洁思想和理念，保持我们党的先进性和纯洁性，防止和抵制腐朽思想文化的侵蚀，有效地进行反腐败斗争，使广大党员干部成为实践社会主义核心价值体系的模范，做共产主义远大理想和中国特色社会主义共同理想的坚定信念者、科学发展观的忠实执行者、社会主义荣辱观的自觉实践者、社会和谐的积极促进者。

2. 廉政文化进校园

各级学校承担着培养中国特色社会主义建设者和接班人的任务，学生的素质如何，思想品德的高低，直接影响到国家未来的发展。在社会转型时期，由于各种消极因素的影响，社会腐败现象对青少年会造成直接的侵害，近年来，在孩子身上出现的一些行为(如竞选班干部时，为了拉选票学大人请客、送礼等)令人担忧，由此可以看出社会上的一些不正之风、腐败习气已经影响到校园。因此，加强对青少年的思想品德教育就成为各级学校的一项重要任务。各级学校必须充分认识到抓好廉政文化建设的紧迫性和责任感。廉政教育主要是引导青少年从小树立“廉洁光荣、腐败可耻”的意识，培养正确、积极、健康的理想信念、道德观念、法制意识和社会责任感。

3. 廉政文化进家庭

家庭是社会的细胞，是和谐社会最基本的组成因素，在反腐倡廉中有着重要的作用，因此，引导家庭成员特别是领导干部家属树立正确的荣辱观，明辨是非、区分善恶、分清美丑，提高廉洁意识、法律意识和自警意识，营造反腐倡廉的良好社会氛围，对于加强党风廉政建设具有重要意义。廉政文化进家庭，可以以“建幸福家庭、筑家庭防线”为主题，开展各种活动，如组织广大家庭特别是领导干部家庭签订“助廉承诺书”、发放“廉洁家庭”倡议书、制定家庭“助廉公约”；组织领导干部及其配偶召开廉政座谈会、观看廉政影视教育片；开展创建“廉洁家庭”活动，推出一批“廉洁家庭”的先进事迹和典型，表彰先进，宣传典型，形成家庭助廉氛围。

4. 廉政文化进社区

社会转型的加快，社会结构和人们的生活方式、思想文化以及行为方式都有了巨大的变化。社会成员的“单位”属性逐渐减弱，大量“单位人”转为“社会人”。随着经济的发展，城市化进程的加快，大量农村人口流向城市，导致城市人口的宣传教育、管理处于松散状态，这就需要找到一种新的管理、宣传、教育模式，社区式管理应运而生。因为一个人可以不固定的从属于某个单位，但他必须生活在一定的社区里。因此，廉政文化进社区，符合社会转型期的特点。社区组织要积极开展丰富多彩的廉政文化创建活动，如在社区设立廉政广告牌，树立廉政警示栏，建立廉政宣传橱窗，张贴廉政宣传画。利用社区图书馆设立廉政图书、杂志专窗，成立廉政文化园地，供广大群众免费阅览、交流。开展系列廉政文艺活动，在老百姓经常集聚处，以群众喜闻乐见的廉政电影专场、廉政文艺演出和广场咨询等形式出现，将廉政文化融入社区文化中，渗透到各个角落，让廉政教育更具人性化和亲和力。

5. 廉政文化进农村

让廉政文化进农村就是要使廉政文化渗透到日常生产、生活的各个领域，积极发挥廉政文化在净化民风、凝聚民心、弘扬正气中的作用。具体来说就是加强对乡村干部的党风廉政教育，强化农村基层干部遵纪守法、廉洁自律、公正办事意识。规范农村党员干部的从政行为，团结群众、争取群众进一步密切党群、干群关系，促进党的思想建设、队伍建设和作风建设，不断巩固党的执政基础。将廉政文化进农村活动与乡村党务政务村务公开、民主法制教育活动等进行结合，建立健全基层民主决策、党务政(村)务公开等制度，完善乡、村财务管理体制，规范乡、村干部的用权行为。把廉政文化建设纳入文化的概念，运用文化的角度思考党风廉政建设，增强教育的感染力和说服力，营造崇廉、尊廉的社会氛围，净化从政环境、优化经济发展环境，推动党风廉政建设和反腐败斗争的深入开展。

6. 廉政文化进企业

廉政文化进企业，其实质就是企业在完成经济任务的过程中，开展以“廉政”为主题的一系列文化教育活动，使企业建立健全更为有效的惩治和预防腐败的体系。具体可以从以下方面入手：企业可以结合实际，培育以“廉洁从业、诚信守法、行为规范、道德高尚”为核心的企业廉政文化理念，并采取多种宣传教育方式，持续不断地对职工进行教育熏陶，使全体职工认知、认同和接受企业廉政文化理念，并养成良好的自律意识和行为习惯；不断完善廉洁从业制度体系，将廉政建设与民主管理结合起来，不断完善企业民主决策机制，推进厂务公开，扩大厂务公开的覆盖面，拓宽职工民主监督的渠道，进一步完善企业内部管理制度，从机制和制度上筑牢反腐倡廉堤坝，防止职务犯罪。促进企业加强内部管理，做到依法经营、廉洁从业、诚实守信，使人文效益转化为企业经济效益。

(三)强化阵地,创新载体,构建廉政文化建设平台

1. 强化宣传阵地,做好廉政文化建设的环境氛围营造

强化宣传阵地是廉政文化建设的重要平台和条件,在党员干部对廉政文化有所了解、逐步接受的前提下,应加强宣传阵地建设,形成廉政文化建设的强大阵地,增强视觉冲击力。我们必须充分利用大众媒体覆盖面广、群众关注程度高的特点,加强电视、广播、报纸等媒体的廉政文化阵地建设,充分利用大众传媒,积极宣传廉政文化。

要充分利用黑板报、公开栏、服务牌、电子屏幕、宣传橱窗等固定窗口,宣传和布置一些格调高雅、内容清新的廉政书画和装饰,着力营造廉政文化的氛围。在春节等特殊时期,赠送廉洁贺卡、编制廉政短信息、格言警句等,进行廉政文化宣传;在会议室、办公室等适当位置,设立廉政文化标识、标语、公益广告牌等,通过展示廉洁从业理念、格言警句等,把廉政文化渗透到各个角落。总之,通过努力,不断强化宣传阵地,让廉政文化上报刊、上电视、上网络、进岗位,形成“读报、看报、听报,廉政文化无处不报;风到、雷到、雨到,廉洁风气处处见到”的局面,让每一个人都置身于浓厚的廉政文化氛围中,使廉洁成为从业习惯、文化自觉。

2. 建设廉政文化网站,扩大廉政文化的影响范围

廉政教育要注重采取好的形式和载体,寓教于学、寓教于乐才能收到事半功倍的效果。互联网的迅猛发展给干部廉政教育工作带来了有利条件,因此,必须创新载体,利用现代科学技术积极构建廉政信息平台,为廉政教育工作开辟新阵地。例如,各地可以建立以本地地名或单位命名的廉政文化网,让广大网民随时随地浏览廉政文化建设最新信息,依托网络的资源优势常年开展廉政理论探讨、专家讲座、群众论坛等活动。可以利用 QQ、微信作为廉洁教育工作的平台,让广大网民围绕廉政文化建设发表不

同见解、拓展交流的层面。同时,可运用手机短信,快速传递廉政信息。保持廉政建设主体与客体之间的沟通联系,有针对性、个性化地进行廉政宣传教育。总之,创新载体,建设廉政信息平台,有助于进一步宣传廉政文化,传递廉政信息,营造廉政氛围,增强党员干部反腐倡廉思想意识,提高拒腐防变能力。

3. 挖掘廉政文化景观资源,营造廉政文化宣传亮点

北欧国家的廉政文化景观,无论是政府部门或是公园住宅,都无时不在宣扬着北欧公民崇尚简约、重视实效的景观特点。开放的皇宫、首相府等地,也以其质朴、实用的装潢,让参观者感受到了领导者崇尚节俭的廉洁风范。相比北欧,我国更应利用好丰富的自然景观资源、历史悠久的人文景观资源优势,提炼历史文化中的廉政思想,又挖掘当代廉政文化资源,不断创造与发展符合时代要求、符合社会发展趋势、贴近人民群众思想实际的廉政文化内容,给予景观深层次的宣传教育意义,使廉政文化通过景观资源更加生动、具象地传承下来。

4. 打造廉政文化教育基地,树立廉政文化示范典型

结合我国实际情况,在各省市范围内广泛开展廉政文化建设示范点创建活动,依据各地区特有优势,建立兼具地方特点与具有时代气息的廉政文化建设示范点,如打造革命传统教育基地、历史人文廉政教育基地、警示教育基地等,深层挖掘基地背后蕴含的精神内涵,使领导干部、人民群众在其中得到精神境界的提升,最终形成“以点带面、示范引路”,为廉政文化建设在全国范围内积极推进提供展示平台与宣传平台。

第三节　反腐倡廉建设的路径

党的十八大以来,中央决心坚定,凝聚智慧,不断加强反腐倡廉工作,中国的社会主义新时代已经开启,反腐倡廉工作也要不

断进行改进。主要可以从以下两大方面来进行。

一、惩戒震慑

(一)纪法从严

约束中国公职人员行为的,在国家法律之外,还有党内法规。因为我国大多数的公职人员是中共党员,绝大多数的县处级及以上领导干部是中共党员。如果我国刑法及党内纪律处分对于公职人员行为的管理处于"宽松软"状态,就不可能对腐败行为进行严厉的惩戒,就不可能遏制住腐败加剧蔓延的势头。

1. 对刑法进行修正

要想对腐败分子产生震慑就需要严格执法。2015 年 8 月 29 日,全国人大常委会表决通过《中华人民共和国刑法修正案(九)》,对处罚贪污罪增加一款规定:犯贪污、受贿罪,被判处死刑缓期执行的,法院根据犯罪情节等情况,可以同时决定在其死刑缓期执行两年期满依法减为无期徒刑后,终身监禁,不得减刑、假释。最高人民法院和最高人民检察院在《刑法修正案(九)》相关规范的基础上制定通过了《关于办理贪污贿赂刑事案件适用法律若干问题的解释》。在死刑适用方面,《刑法修正案(九)》司法解释明确规定,死刑立即执行适用于犯罪数额特别巨大,犯罪情节特别严重,社会影响特别恶劣,造成损失特别重大的贪污、受贿犯罪分子。对于符合死刑立即执行条件但同时具有法定从宽等处罚情节,不是必须立即执行的,可以判处死刑缓期两年执行。

2. 纪严于法

中国共产党的一大政治优势就是拥有一套完整、严密的党内法规,这是管党治党的基本依据和执行规则。在对腐败行为的惩处方面,除了国家法律的变化,党内法规也进行了调整。长期以来,党纪和国法在相当程度上界限不明,党纪中近一半内容与刑法、治安管理处罚法等重复，实际上难以用到，也浪费了行政成本，甚至在极个别情况下还会出现以纪代法、越俎代庖的情况。2015 年中共中央印发了《中国共产党廉洁自律准则》与《中国共产党纪律处分条例》，对原来的《中国共产党党员领导干部廉洁从政若干准则》及《中国共产党纪律处分条例》进行了修订，在对两部党内法规的修订过程中，对法律中已有规定的条款，在《准则》和《条例》中不再进行重复规定。将原《准则》中的“8 个禁止”“52 个不准”的相关内容，移入同步修订的《条例》。《条例》共删除 70 余条与刑法、治安管理处罚法等法律法规重复的内容，如有关贪污贿赂、失职渎职、破坏社会主义经济秩序行为等刑事色彩浓厚的规定，突出政党特色、党纪特色。纪严于法、纪法分开，这并没有说明纪律和法律完全割裂开来，对于如何追究党员违法甚至犯罪行为的党纪责任，《条例》用专门条款分别作出规定，实现了党纪和国法的有效衔接。

(二)国际追逃追赃

当前追逃追赃已经成为全面从严治党和反腐败斗争的重要一环，为反腐败斗争形成压倒性态势发挥了重要作用。2014 年，中央反腐败协调小组设立国际追逃追赃工作办公室，包含中央纪委、最高法、最高检、外交部、公安部、安全部、司法部、人民银行等 8 家成员单位。中央追逃办成立后，统筹协调外交、警务、检务、司法、安全、金融、侨务等资源，形成工作合力改变了以往“九龙治水”、单打独斗的局面，大大提高了追逃效率。成员单位既各司其职、肩负起自身的责任，又发挥各自的优势、渠道和手段协同作战。追逃追赃涉及国内和国际两个方面，基础性工作是在国内进行的，包括以下方面：一是要查清犯罪嫌疑人的犯罪事实；二是查清外逃去向，还要查清赃款流向，制作大量的文件，为国际合作做出技术性的安排。党的十八大以来，中央反腐败协调小组制定了党员和国家工作人员外逃信息统计报告制度，从中央到县一级层层建立外逃人员数据库，及时更新、动态管理，基本摸清了底数，掌握了情况，为开展国际追逃追赃夯实了基础。中央追逃办每月定期通报追逃追赃数据，省级追逃办也将及时汇总本地区追逃成果和在逃人员信息。凡外逃必上报，24 小时内必须完成上报。在国际方面，通过与其他国家加强合作，根据国际规则，依据双边之间达成的共识或协议，运用不同的办法使他们归案。

（三）加强党内巡视

巡视是给党的肌体做体检，是解决自身问题的有力武器，必须聚焦在发现问题上。习近平总书记指出，要以问题为导向，派出“侦察兵”，哪里反映声音大、问题多，就派到哪里去侦察，就像公安系统的 110、路面巡警制度，要在创新机制上下功夫[①]。只有带着问题去，盯着线索查，才可以抓住有问题的人。根据《中国共产党巡视工作条例》第二十一条规定，巡视组开展巡视前，应当向同级纪检监察机关、政法机关和组织、审计、信访等部门和单位了解被巡视党组织领导班子及其成员的有关情况。第三十四条规定，纪检监察机关、审计机关、政法机关和组织、信访等部门及其他有关单位，应当支持配合巡视工作。对违反规定不支持配合巡视工作，造成严重后果的，依据有关规定追究相关责任人员的责任。习近平总书记强调了四个“着力发现”，即要着力发现是否存在形式主义、官僚主义、享乐主义和奢靡之风等违反中央八项规定的问题，着力发现领导干部是否存在权钱交易、以权谋私、贪污贿赂、腐化堕落等违纪违法问题，着力发现领导干部是否公开发表违背中央决定的言论、散发违背党的理论和路线方针政策的意见、搞“上有政策、下有对策”等违反政治纪律的问题，着力发现是否存在买官卖官、拉票贿选、突击提拔干部等选人用人上的不正之风和腐败行为[②]。

---

① 中共中央纪律检查委员会、中共中央文献研究室：《习近平关于党风廉政建设和反腐败斗争论述摘编》，中央文献出版社、中国方正出版社 2015 年版，第 113 页。

② 中共中央纪律检查委员会、中共中央文献研究室：《习近平关于党风廉政建设和反腐败斗争论述摘编》，中央文献出版社、中国方正出版社 2015 年版，第 108 页。

在如何提出问题发现能力方面，习近平总书记指出：向被巡视地区、单位反馈时，要直指问题，一五一十把问题抖搂出来，根本不要搞任何遮掩，责成其认真整改。这样巡视才能有权威、有威力，才能有这么多举报信息。如果我们对群众举报没有回应，没有按从严治党的要求去做，群众的期待就会挫伤[①]。对发现的问题，包括党风廉政问题、“四风”问题、干部问题，他认为，要把握节奏，分清轻重缓急，但都要纠正处置，件件都要有着落[②]。

当前带着问题去巡视，需要广泛听取多方面的意见，多到领导干部曾经担任过重要职务的地区和部门延伸了解情况，做到关口前移，拓宽发现问题的视野；巡视前，巡视组可将相关单位曾经接受的经济审计报告进行仔细分析，逐一列表，巡视时看是否已经整改，看整改效果如何，看老病是否重犯；对实名举报反映重要问题的要及时约谈，掌握第一手材料；要对照各单位党的群众路线教育实践活动整改总结和督导报告，对问题进行查找，看看是真整改还是假整改；要运用互联网、微信、微博等信息技术手段，拓宽发现问题的渠道，及时掌握群众关心的突出问题、党内存在的苗头性问题和社会关注的热点问题；既见树木，又见森林，要研究被巡视对象的历史文化和干部队伍状况，见微知著、由表及里，发现共性问题。

（四）对重点领域进行治理

查处惩戒，要针对腐败现象易发多发的领域。习近平总书记指出，现在矿产资源、土地出让、房地产开发、工程项目、惠民资金、科研经费管理等方面腐败问题频发。领导干部插手工程项目、亲属子女经商办企业问题突出。有的地方扶贫、涉农、医保、

① 中共中央纪律检查委员会、中共中央文献研究室：《习近平关于党风廉政建设和反腐败斗争论述摘编》，中央文献出版社、中国方正出版社 2015 年版，第 114 页。

② 中共中央纪律检查委员会、中共中央文献研究室：《习近平关于党风廉政建设和反腐败斗争论述摘编》，中央文献出版社、中国方正出版社 2015 年版，第 111 页。

低保资金都敢贪敢挪，而且拿这些钱来行贿买官，群众的"保命钱"成了干部的"买官钱"，发达地区通过工程项目搞权钱交易，贫困地区贪扶贫救济的钱，恶行令人发指！查处惩戒力度还要加大[①]。

2015年全国检察机关坚决惩治发生在群众身边、损害群众利益的"蝇贪"。针对一些地方虚报冒领、克扣侵占惠农扶贫资金的严重问题，部署开展惩治和预防惠农扶贫领域职务犯罪专项工作，查办"三农"领域相关职务犯罪11 839人。在事关群众切身利益的征地拆迁、社会保障、教育、医疗等民生领域查办职务犯罪8 699人[②]。2016年全国检察机关在征地拆迁、社会保障、涉农资金管理等民生领域查办"蝇贪"17 410人。查办受贿犯罪10 472人、行贿犯罪7 375人。开展集中整治和加强预防扶贫领域职务犯罪专项工作，查办相关职务犯罪1 892人，同比增长102.8%。2017年最高人民检察院与国家发展改革委、国务院扶贫办共同对"十三五"易地扶贫搬迁重点工程项目开展预防监督，实行挂牌督办[③]。

二、预防抑制

（一）完善行政制度建设

从宏观上来看，中国行政制度的建设要建立与中国特色社会主义制度相适应的行政制度，厘清政府与市场的关系，确定市场在资源配置中发挥决定性作用，对政府的各项权力进行有效的监督。在具体各项制度的建设中，应实行政治体制的机构精简，推

---

① 中共中央纪律检查委员会、中共中央文献研究室：《习近平关于党风廉政建设和反腐败斗争论述摘编》，中央文献出版社、中国方正出版社2015年版，第99页。

② 曹建明：《最高人民检察院工作报告——2016年3月13日在第十二届全国人民代表大会第四次会议上》，载《检察日报》2016年3月21日。

③ 曹建明：《最高人民检察院工作报告——2017年3月12日在第十二届全国人民代表大会第五次会议上》，http://www.spp.gov.cn/tt/201703/t20170312_185077.shtml，2017-03-12。

进行政制度的改革,明确政府的责任与权力,完善中国的各项行政制度建设。

1. 完善人民代表大会制度,发挥民主的作用

人民代表大会制度是以人民代表大会为政权组织形式,以民主集中制为组织原则,由人民选举代表组成国家权力机关,统一领导国家事务的制度。坚持和完善这一制度需要不断加强社会主义行政制度的重要内容,完善各级人民代表大会的选举制度和立法工作。人民代表大会的代表是否具有广泛性取决于各级人民代表大会的基础性工作,只有各级人民代表大会充分听取民意,才能彰显人民代表大会制度的人民性。加强人民代表大会的立法工作,由于人民代表大会具有立法权,要进一步加强人大专门立法机构的力量。加强人民代表大会的监督职能,保障政府依法执政。

2. 建立健全国家公务员制度

政府是由公务员所组成的人的群体,并不是一个静止的体系。因此,公务员素质的高低是国家廉政制度建设的关键,建立一支素质良好的公务员队伍至关重要。波普认为,一个服务大众的公务员系统的职责在于协助政府制定良好的政策、执行决定和管理这个系统负责的公共服务活动。

第一,在招录公务员上,严把入口关,实行公开招聘,严格审核。中国在公务员的录用上,一直采取考试的原则,避免了公务员用人上的腐败,但也存在着一些违规操作。对公务员录用实行严格审核,避免有裙带关系的人进入公务员系统,以免影响公务员队伍的纯洁性。

第二,加强培训。公务员录用后,对公务员进行系统培训。公务员的培训分为很多种类,从入职到退休都要参加一系列深入浅出的培训,保证公务员能够适应社会的发展,提高政府的工作效率。中国的公务员培训制度已经建立,但还存在着一些形式化

的培训,要设立专门的培训机构,结合公务员的需求对公务员进行培训。

第三,做好奖惩。中国的公务员奖惩制度主要以奖励为主,很少有惩罚或者降级。为了提高政府的工作效率,提高公务员的素质,保持较高的服务水平,应对公务员进行相应的奖惩。政府可以引入竞争机制,使工作能力强的公务员获得奖励和升迁,工作能力差的公务员接受惩罚或者降级,对于不符合公务员标准的,应退出公务员队伍,这样才能促进公务员整体素质的提升,建立一支高素质的公务员队伍。

第四,加强道德建设。政府应建立一套道德管理体系以防止因官员道德败坏而导致的腐败。政府的政策制定不仅要有一套最低的、不违法的法律标准,还要有一套公共服务的价值标准。在招募公务员时,将道德品质放在考察新人的过程中,公务员系统内建构问责机制,对上司负责,更要对人民负责。政府可以学习英美国家建立道德管理办公室,进行公共道德的建设和对公务员进行道德培训。

3. 建设有中国特色的监督制度

十九大强调健全党和国家监督体系,只有实行有效的监督才能有效预防腐败,实现人民当家做主。

(1)实行公开监督,建立财政问责制

财政问责制是监管公务员使用和管理公共资金财产状况的制度,使权力运行在阳光下,推动权力公开透明运行。总审计署是财政问责的具体执行部门,向立法机关负责,接受其定期审查,保障其工作有效开展。总审计署运用法律手段实现对行政部门的公共资金的使用情况进行审计,保持其独立性,能够自由发表报告,并能根据报告采取相应的措施。

(2)建立独立的监督机构

监督机构是国家廉政建设的重要支柱,必须具有较高的权威性和独立性。目前中国的监督机构是隶属于行政权的监督部门,不具有独立性,必然也影响其权威性。因此进行廉政制度建设就是要保证监督机构的独立性与权威性。独立性一方面是指建立独立于监督对象的监督机构,保持其组织体系的独立性,不能与其他管理部门相混同,严格区分监督与被监督对象的界限。另一方面指监督部门领导的独立性,像新加坡和香港特区等国家或地区的监督部门领导都是经过严格的程序产生的,其职权行使具有相对的独立性,不受其他机构的干扰。这样才能公正和有效地对其他部门进行监督。监督的行为过程也要受到法律保护,其他部门或个人不得以任何理由对其监督行为、监督处罚进行干预,以保证其监督的公正性、权威性。

(3)进行机构改革

党的十八大以后,针对新形势下廉政工作的新特点,中纪委进行了机构改革,整合了反腐力量、减少职能交叉,对原有部门功能、人员岗位进行了调整,增加了一线办案人员,使反腐败力量更加集中。这次机构改革具体落实十八届三中全会提出的"改革党的纪律检查体制""强化上级纪委对下级纪委的领导"等要求。习近平总书记强调,要明确规定查办腐败案件以上级纪委领导为主,明确纪委派驻监督对党和国家机关的覆盖。通过改革,完善限制权力之"笼",致力于监督全覆盖,从体制上实现反腐败的标本兼治。此次改革整合了内设职能部门,建立了中央巡视工作小组办公室。中央巡视工作小组办公室是当前反腐败的重要环节和手段,成为反腐败必不可少的领导机构和组织保障。

(4)加强司法部门对行政权的监督

制定反腐败法律是对腐败行为制约的有效保证。但能否按照法律执行则是反腐败制度建设的重要内容,如果只靠法律反腐败,并不能完全起到效果,因为法律虽然规定清楚,但能否去执行却是另外一回事。法律与法治机构有时会不起作用,因为所有腐败分子都是既得利益者,他们不会采取行动加强司法体系的建设。很多国家腐败主要与司法腐败有很大关系,司法系统本身不廉洁,执法不公正,法官也腐败,这会导致司法公正无法实施。行政机关会通过各种手段对法院施加影响，如对法官施加压力，腐蚀法官，贿赂对方律师等方式来影响司法公正。在制度建设中，只有加强司法部门对行政权的有效监督，才能保证依法治国的顺利进行，保障司法机关的独立地位，才能对政府和官员的行为进行审查，以确定其行为是否与宪法相违背，同时也要对法官进行法律约束。司法机关能否行使其法律公正，与法官是否负责有密切关系，法官的选任对于维护司法机关的公正具有重要作用，法官的任命一定要具有中立性，为了避免任免法官过程中的腐败，可以引入一个非司法机构介入，防止任命过程中权力的滥用。法官的撤换要依照明确的规定和适当的程序，由高层司法机关参与对法官的公开惩戒，这是对司法独立性的最好保障。在司法系统里，除了法官，还有一些行为者对于维持司法系统的独立、公正有着重要的作用，例如公诉人、独立检察官等职位的设立，可以对国家调查和起诉手段做有效的补充。

(5)实现行政机关平行部门之间的水平监督

当前我国普遍存在的监督形式是上级对下级的监督和中央对地方的监督，这种问责机制是中国行政监督体制的主要部分。随着国家政治体制改革的发展，在加强垂直监督的同时，要加强行政机关部门之间的水平监督，即水平问责制。水平问责机制是政府内部同级主体之间的制衡体系，“这种制衡体系为了达到政府各分支和各机构之间的问责性而被设计出来，它能够处理公共部门中的公私利益冲突，有效地分解权力，并限制利益冲突产生或对公共利益产生不利影响的情况出现。所以，这个体系同时涉及了问责性、透明度、预防和处罚等问题”[①]。此外，各行政部门内部也要设立廉政建设的机构，这些内部机构可以了解本部门工作业务，掌握信息和及时监控，对于监督和改进本部门的工作、提升本部门的工作能力具有重要的作用。

---

① [新西兰]杰瑞米波普：《制约腐败——建构国家廉政体系》，清华大学公共管理学院廉政研究室译，中国方正出版社 2003 年版，第 52 页。

4. 创新社会管理制度

当前来看，我国的社会管理制度不够完善，政府职能没有完全实现转变，由于政府管得过多，导致民间社会组织发育迟缓。政府应进行社会管理制度的创新，逐步放活社会组织，发挥其社会管理的主体作用，改变地方政府主要承担社会政策责任的体制，推动政府社会管理方式的改变，逐步实现向服务型政府的转变。

任何有效的廉政制度都需要政府以外的其他社会实体的广泛参与，这些实体既是国家和政府服务的对象，也是廉政建设的动力源。政府要积极培育有独立职能的社会组织，扩大公众政治的参与机制。公民社会是实现政府善治的重要基础，是沟通政府与公民的重要纽带，能够协调政府与公民之间的关系，一个成熟的公民社会可以保障政府的廉洁高效。公民可以形成一个自治的网络，对经济、社会等各方面的公共政策广泛参与。“一个充分掌握信息的公民社会，会更清楚了解他们的权利，并且充满自信地维护这些权利，这正是维系国家廉政体系的重要基石。”①

假如公众都是用腐败的方式与政府打交道，这个国家的廉政建设会无法进行。加强社会管理制度需要建立强大公民社会，一是提升公民意识，塑造现代公民。公民能够全面了解自身的权利，当自身的权利受到侵犯时，能够捍卫自身的权利。建立多种公民社会组织，推动社会管理创新。政府应培育多种社会组织，保障社会组织健康发展。二是加强政府与公民之间的信息沟通。政府为公民提供表达意见的渠道，提供评价政府的标准，促进公众参与政府廉洁的建设。政府通过建立与公民对话的平台以及民意调查的方式加强与公民的沟通，增强公民参与政府管理的力度。

私人企业部门是实现社会管理的重要支柱。腐败存在于私

① [新西兰]杰瑞米波普:《制约腐败——建构国家廉政体系》清华大学公共管理学院廉政研究室译，中国方正出版社2003年版，第247页。

人企业部门与政府机关之间，私人部门通过向政府机关行贿从而使自身得到发展。“一些大的私人机构凭借其商业活动形式上的合法性而赢得了人们的尊敬，然而他们却由于把行贿当作一种标准而且可以接受的商业策略，而损坏了自己在公众中的信誉。他们通过行贿而使自己获得了不公平的商业优势。”[①]私人企业部门内部也会存在着腐败现象。腐败会破坏自由、公平的竞争环境，阻碍私人部门的发展。有的私人企业，为了能够在海外获得发展的空间，适应投资所在国的风俗，向投资所在国政府行贿获得竞争优势。由此可以看出，一个国家的腐败与私人企业部门的参与有很大的关系，限制和阻止私人企业部门的腐败对于遏制腐败有重要的作用。随着企业间竞争的加剧，规范企业行为，让私人部门认识到自身职业道德的重要性，成为国家廉政建设的重要任务。

通过行政制度的改革与创新确保行政制度的公正、民主和平等，确保人民的合法权利，抑制腐败的滋生，有效治理腐败。

（二）经济体制建设

当前来看，我国的基本经济体制已经非常明确，就是建立以市场为主体的经济体制，发挥市场在资源配置中的决定性作用，在这种大的背景下规范运行机制，如财税制度、产权制度、土地制度和政府审批权改革等。

1. 推进现代市场体系建设的相关改革

现代市场经济的建立需要完善各项制度建设，包括政府采购制度、产权交易以及工程建设的招标投标制度等。通过建立健全《政府采购法》，完善政府采购的监督体系，加强对政府采购各个环节的管理，确保采购的公开透明。健全产权交易的市场功能，当前中国的产权交易市场尚不完善，导致一些政府工作人员利用

① [新西兰]杰瑞米波普：《制约腐败——建构国家廉政体系》，清华大学公共管理学院廉政研究室译，中国方正出版社 2003 年版，第 7 页。

手中掌握的信息，向企业收取租金，只有完善产权交易，才能维护市场秩序，使每个企业能够公平公正地进行产权交易。

2. 政府审批权改革

政府审批项目太多，会降低政府效率，容易产生寻租和腐败。李克强在主持新一届国务院第一次会议时强调，加强政府职能的转变，应减少行政审批，向市场放权。他在答新加坡《联合早报》记者时指出："如果说机构改革是政府内部权力的优化配置，那么转变职能则是厘清和理顺政府与市场、与社会之间的关系。说白了，就是市场能办的，多放给市场。社会可以做好的，就交给社会。政府管住、管好它应该管的事。"政府审批权的改革能够减少审批环节，放权给市场，减少寻租、腐败发生的可能性，使市场在资源配置中起决定性作用，防止政府"越位"，有效保障了社会主义市场经济制度的运行。

3. 建立公共财政管理制度

公共财政制度是建立国家廉政制度的基石。公共财政是向公众提供市场无法提供的服务，如公共秩序的维护、公共基础设施的建立等。公共财政制度要向公众公开，定期向公众公布公共收入与支出的情况，接受公众监督，抑制财政腐败的发生。

政府的财政体制既是行政管理体制的重要组成部分，也是完善社会主义市场经济制度建设的需要。建立和完善财政预算管理制度，提高预算管理的规范性、科学性和有效性，建立适合市场经济发展的财政管理制度，推动领导干部职务消费改革，严格限制领导干部公款旅游、公款吃喝，实现领导干部职务消费公开化、制度化和规范化。

4. 加强金融监管体制的改革

金融体制改革应依法落实金融账户实名制，完善金融监督机制。金融实名制是指从事与金融相关的活动时要求参与者必须使用自己的真实姓名。金融实名制可以记录公民的收入、纳税、借还款等情况，成为考察公民信用的重要依据，可以对公民的账户和个人财产进行登记，从而有效监督公民财产。金融实名制通过与税务机关联网，有效防止因金融活动而引起的以权谋私、偷税漏税等腐败现象。建立和完善个人财产申报制度。公职人员的财产申报制度，是有关家庭财产申报、登记和公布的制度，建立财产申报制度，使公职人员的家庭财产公布，让人民和法律来监督。财产申报制度需建立起配套的法律制度，并严格按照法律规定执行。个人财产申报制度和金融实名制以及金融与税务部门的合作能够共同推进廉政制度的建设。

（三）法律制度建设

如果没有法律，大量的利益靠行政权力协调，必然导致腐败和国家治理的混乱。法律制度能够对个人、各类社会组织进行规范，还会为政府的活动划定界限，使政府的活动具有明确的法律依据。从中国法律制度的现实来看，法律制度规模偏小，层次偏低，建设任务艰巨。法律制度能够有效实施的前提是保证司法机关的独立性。独立、公正的司法机关才能够确保政府行为的公正、廉洁。由于我国司法机关同其他机关一样，其权力来源于国家最高权力机关的授予，司法机关无法保持独立性，这就不利于其在反腐败中发挥有效作用。所以只有保持司法机关的独立、公正，才能有效实现司法公正，保证国家廉洁。

1. 通过多种途径行使立法机构监督职能

立法机构要平衡各种利益，向相关各方提供一个公平的听证会，使大家有机会陈述自己的立场。立法机构应设立公私利益冲突法，阻止官员以权谋私行为，对官员进行有效的监督，给公众表达自身意见的机会。行政机关要接受司法机关的监督，通过行政法对行政机关进行监督。行政法要求所有公务人员在做出行政决定时具有透明度，以确保改革成果不至于因法律含糊不清而触壁。行政法不仅规范着中央政府、地方政府，也规范着执行行政权或履行公共义务的所有机构。

2. 建立反腐败法律

反腐败法律不仅仅是刑法和刑事诉讼法，还包括实体法和程序法。刑法明确规定行贿受贿的具体表现，对公务员受贿、接受礼物或索贿等有明确的规定：公务员为个人利益滥用公共职权，拥有无法解释的财产，向雇员或机构提供佣金，向法定选举人提供贿赂或者礼物等都应承担相应的责任。民法可以有效弥补刑法的不足，通过民法可以对国家进行补偿，国家是腐败的受害者，因为腐败的官员拿走的钱财是属于国家的，国家应该授权给一个更高级的法院，该法院有权宣布那些通过腐败手段获得的钱财无效。民法还可以对公民个人进行补偿，公民有权起诉腐败行为。政府通过成立特别调查小组来追回非法财产，调查小组有权调查任何政府机构管理不善，对公共资金和财产的非法挪用或者支出，国家采购行为对公共利益损失的行为，可以预防因腐败而产生的国家财产流失。

总的来说，中国共产党自成立以来就一直重视党风廉政建设和反腐败工作，本章主要从三个方面对党的反腐倡廉建设进行论述，在分析反腐倡廉建设重要性的基础上，对廉政文化建设及反腐倡廉建设路径进行研究和探索。

第七章　党的制度建设

中国共产党在制度建设上经历了初步探索、曲折反复和恢复重建等多个历史阶段，最终经过几代共产党人的共同努力取得了非凡的成就，开创了中国特色社会主义道路，初步建立了健全的中国特色社会主义制度框架，为中华民族的伟大复兴奠定了坚实的基础。但同时，从新时期党的执政使命和人民群众的满意度与期望值来看，党的制度建设仍然面临着诸多问题和困境，尤其是随着改革开放的不断深入，党情、国情以及世情的深刻变化，党的制度建设迫切需要在新的历史起点上锐意进取、继续大踏步前进。

第一节　从制度建党到制度治党的历史进程

党的十八大以来，以习近平为核心的党中央秉持着“治国先治党，治党必从严”的理念，推进“五位一体”总体布局以及协调推进“四个全面”战略布局的高度，进而有效地全面推进从严治党、制度治党以及依规治党等相关思想和论述，做出了一系列的重大部署，为新形势下党内法规制度建设提供指导、注入强大的动力。

一、党的领导制度的全面改革与深入推进

（一）党的领导方式的变革

自中国共产党成立以来，党的领导就是中国特色社会主义最本质的特征，就一直对自身的领导方式进行改革与建设，在新中国成立初期，我们曾经对“党是领导一切的”在认识上与实践的过

程中出现了偏差，而通过实践可以得出，社会主义在建设的初期，“党管一切”的领导方式，容易导致权力过分集中而不利于党内民主的发展。

在处理党与政府的关系上，容易导致党的精力被具体的行政事务所分散，不能集中力量处理国家大政方针政策。同时，将原本属于政府和企业管理的事务纳入党的管理范围，以致政府、企业不能依照自有的规律运行，影响政府和企业运行效率。

改革开放以来，党在马克思主义理论的基础上，结合国内国际以及党内实际，积极探索适合中国国情和党自身特点的执政规律，着力解决以往“党政企不分、以党代政、以政代企”的现象，逐渐实现由党管一切的领导方式向党管路线、方针、政策，党管干部的转变，并始终将制度建设融入其中，取得了明显成效。但随着改革开放的全面深入推进，党的领导方式中一些深层次问题凸显出来，党的领导方式迫切需要适应新形势和新要求的需要，继续全面深化和变革。

政治体制属于一个复杂的系统，执政党的领导制度处于政治体制的核心位置，决定与制约着整个政治体制。如果在我国社会主义改革成功的关键是政治体制改革，对于政治体制改革成功的关键就是党的领导制度。这主要是由党在国家和社会中所处的地位所决定的。

在党的领导下，推进全面深化改革政策，加强和改革党的领导是全面深化改革取得成功的基本保障。党的领导方式与执政方式发生改进与完善的核心是要坚持依法治国、依法执政，不断健全和完善党内法规体系，保证党依法治理的思维和法治方式领导。这是因为，法律是治国之重器，法治是国家治理体系和治理能力的重要依托，全面推进依法治国，是解决党和国家事业发展面临的一系列重大问题，解放和增强社会活力、促进社会公平正义、维护社会和谐稳定、确保党和国家长治久安的根本要求。

以习近平为核心的党中央高度重视依法治国，强调落实依法治国基本方略，加快建设社会主义法治国家，必须全面推进科学立法、严格执法、公正司法、全民守法进程，强调坚持党的领导，更加注重改进党的领导方式和执政方式。

为此，党的十八届四中全会做出了《中共中央关于全面推进依法治国若干重大问题的决定》（以下简称《决定》），为党的依法执政提供了根本遵循。《决定》强调指出，“加强和改进党对全面推进依法治国的领导”，全会提出要以“坚持中国共产党的领导”为基本原则，改善党对依法治国的领导，不断提高党领导依法治国的能力和水平，这是习近平总书记“党员干部要善于运用法治思维和法治方式想问题、作判断、出措施”思想的重要体现，为新形势下党在法治的轨道上推进党的领导方式变革起到了重要的推动和保障作用。

为了有效地落实中央关于加强党内法规制度建设的要求，全面提高党的建设科学化水平，根据党的十八大中关于党的建设的总体部署，对其后的五年中党内法规制定工作进行了部署。这是我党历史上第一次编制党内法规制定工作五年规划，也是加强党的制度建设战略工程。新中国成立之后特别是改革开放以来，中共中央制定颁布了一批重要的党内法规，为管党治党、执政治国提供了重要制度保障。

在新形势下，党的建设面临一系列新情况新问题新挑战，党要管党、从严治党的任务更加繁重、更为紧迫。同新形势新任务的要求相比，现有的党内法规中存在的系统性、配套性党内法规和实践亟需的党内法规尚未出台，这明显滞后于实践的发展和形势任务的需要。党的十八大对推进党的制度建设做出了战略部署。

习近平多次强调，加强党内法规制度建设，要按照于法周延、于事简便的原则提高制度制定质量，要立体式、全方位推进制度体系建设，把权力关进制度的笼子里。通过制定实施一系列法规，有计划有步骤地统筹推进党内法规制定工作，对于加强党内法规制度体系建设，推进党的建设制度化、规范化、程序化，提高党的科学执政、民主执政、依法执政水平，具有重要而深远的意义。

民主生活是党内政治生活的重要内容，也是发扬党内民主、加强党内监督以及依靠领导班子自身力量解决矛盾和问题的重要方式。要坚持和完善民主生活制度，在新的形势下要加强和规范党内政治生活，增强党的自我净化、自我完善、自我革新以及自我提高的能力，要引导党员领导干部牢固树立政治意识、大局意识、核心意识、看齐意识。

2016 年 12 月党中央制定出台了《县以上党和国家机关党员领导干部民主生活会若干规定》，要求党员领导干部除参加领导干部民主生活会外，还应当以普通党员身份参加所在党支部（党小组）组织生活会，过好双重组织生活。领导班子遇到重要或者普遍性问题，出现重大决策失误或者对突发事件处置失当，经纪律检查、巡视和审计发现重要问题，以及发生违纪违法案件等情况的，应当专门召开民主生活会，及时剖析整改。民主生活会的召开情况应当向下级党组织或者本单位通报。对于群众普遍关心的整改措施，以适当方式公布。

执行民主生活会制度情况，纳入领导班子及其成员履行全面从严治党责任考核内容，作为考核评价领导班子的重要依据。这一系列重要制度的出台，对于实现党的正确领导、维护党的团结和集中统一，以及促使广大党员自觉践行“三严三实”要求，始终做到忠诚、干净、担当都起到了重要的推动作用。

（二）维护党中央权威和集中统一领导

要想办好中国的事情关键在于党的领导。党的领导是中国特色社会主义最本质的特征，也是中国特色社会主义制度的最大优势，是做好党和国家各项工作的根本保证。从中国共产党的发展历史看，在实践的过程中要坚决维护好中央领导集体，这对我国、我党尤为重要。

习近平总书记指出：“党的历史、新中国发展的历史都告诉我们：要治理好我们这个大党、治理好我们这个大国，保证党的团结和集中统一至关重要,维护党中央权威至关重要。”纵观世界多民族国家,那些能够保持存在和发展的都是坚持国家权威的主导作用和控制作用,在维护国家权威基础上实现国家性和国家能力的提升;反之,轻视和放弃国家权威的多民族国家大多不是内乱不断就是走向解体,典型如战火中的中东国家、已成为历史的南斯拉夫。

对于中央来说,要有权威性,这也是马克思主义所具有的一个基本原理。回顾世界社会主义发展的历史,对于权威的维护一直都是马克思主义政党在建设过程中的重大课题。马克思主义创始人坚决地批判了无政府主义观点,强调党在思想上要统一,行动上要一致,要保证组织团结,同时就要坚持全党服从中央这一基本原则。

在领导欧洲工人运动和创立科学社会主义理论、建立无产阶级政党的实践中,马克思和恩格斯始终强调“权威”的必要性和重要性。马克思指出:“必须绝对保持党的纪律,否则将一事无成。”1873 年,恩格斯发表著名的《论权威》一文,认为权威和服从不是由人的主观愿望确定的,而是社会发展的客观要求。

无产阶级无论是在革命时期还是在夺取政权以后,都必须维护无产阶级专政的权威,利用这个权威推翻资产阶级的统治,建立无产阶级新政权,并运用这个政权去进行社会主义建设。在马克思和恩格斯看来,不仅革命权威、政治权威具有重要作用,个人权威、领袖权威同样对无产阶级政党建设具有重要作用。

对于我党来说,面临的形势越复杂,所面临的任务就越艰巨,就要严格地维护党的团结与统一。在党的《关于新形势下党内政治生活的若干准则》中明确指出:要坚决维护党中央权威,保证全党令行禁止的重大政治要求,对涉及全党全国性的重大方针问题,只有党中央有权做出决定与解释。各部门、各地方党组织和党员领导干部可以向党中央提出建议,不得擅自对外发布决定与主张。对党中央做出的决议和制定的政策如有不同意见,在坚决执行的前提下,可以向党组织提出保留意见,也可以按组织程序把自己的意见向党的上级组织直至党中央提出。

关于党中央权威的维护，关键在于强化“四个意识”，进而确保党的统一领导。尤其是在党的十八大以来，党的一系列制度规范都从不同层面上做出了具体的规定。习近平总书记在省部级主要领导干部学习贯彻党的十八届六中全会精神主题专题研讨班上的重要讲话指出：“要坚决维护党中央权威、保证全党令行禁止，是党和国家前途命运所系，是全国各族人民根本利益所在。”

自党的十八大以来，党中央将领导干部个人事项报告制度作为请示报告制度中的一个重要组成部分，先后出台了《领导干部报告个人有关事项规定》和《领导干部个人有关事项报告查核结果处理办法》。这两项党内法规的出台，是贯彻落实习近平总书记关于个人有关事项报告制度指示要求和重要新精神的重要举措。

习近平总书记对领导干部个人有关事项报告制度高度重视，几次主持中央政治局常委会会议、中央全面深化改革领导小组会议进行专题研究，多次做出重要指示，在有关会议上发表重要讲话。党的十八大以来，中共中央坚持思想建党和制度治党有机结合，将执行和完善报告制度纳入全面从严治党战略之中。

在这两项法规中，明确了认定漏报或者瞒报需要掌握的基本原则，区分了漏报、瞒报的具体情形和处理规定，并明确了领导干部因不如实报告个人有关事项受到组织处理和纪律处分的影响。这两项党内法规的出台实施，使领导干部个人事项报告具有了基本的规则遵循，对于进一步严明党的政治纪律和组织纪律，维护党中央权威和集中统一领导，具有十分重要的意义。

二、构建制度笼子扎实推进反腐倡廉制度建设

（一）标本兼治：不断扎紧制度的笼子

习近平总书记多次指出，一个没有健全制度的国家，权力如同制度笼子外的猫，是控制不住腐败现象的，因此建章立制是非

常重要的,“要把笼子扎紧一点,牛栏关猫是关不住的,空隙太大,猫可以来去自如”[①]。反腐制度的实施过程,就是不断地将制度牢笼扎紧的过程,在短短的五年内我党基本实现了反腐败标本兼治的治理目标。

作为一项系统工程,反腐需要多种要素和力量的共同作用方能达到治标和治本的结合,但要想真正治本,制度无疑是最关键的要素。党的十八大以后,在以习近平总书记为核心的党中央坚强领导下,从中央到地方,一系列从严管人、管事、管物、管钱的制度陆续出台,制度的笼子不断扎紧扎密。

在反腐工作过程中,要牢牢把握“有权必有责、有责要担当、失责必追究”的基本原则。党中央要紧紧抓住落实主体责任这个“牛鼻子”,将问责作为从严治党的利器,要严肃地对待在党的建设和党的事业中失职失责的典型问题,强化问责成为管党治党、治国理政的鲜明特色。

中央纪委监察部网站发布党的十八大以来问责领导干部等的相关数据显示,从 2012 年底至 2016 年 5 月底,全国共问责 4.5 万余名党员领导干部,起到了很强的震慑警示作用。但从法规制度的角度来看,尽管在现有党内法规制度中,与问责相关的多达数十部,但这些法规制度不同程度存在着对事件、事故等行政问责规定多,没有突出坚持党的领导、紧扣全面从严治党,存在问责主体不明确、事项过于原则、方式不统一等问题。

2016 年 7 月《中国共产党问责条例》出台,标志着党的问责工作进一步规范和强化,再次释放出全面从严治党的强烈政治信号。该条例对诸如谁来问责、对谁问责、什么情形要问责、如何问责等一系列具体问题做出了明确规定,让问责工作“有章可循”。

在问责工作的主体和对象上,问责条例明确了“问责的主体是有管理权限的党组织,包括从中央到地方的各级党组织。对我们这样一个拥有众多党员、党组织的执政党来说,问责工作必须

---

① 《十八大以来重要文献选编(上)》,中央文献出版社 2014 年版,第 720 页。

落实分级负责的原则,从中央到地方,层层压实责任”。除了自上而下分级负责的原则,条例还把问责的责任落实到党委(党组)、纪委(纪检组),也分解到组织、宣传、统战、政法等工作部门,这是问责制度的一个重要创新,体现了全面从严治党要细化落实责任、层层传导压力的鲜明态度。

从总体上来讲,坚持运用法治思维和法制方式将制度的笼子扎紧,使反腐逐步走向规范化和制度化,这是反腐廉政建设的根本方向,同时也是新一届中央领导治国理政的重要思路。

正是针对权利过分集中的领导体制弊端,党的十八届三中全会决定将“强化权力运行制约和监督体系”作为全面深化政治体制改革的重点内容,明确强调:“坚持用制度管权管事管人,让人民监督权力,让权力在阳光下运行,是把权力关进制度笼子的根本之策”;明确要求“必须构建决策科学、执行坚决、监督有力的权力运行体系;健全惩治和预防腐败体系,建设廉洁政治,努力实现干部清正、政府清廉、政治清明”。

《决定》还突出强调“加强和改进对主要领导干部行使权力的制约和监督”,包括严格规定和执行主要领导干部工作生活保障制度,从制度层面进一步消除主要领导干部有可能恃权腐败的土壤和条件;推行权力清单制度、个人重大事项报告制度、选人用人专项检查和责任追究制度等。

通过进一步强化制度创新,“坚持用制度管事管人,抓紧形成不想腐、不能腐、不敢腐的有效机制,让人民监督权力,让权力在阳光下运行,把权力关进制度的笼子里”[①]。作为拥有 8900 万党员的执政党来说,所有的领导干部和党员在提高制度与反腐的理论认识水平上,强化制度治理意识,提高运用制度反腐的能力,这样可以增强反腐的自觉性、权威性和战斗力。

---

① 中共中央纪律检查委员会、中共中央文献研究室:《习近平关于党风廉政建设和反腐败斗争论述摘编》,中央文献出版社、中国方正出版社 2015 年版,第 130 页。

(二)惩防结合:不断完善党内监督制度

习近平多次强调并指出:“反腐倡廉的核心是制约与监督权力。”监督制度是保持党的制度建设具有生命力的关键。对于反腐倡廉工作来说,事后惩治不可少,事前预防也很重要。

加强党内监督,是工人阶级政党建设中的一条重要原则,对于执政的共产党来讲,加强党内监督工作不仅仅是党的生命。马克思也说过:人民有权对国家和国家机关的相关工作人员进行监督,“这是人民群众把国家政权重新收回”的重要体现,“是人民群众获得社会解放的政治形式”。

党的性质和宗旨决定,一切共产党员尤其是担负主要领导职务的共产党员,都必须高度重视党内监督,自觉接受党员和人民群众的批评监督意见,根据党和人民群众的愿望及时改正自己的错误。

在新的历史条件下,我们党坚持和发展马克思主义关于党内监督的思想,进一步揭示、界定了党内监督的实质。党的十八大报告明确指出:必须健全和完善权力监督体系,“加强党内监督、民主监督、法律监督、舆论监督,让人民监督权力,让权力在阳光下运行”。

深入推进党内监督制度改革,进一步完善党内监督制度和监督体系,是积极稳妥推进我国政治体制改革的突出内容,对于进一步深化制度治党、净化优化党内政治生态,具有特殊的价值和意义。

我国在2017年1月制定的《中国共产党纪律检查机关监督执纪工作规则》的总则中确定了权力制衡、相互制约的原则,进而作为预防权力腐败的重要思路。在该制度的规范中,明确提出“创新组织制度,建立执纪监督、执纪审查、案件审理相互协调、相互制约的工作机制”,“市地级以上纪委可以探索执纪监督和执纪审查部门分设,执纪监督部门负责联系地区和部门的日常监督,执纪审查部门负责对违纪行为进行初步核实和立案审查;案件监督管理部门负责综合协调和监督管理,案件审理部门负责审核把关”。上述条款看起来是探索纪检内部机构的分设,实质上则体现出监督权、审查权分设的改革思路,“让纪律监督权、案件审查权分立”。

监督者扮演着监督别人的作用,那对于监督者来说,又由谁来监督呢,这也是权力监督理论和实践必须回答的问题。党中央曾多次强调,打铁还需自身硬,必须严防“灯下黑”。所以,《中国共产党纪律检查机关监督执纪工作规则(试行)》设立“监督管理”专章,制定了十大条款明确规定如何盯牢、盯好“自己人”。

其中引入了“竞业限制条款”,要求“纪检机关涉及监督执纪秘密人员离岗离职后,应当遵守脱密期管理规定,严格履行保密义务,不得泄露相关秘密”;“监督执纪人员辞职、退休 3 年内,不得从事与纪律检查和司法工作相关联、可能发生利益冲突的职业”。

同时要求严格执行回避制度;审查组需要借调人员应从审查人才库抽选,且一案一借;审查组成员工作期间,应当使用专用手机、电脑、电子设备和存储介质,实行编号管理,审查工作结束后收回检查。上述详细条款使监督者自身成为监督的对象,从而真正构建起了权力相互监督和制约的格局。

监督要具备有效性,同时还必须具有解决“同体监督”的内在缺陷问题的能力。自党的十八大以来,在纪监机构去地方化的问题上,中央明确提出了推动党的纪检工作双重领导体制的具体化、程序化、制度化,强化上级纪委对下级纪委的领导,有效地调节好领导关系、调整和明细领导权限、规范好工作程序、制定好工作制度。

三中全会提出“查办腐败案件以上级纪委领导为主,线索处置和案件查办在向同级党委报告的同时必须向上级纪委报告”和“各级纪委书记、副书记的提名和考察以上级纪委会同组织部门为主”的“两个为主”要求,实质上把对同级党委的监督由“同体监督”变为“异体监督”,以克服以前上下级纪委关系不明确、纪委与同级党委监督独立性缺乏等弱点，确保了监督的有效性。

当前各省、市、自治区出台和完善的各种制度化程序操作的实施细则，如纪委书记、副书记提名考察办法，中央纪委派驻纪检组长、副组长提名考察办法，以及中管企业纪委书记、副书记提名考察办法都获得审议通过，则以人事权上提强化了纪委对同级党委的监督，推动纪检工作双重领导体制的改革"落地"。

制度建设一旦缺乏监督是不具备生命力的，对于健全的监督制度来说切实执行制度是根本的保障。要有效地加强监督制度建设，首先必须明确监督主体所享有的权利，保障监督人的权利不会受到侵犯。

其次，要明确监督的范围，将监督的重点放在各级领导干部的身上，凡是要求普通党员做到的，干部都应首先做到。

再次，必须要存在有力的机构进行专门的铁面无私的监督，这些机构必须具有足够的权力，必须将机构改革与监督制度建设相互联系起来进行考察，进而有利于监督制度的切实可行，有效地减少实施中的阻力。

最后，必须制定完备的《纪律检查机关案件检查工作条例》和《监察部门案件监察工作条例》。努力净化制度建设的社会环境。制度建设这个系统，总与外界有经常的物质、能量及信息交换，而且这些交换影响着本系统的结构和功能。因而净化制度建设的社会政治、经济、文化环境，能给制度建设提供良好的社会氛围和环境，必将给制度建设带来良好的效果。

三、规范党内政治生活不断推进组织制度建设

（一）抓好基层支部组织生活制度建设

党章规定，"党的基层组织是党在社会基层组织中的战斗堡垒，是党的全部工作和战斗力的基础"。基层支部组织生活的制度建设在党的制度建设中是最重要的基本建设。对于8 900万名党员来说，他们大多是在支部活动、在支部学习，如何建设支部以

及支部建设如何，党支部日常学习、党员日常管理等制度是否健全，直接关系着基层党的建设成效。

近年来，党中央牢牢树立“党的一切工作到支部的鲜明导向”，始终将基层组织相关的制度建设摆在重要的位置上，将党支部这个重点紧紧抓住，不断强化基层组织在服务群众、凝聚群众方面的影响力和感召力，极大地夯实了党的执政基础。

党的十八大特别指出党的基层组织是团结带领群众贯彻党的理论和路线方针政策、落实党的任务的堡垒，要落实党建工作的责任制度，强化农村、城市社区党组织建设，充分发挥推动发展、服务群众、凝聚人心、促进和谐的作用，以党的基层组织建设带动其他各类基层组织建设。

在具体对策上，提出了健全党的基层组织体系，加强基层党组织带头人队伍建设，加强城乡基层党建资源整合，建立稳定的经费保障制度；以服务群众、做群众工作为主要任务，加强基层服务型党组织建设；以增强党性、提高素质为重点，加强和改进党员队伍教育管理，健全党员立足岗位创先争优长效机制，推动广大党员发挥先锋模范作用；严格党内组织生活，健全党员党性定期分析、民主评议等制度；等等。

普遍建立支部主题党日活动制度。支部主题党日活动，能够有效地开展党内组织生活、提高基层党组织“三会一课”质量、拓展基层党组织活动方式，对于基层党建工作与基层社会发展的融合都十分重要。很多地方和单位都以党支部为单元在每月定期开展主题党日活动，进而为党内经常性教育提供有效的载体，每次确定不同的主题，组织党员集中学习和听党课，同时开展协商议事以及志愿者服务等活动。

实践证明，主题党日活动制度很好地创新了基层党内组织生活方式，让党员在活动中强化政治意识、大局意识、核心意识、看齐意识，并逐步养成经常参加组织生活的习惯和自觉，增强对组织的归属感，使党组织更有凝聚力和战斗力。

基层党内民主制度得到不断的建立健全。不断完善组织生活会与民主评议党员制度，将基层党内民主制度落实情况纳入党建工作考核中，并进行定期考核或不定期考核。

同时，一些地方还建立健全了党内事务通报制度、重大决策集体讨论制度、发展党员公示制、票决制及责任追究制、基层党组织“两推一选”制度等党内民主生活制度，并通过党内公开栏、政务公开栏、公示栏、宣传媒体、手机短信等形式，及时、规范、有序地向党员群众公示党内事务性工作，使党员群众更好地了解和参与党内事务。

同时，充分发挥领导班子成员之间相互监督的作用，建立重要情况通报和报告制度，对事关全局和社会稳定的重要情况及重大问题，按照规定时限和程序向上级报告请示，同时以适当方式向党员通报。坚持民主评议党员、领导干部述职述廉等党内评议制度，不断用民意改进党的工作。

(二)规范党内政治生活制度，不断净化政治生态

制度治党的现实性、紧迫性和必要性，突出地体现在净化优化党内政治生态所面临的突出问题以及艰巨的任务上。政治生态指的是在一定的政治系统内部，各相关要素之间以及政治系统与其他社会系统之间具有的作用、影响以及制约形成的生态联动，是一个地方或一个领域政治生活现状以及政治发展环境的集中反映，是党风、政风、社会风气的综合体现。

严肃党内政治生活是全面从严治党的重要基础。党的十八届六中全会审议通过的《关于新形势下党内政治生活的若干准则》，为严肃党内政治生活、净化党内政治生态提供了基本规范。认真贯彻落实《准则》，切实加强和规范党内政治生活，是当前和今后一个时期组织部门的重大政治责任。

党内的政治生活如何，党员和党风就会如何。在《关于新形势下党内政治生活的若干准则》的开篇中指明，要想管党，首先要先管好党内政治生活，从严治党必须要从党内政治生活来严格要求起来。党内政治生活是党组织教育管理党员和党员进行党性

锻炼的主要平台，从严治党首先要严格党内政治生活。

作为世界上规模最大的执政党，要不断增强创造力、战斗力、凝聚力，党内生活就必须讲政治、讲原则、讲规矩，绝不能搞假大空，不能随意化、平淡化，更不能娱乐化、庸俗化。一些地方自由主义、分散主义、好人主义、个人主义盛行，出现了搞团团伙伙、帮帮派派，搞利益集团、利益交换，一个重要原因就是缺少了严肃的党内生活。

习近平总书记强调，“从严治党，最根本的就是要使全党各级组织和全体党员干部都按照党内政治生活准则和党的各项规定办事”。习近平总书记明确提出党内政治生活新要求，释放出一个强烈信号：在全党严肃认真开展党内政治生活，将成为从严治党新常态。

对于党内政治生态的净化工作是一项系统的工程，关系到全面从严治党的全局。习近平指出：“全面从严治党，核心是加强党的领导，基础在全面，关键在严，要害在治。”[①]全面从严治党的实践说明，制度是净化优化党内政治生态的根本保障，同时对于人们的行为、心理具有导向和激励的作用，对权力起到制约的功能。完善的制度可以最大限度地调动起积极的因素、有效抵制消极的因素，使好人可以更好地做好事、坏人无法横行、最大限度地释放公共权力为人民谋求利益、促进社会进步。

而制度的缺失与漏洞，必然会严重助长不正之风蔓延，使好人无法充分做好事、甚至会变坏，使公共权力游离权力的本质和边界而导致恃权腐败行为。准确把握坚持党的领导、加强党的建设、全面从严治党、推进党风廉政建设和反腐败斗争之间的关系，明确内涵、厘清责任，抓住重点、协调推进，是在新的历史条件下净化优化党内政治生态、实现党的建设现代化的总体战略布局。

---

① 习近平：《在十八届中央纪律检查委员会第六次全体会议上的讲话》，人民出版社 2016 年版，第 16 页。

四、始终不渝推进党员干部队伍制度建设

(一)党员干部队伍制度建设

党员是党肌体的细胞,只有当细胞健康肌体才能健康。习近平总书记曾深刻地指出:“伟大的斗争、宏伟的事业,都需要高素质的干部。”党中央高度重视对党员队伍的建设,制定了一系列重大部署。

习近平总书记还明确提出了好干部的标准是“信念坚定、为民服务、勤政务实、敢于担当、清正廉洁”,充分地体现出要想成为一个好干部,一要靠自身的努力,二要靠组织的培养。个人的努力起决定性的作用,是内因;组织培养是外因,是关键性的因素。党中央注重精心培养好干部,切实将党员队伍建设作为各级党委以及组织部门的重要职责,在制度建设和实际的成效上取得了明显的效果。

干部教育培训,是我党的优良传统。要想实现中华民族伟大复兴,就要将干部教育作为培养好干部的先导性、基础性和挑战性的工程来抓。

党中央把理想信念教育作为全体党员教育培训的主题和主线,教育引导党员干部坚定共产主义远大理想和中国特色社会主义共同理想,把对马克思主义的信仰、对社会主义和共产主义的信念作为毕生追求,在改造客观世界的同时不断改造主观世界,解决好世界观、人生观、价值观这个“总开关”问题。

在2016年11月发布实施的《关于新形势下党内政治生活的若干准则》中就明确要求,全体党员必须永远保持建党时中国共产党人的奋斗精神,把理想信念的坚定性体现在做好本职工作的过程中,自觉为推进中国特色社会主义事业而苦干实干,在胜利时和顺境中不骄傲不自满,在困难时和逆境中不消沉不动摇,经受住各种赞誉和诱惑考验,经受住各种风险和挑战考验,永葆共产党人政治本色。

2017年3月,中共中央办公厅进一步出台《关于推进"两学一做"学习教育常态化制度化的意见》,指出思想政治建设不可能毕其功于一役,需要坚持不懈地抓下去。强调把深化"两学一做"学习教育常态化、制度化作为加强和规范党内政治生活、加强党内监督的重要载体,融入日常、抓在经常,形成常态、发挥长效,确保党组织充分履行职责、发挥核心作用,确保全体党员增强党性观念、发挥先锋模范作用,为统筹推进"五位一体"总体布局和协调推进"四个全面"战略布局提供坚强的组织保证。

严肃认真的党内政治生活是我党的优良传统与政治优势。在《关于新形势下党内政治生活的若干准则》中指出,严肃党内政治生活是保持党的凝聚力和战斗力的重要途径。马克思主义政党主要是由一些富有革命精神和具有革命品格的工人阶级优秀分子为基础组成。

严肃党内政治生活,是保持党的公信力和话语权的重要途径。毛泽东曾将群众比喻为土地、先生和水,将党比喻为种子、学生和鱼。人民群众的支持和拥护,是我们党生存和发展的基础,是党的公信力和话语权的根本保障。如果党内特权现象不断发展,最终沦为一个特殊利益集团,就会失去广大群众的支持和拥护,就必然失去公信力。在丧失了公信力的同时,也就失去了真正意义上的话语权。

经过长期的实践,我们党将严肃认真的党内政治生活作为党内建设的重要任务来执行,形成了党内政治生活的基本规范,以实事求是、理论联系实际、密切联系群众、批判和自我批判、民主集中制、严明党的纪律等为主的内容,为有效地巩固党的团结与集中统一、保持党的先进性和纯洁性、增强党的生机活力,丰富经验教训,为保证完成党在各个历史时期的中心任务发挥了重要作用。

(二)干部选拔任用制度建设

习近平指出,好干部成长起来了,培养出来了,关键还是要用。我党一直在选拔干部任用上面进行整改，大力推进干部能上能下，褒奖和重用一些忠诚干净有担当、为民务实清廉、奋发有为、锐意改革、实绩突出的干部，坚决防止出现“带病提拔”的干部，对一些跑官要官、买官卖官、拉票贿选等不正之风进行整治，把严和实的要求深入贯彻到选人用人、管理监督等工作。

要进一步对干部选拔制度进行深化改革，要从源头上防止权力腐败现象的出现。很多腐败案件的出现，主要是由于在选人用人制度上出现了问题，存在纰漏。习近平指出：治国理政，关键在选什么人、用什么人，“用一贤人则群贤毕至，见贤思齐就蔚然成风。选什么人就是风向标，就有什么样的干部作风，乃至有什么样的党风”[①]。

一是好干部标准写进总则。2013 年 6 月召开的全国组织工作会议上习近平总书记提出“着力培养选拔党和人民需要的好干部”的要求，并明确了好干部的标准。修订后的《干部任用条例》，鲜明地将二十字好干部标准写进总则第一条，并围绕有利于选准用好党和人民需要的好干部，提出了新要求。

以此为标准，修订后的《干部任用条例》在选拔任用党政领导干部的基本条件和资格方面，既确立了统一的干部任用标准，为广大干部明确了个人努力方向，又为充分发挥干部的个性风格留出了广阔的空间。

二是干部任用第一环节从“民主推荐”改为“动议”。在保持原有框架和内容总体稳定的基础上，增设“动议”一章，动议、民主推荐、考察、讨论决定、任职五个环节，构成了干部选拔任用工作的基本流程。把“动议”这一环节明确提出来作为初始环节，使得干部任用的程序链条更为完备，也更为透明，既为党组织加强对干部选拔任用工作领导和把关提供依据，也强化了党组织在选人用人上的责任。

三是公开选拔、竞争上岗防止“凡提必竞”。条例的修订既坚

① 《习近平谈治国理政》，外文出版社 2014 年版，第 418 页。

持了公开选拔、竞争上岗，又针对突出问题着力规范，防止简单以考试分数取人，还真正干事的干部一个公正的发展环境。

四是对“破格”“裸官”“复出”的规定体现从严治吏。坚持了破格提拔这一制度安排，并从严进行规范，使之更具操作性。

要正确树立选人用人导向，除了选优之外，同时还要进行淘劣。对于干部工作来讲，一直处于能上不能下的局面，虽然在近些年做出了探索，但是一直都没有得到有效的解决，相关的法规制度还是一块短板。

2015 年 7 月中央印发的《推进领导干部能上能下若干规定（试行）》，剑指干部能上不能下的老大难问题，明确“下”的标准、规范“下”的方式、疏通“下”的渠道，整治为官不为，有利于促进能者上、庸者下、劣者汰，形成完善的工作机制和良好的用人导向，是建立健全领导干部能上能下制度机制的一个突破，堪称治理懒散的点睛之笔。这个规定与《党政领导干部选拔任用工作条例》等一起，在干部选拔任用各环节发力，合力推动形成良好的用人导向和制度环境。

针对选人用人原则，党管干部是不可动摇的，但必须切实防止将“党管干部”演变为少数人选拔干部的倾向，否则极易造成“带病提拔”等问题。2016 年 8 月制定实施《关于防止干部“带病提拔”的意见》（以下简称《意见》），将防止干部“带病提拔”作为干部工作的聚焦点、攻坚点，采用最坚决的态度、最果断的措施来刷新吏治，及时发现好干部，并有效地使用起来，准确识别、坚决抵挡那些在政治品质、道德品行、廉洁自律等方面“带病”的干部。

《意见》强调，要坚持党管干部原则和好干部标准，强化党组织领导和把关作用，落实“三严三实”要求，大力培养、大胆使用忠诚、干净、有担当的干部，既切实防止干部“带病提拔”，又坚持事业为上、公道正派，保护作风过硬、敢作敢为、锐意进取的干部。同时，聚焦选拔任用工作，重点就选拔任用环节如何挡住“带病”的干部，做出规定、提出要求，以增强针对性，提高实效性。

2015 年 5 月，中共中央办公厅还印发了《事业单位领导人员管理暂行规定》(以下简称《管理暂行规定》),根据中央关于分类推进事业单位改革、深化干部人事制度改革做出了新的精神和新的要求,对事业单位领导人员管理的基本原则和主要制度做出了规定,是新时期做好事业单位领导人员管理工作的基本制度。

要有效地加强建设事业单位领导班子,严格标准条件,规范选拔制度,从严监管监督,树立正确的用人导向,为更多的优秀人才能够健康成长、脱颖而出创造条件。《管理暂行规定》的印发实施,对于健全事业单位领导人员选拔任用机制和管理监督机制,建设一支符合好干部标准的高素质事业单位领导人员队伍,推动公益事业又好又快发展,具有十分重要的意义。

第二节　党的制度建设与国家治理现代化

从丰富和发展马克思主义国家理论的高度上针对国家相关的治理体系和职能能力现代化提出了命题,并对深化党的建设制度改革提出了新的要求和新的任务。要理性地把握好党的制度建设和国家治理现代化的同步进行,推进二者间内在的逻辑与相互关系,不仅有助于深化党的建设,实现国家治理体系和治理能力现代化,也有助于我们在推进国家治理体系与治理能力进程中提高党的执政能力与执政水平。

习近平总书记针对"国家治理现代化"对"深化党的建设制度改革"方面提出:"国家治理体系是在党的领导下管理国家的制度体系,包括经济、政治、文化、社会、生态文明和党的建设等各领域体制机制、法律法规安排,也就是一整套紧密相连、相互协调的国家制度;国家治理能力则是运用国家制度管理社会各个方面事务的能力,包括改革发展稳定、内政外交国防、治党治国治军等各方面。"[①]即国家治理体系和治理能力是指中国共产党运用国家制度管理国家的能力。

---

① 习近平:《切实把思想统一到党的十八届三中全会精神上来》,载《人民日报》2014年1月1日。

一、国家治理体系与治理能力现代化的内涵

习近平指出："国家治理体系就是在党领导下管理国家的制度体系，包括经济、政治、文化、社会、生态文明和党的建设等各领域体制机制、法律法规安排，是一整套紧密相连、相互协调的国家制度。"党的十八届三中全会提出："全面深化改革的总目标是完善和发展中国特色社会主义制度，推进国家治理体系和治理能力现代化。"党的十八大以来，以习近平为核心的党中央在总结古今中外治国理政的经验教训，特别是我们党领导人民进行革命、建设、改革的伟大实践所取得的宝贵经验的基础上，做出了推进国家治理体系和治理能力现代化的战略抉择。

国家治理体系是在党领导下管理国家的制度体系，包括经济、政治、文化、社会、生态文明和党的建设等各领域体制机制、法律法规安排，也就是一整套紧密相连、相互协调的国家制度；国家治理体系和治理能力是一个相辅相成的有机整体，有了好的国家治理体系才能真正提高治理能力，提高国家治理能力才能充分发挥国家治理体系的效能。作为治理体系核心内容的制度，其作用具有根本性、全局性、长远性，但是没有有效的治理能力，再好的制度和制度体系也难以发挥作用。

中国共产党要完成这个转化，必须进行以加强民主集中建设、完善党的领导体制和执政方式、保持党的先进性和纯洁性为内容，提高科学执政、民主执政、依法执政为旨归的党的建设制度改革。也就是实现国家治理体系和治理能力现代化，必须深化党的建设制度改革。也就是说，要实现国家治理现代化，中国共产党必须紧紧围绕提高科学执政、民主执政、依法执政水平，深化党的建设制度改革，加强民主集中制建设，完善党的领导体制和执政方式，保持党的先进性和纯洁性。

科学执政、民主执政、依法执政不仅是我党执政的经验积累，同时也是我党在新的历史条件下治理方式与执政方式的创新。在新中国成立之初，国家缺乏比较完善的法律，同时民主革命遗

留的任务本身具有很大的复杂性，中国共产党是一个肩负革命党任务的执政党，这就决定了在当时的历史条件下，民主革命任务的完成不能单纯地依靠法律来解决，而是要靠党的政策，要靠人民的直接行动。

这一时期下，党的政策没有通过法定程序转化为以国家意志形式表现的法律，就直接对国家和社会发生作用。在某种意义上，党的政策直接发挥了国家法律的作用。1954 年，《中华人民共和国宪法》颁布实施，我国法制建设开始了一个新的阶段，也为党的领导方式和执政方式的转变提供了法律基础。

与此相联系，进一步调整党与法律的关系也成为党对自身进行管理、对国家实施领导所面临的新问题。然而，1957 年之后，党不仅没有能够实现领导方式和执政方式的转变，反而继续沿用新中国成立初期主要依靠政策和群众运动的方式来领导国家建设，其结果必然使党治理国家陷入不正常状态。

经历这些教训后，党在领导改革开放和现代化建设过程中提出了加强和改善党的领导，提出了转变党的领导方式，提出依法治国，党要管党，从严治党，以及依法依规治党的问题。这个关于执政方式转变的问题不仅是历史经验的总结，也是对中国共产党在实践中出现问题的理论思考。

二、深化党的制度建设与国家治理现代化相互融合

"深化党的制度建设改革"与"国家治理现代化"具有内在一致性，党的建设制度改革作为全面深化改革的重要组成部分，不仅是推进国家治理体系和治理能力现代化的必然，同时也是我党对国家治理体系和治理能力现代化规律认识的不断深化。深化党的建设制度改革之所以能够起到推动国家治理体系和治理现代化的功效，其逻辑前提在于二者具有内在的一致性。

（一）党的建设制度改革

从主观主体上来看，对于深化党的建设制度改革不仅意味着

要与经济体制、政治体制、文化体制、社会体制、生态文明体制共同成为未来全面改革的方向，也充分说明了党不仅要领导革命，党的自身建设制度也已经成为改革的对象，同时党要实现自身的革命。

而推进国家治理体系和治理能力现代化的不是别人，就是中国共产党，也就是说“国家治理体系和治理能力现代化”是在中国共产党的领导下在中国特色社会主义道路上通过各方面的改革有序协调推进的。

正如党的十八届三中全会指出的：“全面深化改革必须加强和改善党的领导，充分发挥党总揽全局、协调各方的领导核心作用，建设学习型、服务型、创新型的马克思主义执政党，提高党的领导水平和执政能力，确保改革取得成功。”也就是说，我们要把坚持党的领导与深化党的建设制度改革与推进国家治理体系和治理现代化有机统一起来。

中国共产党作为聚集了中国社会广大政治、经济和文化精英的大党，不仅是实现国家治理现代化的核心力量，也是深化党的建设制度改革的核心力量。中国国家治理体系与治理能力现代化不仅不能离开中国共产党，而且在很大程度上取决于中国共产党自身建设制度改革的深化水平。

从实际情况来看，市场经济是党组织和政府引入的，社会主义核心价值观是党组织和政府倡导的，全面建成小康社会是党组织和政府推动的，同样，中国共产党也是党的建设制度改革和国家治理体系和治理现代化的推动者，以深化党的建设制度改革推动国家治理体系和治理能力现代化，是发展和完善中国特色社会主义制度的现实途径。从某种意义上讲，中国共产党的先进性将在相当程度上取决于其深化自身建设制度改革与国家治理体系和治理能力现代化的实际进程。

（二）党的执政能力现代化

从内容上来看，国家治理体系和治理能力现代化是指党的执政能力现代化，国家是不能进行自我治理的，而是要通过有执政能力的中国共产党来进行，因此以“提高科学执政、民主执政、依法执政水平为核心，以加强民主集中制建设，完善党的领导体制和执政方式，保持党的先进性和纯洁性为内容，以为改革开放和社会主义现代化建设提供坚强政治保证为目标”的党的建设制度改革也是国家治理体系和治理能力现代化的重要内容。

党的建设制度改革为推进国家治理体系和治理能力现代化提供重要保障，着眼于提高党科学执政、民主执政、依法执政的水平，保持其先进性和纯洁性，提高党的领导水平和执政能力的党的建设制度改革，影响制约着国家治理能力。

只有以提高党的执政能力为重点的党的建设制度改革得到进一步的深化，国家治理体系才能更加高效运转，只有尽快把各级干部、各方面管理者的思想政治素质、科学文化素质、工作本领都提高起来，国家治理能力才能得到有效提高。作为重要治理主体的党的自身素质和能力及现代化程度影响和制约着国家治理能力。

必须以更大的决心和勇气抓好党的自身建设，牢牢把握加强党的执政能力建设、先进性和纯洁性建设这条主线，把党要管党、从严治党各项要求贯穿到党的建设的各个方面，形成党的执政能力建设和治国能力共同发展、相互促进的良好局面。

（三）战略定力下党的制度改革与国家治理能力发展

以战略定力作为出发点，深化党的建设制度改革和国家治理体系与治理能力现代化发展都是在确立了自身优势，同时意识到自身不足的情况下进行。具体来看，在党的制度建设下，党内的所有员工必须共同遵守以党章为根本依据的党的法规、条例、规则等建设制度，同时要看到其具有的优势，同时也要正视该体系的不足。

其实，之所以强调要深化党的建设制度改革，一个最直接并且最直观的原因正在于此。习近平总书记指出：“我们中国共产党人干革命、搞建设、抓改革，从来都是为了解决中国的现实问题。可以说，改革是由问题倒逼而产生，又在不断解决问题中得以深化。”深化改革必须要有问题意识。

以问题为导向深化党的建设制度改革，就是要对制度体系中不适应的制度进行改进，缺位的制度要抓紧建立，不全面的制度要尽快完善，不合理的制度要坚决革除，也就是说要分层次、分类别、有所选择、有所主张地进行改革。

同理，对于“国家治理体系与治理能力现代化”，习近平总书记指出：“改进和完善国家治理体系，要有主张、有定力。”习近平总书记强调要“有主张”“有定力”，为我们改进和完善国家治理体系作了战略指引。所谓“有主张”，就是要有“善于观大势、谋大事”的战略思维，即把握现代国家治理的内在规律，着眼国家治理的价值目标，科学谋划、精心布局、协调推进。“有定力”就是要保持国家大政方针的持之以恒与重大改革的“于法有据”。

在二者的逻辑关系上，“有主张”是前提，是内核，“定力”是基于“主张”而生，并对主张加以肯定。这种战略定力是建立在对中国特色社会主义制度自信的基础上的，同时也是建立在自觉的基础上，强调战略定力不是无所作为，也不是胡乱作为，而是有原则、有方向、有立场、有顺序的作为。

（四）党的建设改革与国家治理现代化的目的

从宗旨上来看，深化党的建设改革与国家治理现代化最大的核心目的是为了最大限度地增加人民的福祉。“深化党的建设制度改革”所进行的改革是为了能够增强党的执政能力，保持党具有的先进性和纯洁性，当面对新的形势时，我党能够经受住“四大考验”，化解“四大危机”，能够进行自我反省、检验，不断革新，同时实现自我更好的完善，真正地以人民的满意为标准，从人民的批判和不满中发现问题，从人民的支持和监督中不断吸取力量，更好地打造“党离不开人民、人民离不开党”的命运共同体，更好地贯彻以人为本、为人民服务的宗旨。

推进国家治理体系和治理能力现代化，不是要改变我们的国体，而是以发展和完善中国特色社会主义制度为前提，是为了更好地坚持与发展中国特色社会主义，是想通过国家治理体系和治理能力的现代化，为人民的生存与发展创造一个更好的社会环境，实现人民有更好的教育、更稳定的工作、更满意的收入、更可靠的社会保障、更高水平的医疗卫生服务、更舒适的居住条件、更优美的环境的幸福生活梦，因此，我们通过深化党的建设制度改革推进国家治理体系和治理能力现代化的真正目的就是为了增进人民的福祉，使人民工作得更好、生活得更好。

三、深化党的建设改革与国家治理现代化的意义

深化党的建设制度改革能够有效地推进国家治理现代化进程，在深化党的建设改革的过程中与国家治理现代化具有一致性，所以，在完善和发展党的建设制度改革过程中对推进国家治理体系和治理能力现代化具有可能性，因为国家治理体系和现代化的标准要求中国共产党科学执政、民主执政、依法执政，而我们党的执政方式离这个标准还有一定的距离。

因此，通过“深化党的建设制度改革”来推进“国家治理体系和治理能力现代化”具有必要性。要把这种可能性和必要性转化为现实性，还必须找到“深化党的领导制度改革”推动“国家治理体系和治理能力现代化”的着力点和现实途径。

(一)健全完善民主集中制

我们党具有的政治优势就是民主集中制，也是当代根本组织制度和领导制度。要加强民主集中制建设，科学执政、民主执政、依法执政才能有所保证。通过科学地配置权力，才能有效理顺各方面的关系。

要健全完善党内选举、党务公开等具体制度，规范党内政治生活，强化党的组织纪律，保障党内民主权力。要构建决策科学、执行顺畅、监督有力的权力运作体系，明确党风廉政建设的主体

责任，健全完善反腐倡廉法规制度体系，加强和改进对主要领导干部行使权力的制约与监督。

（二）坚定党的建设制度自信，凝聚共识

一个国家的治理往往是取决于社会共识的凝聚程度，缺乏社会共识的国家就谈不上有效治理。所以，要凝聚一个国家的共识，使整个国家和民族都认同，需要一个过程，为此，现代化本身的建设就是一个过程，实现国家治理体系和治理能力现代化，要求适应和把握现代社会的特点以及发展趋势。

对于进入改革攻坚克难阶段的中国而言，全社会只有坚定国家统一和民族团结的信念，坚定社会主义基本制度的认同和自信，才能推进国家治理体系和治理能力的现代化。

（三）国家治理体系与国家治理能力的现代化

通过循序渐进的方式来不断进行变革，实现国家治理体系与国家治理能力的现代化。实现国家治理体系和国家治理能力现代化不是一步就可以到位的，国家治理体系现代化是一个长期积累、逐步推进的过程，是新旧体制并存、新体制逐步代替旧体制的过程。

在这个过程中，新旧体制并存极有可能因为彼此不相容发生摩擦和冲突，造成新体制还没有建立起来，旧体制已失去作用的情况，使政治体制陷入矛盾之中、国家治理处于紊乱状态。

要使新旧体制都在规范的轨道上运行，避免出现权力失范，只能稳步推进累进式的国家治理体系改革，通过渐进式的改革去实现体制的根本性转化与完善。我们知道，现有国家治理体系中的制度体系的弊端不但不能一下子就消除，相反，在新体制还没有建立起来之前，仍然需要原有的旧体制发挥作用，尽管这个旧体制最终将被替代。

无论是古代，还是今天，历史经验已经告诉我们，对于任何一个社会来说，都需要秩序的存在，秩序是政治社会追求和

遵从的基本目标，政治秩序的存在不仅是为了统治，同时也要得到社会成员的认同。完善和发展中国特色社会主义制度，是推进国家治理体系和治理能力现代化，既要兴利除弊，又要保证新旧体制的平稳过渡，是一项艰巨的任务。

习近平总书记曾在省部级领导干部专题研讨班会上发表了重要的讲话，从近代世界与中国社会变革的历史维度上，从国家治理体系与治理能力现代化的战略高度上，阐述了中国制度模式的选择问题，强调了这是坚持和发展中国特色社会主义的必然要求，也是实现社会主义现代化的应有之义。

可以看出，推进改革的目的不是要走封闭的路线，也不是走改旗易帜的邪路，而是要不断完善和发展中国特色社会主义制度，立足中国国情、坚持社会主义原则，在中国共产党的正确领导下，锐意改革、积极进取、不断推进的过程。

对于这个过程，我们要认识到其长期性、艰巨性、复杂性，充分做好进行新的历史起点伟大斗争的准备，只有这样，我们才能做到既不是不作为，也不是乱作为，而是在尽力而为、量力而行的原则下通过深化党的建设制度改革推进国家治理体系和治理能力现代化。

第三节　严明党的纪律，维护党的集中统一

党的集中统一是党所有的力量所在，也是实现经济社会发展、民族团结进步、国家长治久安的根本。我党面临的形势越复杂，就表明了任务越艰巨，就要加强党的纪律建设，维护党的集中统一。这既是我党适应形势任务发展变化、开创事业发展新局面的重要保证，也是加强我党组织、作风、制度建设，提高党的创造力、凝聚力、战斗力的迫切需要。

一、党建工作导航

(一)始终坚持党的民主集中制

民主集中制是我党的根本组织制度与领导制度。坚持和完善民主集中制,是我党顺应人民群众、赢得人民群众拥护的必然,也是我党深刻总结经验教训、探索马克思主义发展规律的深刻启示。坚持民主集中制,就要求我们立足世情、国情、党情的深刻变化,以改革创新精神来研究新情况、解决新问题,积极探索加强民主集中制建设的有效途径与方法。

我们党是根据党的纲领和章程,按照民主集中制组织起来的统一整体。党的民主集中制的基本原则是:

(1)党员个人要服从党组织,少数要服从多数,下级要服从上级的指示,全党各个组织和全体党员要服从党的全国代表大会和中央委员会。

(2)党的各级领导机关,除它们派出的代表机关和在非党组织中的党组外,都由选举产生。

(3)党的最高领导机关,是党的全国代表大会和它所产生的中央委员会。党的地方各级领导机关,是党的地方各级代表大会和它们所产生的委员会。党的各级委员会向同级的代表大会负责并报告工作。

党员对党的根本组织原则和组织制度要自觉地遵守,要同一切违反这一原则和制度的错误行为和错误倾向进行斗争。要想做到这一点,就要树立起党性观念和组织观念。

每一个共产党都要懂得我党的纲领和章程,按照民主集中制原则组织起来并进行活动,作为党员尤其是党员干部就必须以党的纲领和章程来规范自己,自觉地将自己置身在党的约束下。有了这种党性观念和组织观念,民主集中制的贯彻执行才有可靠的思想基础。

党的集中统一是全国各族人民的根本利益所在,也是增强党的创造力、凝聚力以及战斗力的重要保证。我国拥有几千万的党员,在建设中国特色社会主义的执政党过程中,要维护党的集中与统一,就要使人民团结起来,实现社会和谐,才能保障社会主义现代化建设的顺利进行。

党内民主是党的生命,党的团结统一也是党的生命。在发展党内民主的同时,明确要求全党严明党的纪律性,自觉维护党的集中统一。要坚决维护中央权威,在思想上政治上行动上同党中央保持高度一致,坚决贯彻党的理论和路线方针政策,保证政令畅通,绝不允许"上有政策,下有对策",决不允许"有令不行,有禁不止"。

(二)共产党员要自觉遵守党的纪律

在实行党的民主集中制的过程中,要想加强党的建设,维护党的团结与统一,实现党的先进性和纯洁性,进而增强党的凝聚力和战斗力,对于广大的党员干部来说,就要自觉地遵守党的纪律,深入贯彻和学习党的民主集中制原则,严格遵守党内纪律,规范自己的言行,同党中央保持高度一致。

对于我党来说,面临的形势越复杂,就代表了肩负的任务越艰巨,越要加强党的纪律建设。党的纪律建设是在广大党员自觉遵守的基础上形成的,目的是为了增强党员的纪律观念,加强党的纪律,目前很多党内的新党员缺乏系统的纪律教育,缺乏严格的组织生活锻炼,这样就无法正确地对纪律进行理解、遵守和执行。

同时,新的历史背景又催出了许多新的问题。因此,增强党员的纪律观念有十分重要的意义。各级党组织和每个党员都要严格按照党的章程和党内法规行事,严格遵守党的纪律。

1. 强化党员干部的党规党法和法律意识

一方面要提高执行党规党法的自觉性,以党规党法来约束自己的行动;另一方面,要从思想上确立依法治国的理念,时时处处依法办事。共产党是一支有着铁的纪律的部队,这种纪律性就要体现在每一位党员干部的行动中。

作为党的干部,最起码要服从政治纪律和组织纪律,要以组织的需要为出发点,而不能以自己的主观需要为出发点。党员讲党性,讲大局,讲原则,支持和贯彻党委的意图,依照国家有关法律和党内法规履行好自己的职责。

2. 以教育为基础,促进党员自觉遵守和维护党的纪律

严明的纪律是不能自发产生的,需要经过不断的教育、修养和实践才能形成。但是,实践还证明了单纯地依靠教育是不够的,要在加强教育的基础上从严治党。

克服党内违纪现象,除了加强教育以外,同时还要严格治党,发挥纪律具有的作用,对于那些严重违法乱纪的党员,就要依照党纪严肃处理。这样才能扶正祛邪,有效地维护党的纪律的严肃性。

3. 以平等为支撑,要坚持纪律面前人人平等的原则

党内的一切成员在政治上和义务的履行上是完全平等的,这种平等关系在纪律上就体现为党章和党纪在人人面前平等。任何一级党组织决不允许搞上宽下严,只抓一般党员,不抓领导干部。相反,越是高级干部,要求应当越高。因为这些人身居重要的领导职位,作用大,影响面宽,如果他们违反了党纪,势必给革命和建设带来重大损失,在党内外产生极坏的影响,严重损害党的形象。

自觉接受党的纪律的约束是作为党员条件和党员标准提出来的,因此,每个共产党员特别是党员领导干部都要增强纪律观念、严格遵守党的纪律。

二、工作实务与创新

(一)学习党章,遵守党章,贯彻党章,维护党章

1. 实现党的指导思想的与时俱进

党的十九大党章增写了以习近平为主要代表的中国共产党

人，顺应时代发展，从理论和实践结合上系统回答了新时代坚持和发展什么样的中国特色社会主义、怎样坚持和发展中国特色社会主义这个重大时代课题，创立了习近平新时代中国特色社会主义思想。

习近平新时代中国特色社会主义思想是对马克思列宁主义、毛泽东思想、邓小平理论、“三个代表”重要思想、科学发展观的继承和发展，是马克思主义中国化最新成果，是党和人民实践经验和集体智慧的结晶，是中国特色社会主义理论体系的重要组成部分，是全党全国人民为实现中华民族伟大复兴而奋斗的行动指南，必须长期坚持并不断发展。

在习近平新时代中国特色社会主义思想指导下，中国共产党领导全国各族人民，统揽伟大斗争、伟大工程、伟大事业、伟大梦想，推动中国特色社会主义进入了新时代，把习近平新时代中国特色社会主义思想写入党的指导思想。

中国特色社会主义进入新时代的必然要求，是符合党心民意的重大决策，对全党把思想和行动统一到习近平新时代中国特色社会主义思想上来、以习近平新时代中国特色社会主义思想指导我国社会主义现代化建设和党的建设新的伟大工程，必将产生重大而深远的影响。

2. 强调“党是领导一切的”，明确习近平为党中央的核心

维护以习近平为核心的党中央权威和集中统一领导的内容，并突出强调了党的领导地位和作用，把“党政军民学，东西南北中，党是领导一切的”这一重大政治原则写入党章，明确中国共产党的领导是中国特色社会主义最本质的特征，是中国特色社会主义制度的最大优势。在党的根本大法中明确“党是领导一切的”这一重大政治原则，确认习近平的核心地位，对于全党牢固树立“四个意识”，更加自觉地维护党中央权威、维护党的团结统一，实现党和国家事业兴旺发达具有重大意义。

3. 中国特色社会主义文化、"四个自信"和实现中华民族伟大复兴的中国梦

中国特色社会主义文化是中国特色社会主义的重要组成部分,是激励全党全国各族人民奋勇前进的强大精神力量。把中国特色社会主义文化同中国特色社会主义道路、中国特色社会主义理论体系、中国特色社会主义制度一道写入党章,有利于全党深化对中国特色社会主义的认识、全面把握中国特色社会主义内涵。

要倍加珍惜、长期坚持和不断发展党历经艰辛开创的这条道路、这个理论体系、这个制度、这个文化,高举中国特色社会主义伟大旗帜,坚定道路自信、理论自信、制度自信、文化自信,贯彻党的基本理论、基本路线、基本方略。

(二)各级党组织和党员要严格遵守党的各项纪律

1. 严格遵守党的政治纪律

全体党员要严格遵守党的纪律,尤其是政治纪律。党的政治纪律是根据不同历史时期下政治任务的要求,对各级党组织和党员的政治活动和政治行为进行确定的基本规范,是约束党的各级组织和全体党员政治言论、政治行动、政治立场的行为规则。

对于党员干部来说,要具有维护和执行政治纪律的意识,要以身作则,起到表率的作用,要牢固树立起政治纪律观念,自觉坚持党制定的基本理论、基本路线、基本纲领、基本经验不动摇,要在政治上、思想上和行动上同党中央保持一致。

2. 严格遵守党的组织纪律

严格遵守党的组织纪律:一是要正确地处理好个人与组织间的关系,要自觉地服从党组织的需要,在行动上坚决地维护和执行党组织所做出的决定。在任何情况下,都要对党所制定的方针、路线、政策和决议、指示进行贯彻实施,不能见异思迁,降低标

准和要求。

二是要正确地处理好民主集中的关系，行使好党员的民主权利。要能够对党组织、党员干部提出建议和意见，能够发表自己的意见，能够进行揭发、检举、申诉和控告，必须采取正常的渠道来进行，即在党组织的会议上，或向上一级组织直至中央反映，决不允许采取不负责任的自由主义的态度，更不允许拉帮结伙，搞小团体、小帮派、搞乡土观念。

要防止分散主义和极端民主化，在党组织讨论决定重大问题时，要襟怀坦白，积极发表个人的见解，做到“知无不言，言无不尽”。但是，党组织一经做出决定，不管是否同个人的意愿相符合，在行动上都必须坚决执行、自觉维护，决不能各行其是、各自为政、各取所需。

三是要严格遵守党组织人事纪律，坚持公道公平用人。上级领导干部在选人用人的过程中，要出于公心，做到任人唯贤原则，不搞任人唯亲；作为候选干部的个人，在组织上选拔干部时，要严守纪律，不得拉帮结派，搞团伙等非组织活动，不得跑官要官。

对那些不按党的原则办事，在选人用人上搞不正之风的，应该敢抓敢管，严肃批评，直至报告和移交有关组织进行查处，追究有关当事人的纪律责任和法律责任。

3. 严格遵守党的经济工作纪律

要严格地遵守党的经济工作纪律，是党各级组织、党员和党员干部在经济工作中所必须要遵循的规范和准则。随着市场经济体制的建立，我党将更加严格地对各级党组织、党员和领导干部进行监督管理。

为此，从事经济工作的党员和干部都要严格遵守党章制度办事，各级党政领导机关和领导干部，都要严格遵守经济工作制度特别是财政金融工作制度，不得超越职权规定插手这些工作。

无论哪一个领导班子，哪一个干部，不遵守经济工作纪律，都要承担相应的法律或纪律责任。对于负有检查监督责任的领导干部,如果监管不力,出了问题也要承担责任。

要认真贯彻落实中央经济工作会议精神,严格执行国家宏观经济政策,保持全国一盘棋,防止各行其是、各自为政;加强资金和项目监管,决不能一哄而起、乱争乱抢、乱投乱用。广大党员干部特别是领导干部要严格遵守廉洁从政的各项规定,防止商品交换的原则侵入党的政治生活和国家机关的公务活动,坚决杜绝权钱交易、权力寻租等严重以权谋私现象的发生。

4. 严格遵守党的群众工作纪律

党的群众工作纪律是我党为了保持党的组织和全体党员与人民群众密切联系所制定的行为准则,是我党在各个历史时期处理党员关系的总的规范,是党的各级组织和个人在与人民群众交往过程中的行为底线,是我党区别于其他政党的显著标志之一。

5. 严格遵守党的保密纪律

要严格遵守党的保密纪律,这也是党为了严密保守党和国家秘密,确保秘密事项不外泄,所要求全体党组织人员必须严格遵守的行为准则。党和国家的秘密是在一定时间内仅限一部分人知道的事项。严守党和国家的秘密,是关系到巩固人民安定团结、保证经济建设、保卫党和国家安全和利益的大事件。

毛泽东曾指示全党要“保守党的机密慎之又慎”。党内现行的保密纪律,主要包括两类:一类是有关保密的法律和法规,如《中华人民共和国保守国家秘密法》,党章中关于保密的规定等;另一类是在党的工作中规定的具体保密制度,如中共中央和国务院于1979年批准实施的党政干部《保密守则》等。每个党员必须以对党高度负责的态度严格遵守。

本章主要是从三个方面来讲述党的制度建设,分别是从制度建党到制度治党的历史进程、党的制度建设与国家治理现代化、严明党的纪律,维护党的集中统一。党的制度建设可以从四个方向来进行,依次是党的领导制度的全面改革与深入推进、构建制度笼子扎实推进反腐倡廉制度建设、规范党内政治生活不断推进组织制度建设、始终不渝推进党员干部队伍制度建设。在严明党的纪律、维护党的集中统一上面必须要以党建工作为导航,始终坚持党的民主集中制建立,自觉遵守党的纪律,学习党章,遵守党章,贯彻党章,维护党章,各级党组织和党员要严格遵守党的各项纪律。只有这样,才能有效实现党的制度建设。

参考文献

[1]习近平.决胜全面建成小康社会 夺取新时代中国特色社会主义伟大胜利[R].2017-10-18.

[2]习近平.在第十八届中央纪律检查委员会第六次全体会议上的讲话[M].北京:人民出版社,2016.

[3]关于新形势下党内政治生活的若干准则[N].人民日报,2016-11-03.

[4]习近平.切实把思想统一到党的十八届三中全会精神上来[N].人民日报,2014-01-01.

[5]习近平.在党的群众路线教育实践活动总结大会的讲话[N].人民日报,2014-10-09.

[6]习近平.紧紧围绕坚持和发展中国特色社会主义学习宣传贯彻党的十八大精神[N].人民日报,2012-11-19.

[7]江必新.推进国家治理体系和治理能力现代化[N].光明日报,2013-11-25.

[8]习近平.之江新语[M].杭州:浙江人民出版社,2013.

[9]杨凤城,赵淑梅,张世飞.全面从严治党新阶段[M].北京:中国人民大学出版社,2017.

[10]王昕朋.历史性成就 全面从严治党这五年[M].北京:中国言实出版社,2017.

[11]袁峰.震慑·抑制·净化:中国反腐新常态研究[M].上海:学林出版社,2017.

[12]刘先春.四个全面战略布局之全面从严治党[M].北京:人民出版社,2017.

[13]金民卿.执政党建设:理论与实践的新发展[M].北京:社会科学文献出版社,2017.

[14]郝永平.天下为公:中国共产党与中国特色社会主义新发展阶段的开创[M].北京:人民出版社,2017.

[15]吴兴智.党的制度建设实践:成就、经验与启示[M].北京:经济科学出版社,2017.

[16]赵周贤.全面加强党的建设新实践[M].北京:中国言实出版社,2016.

[17]辛桂梓.全面从严治党理论与实践研究[M].北京:人民出版社,2016.

[18]张晓明.论中国特色社会主义现代化理论的形成与发展[M].北京:中国社会科学出版社,2016.

[19]张国臣.党的纯洁性建设论:群众路线视阈下党的纯洁性建设研究[M].北京:人民出版社,2016.

[20]孙娜.中国廉政文化建设的资源与路径研究[M].上海:同济大学出版社,2016.

[21]本书编写组.全面从严治党理论与实践研究[M].北京:人民出版社,2016.

[22]刘利群.廉政文化概论[M].北京:中国政法大学出版社,2016.

[23]郭亚丁.全面从严治党——学习习近平党的建设思想论述[M].北京:中共中央党校出版社,2015.

[24]曹兴信,佘廉.网络时代的党建策略与反腐预警[M].北京:科学出版社,2014.

[25]本书编写组.党建理论研究与实践创新[M].北京:红旗出版社,2013.

[26]中共大竹县委.党的组织建设[M].成都:西南交通大学出版社,2013.

[27]《党建一本通》编写组.党建一本通:十八大后的党建工作创新[M].北京:红旗出版社,2013.

[28]刘杰.中国廉政建设的路径分析[M].北京:时事出版社,2012.

[29]洪向华.新时期党的建设与党建理论[M].北京:红旗出版社,2012.

[30]本书编写组.基层党组织建设党务干部读本[M].北京:国家行政学院出版社,2012.

[31]袁景华,孙迪亮.中国共产党的思想建设创新研究[M].济南:山东人民出版社,2011.

[32]邓频声.中国特色反腐倡廉道路研究[M].北京:时事出版社,2011.

[33]吴江等.建设世界人才强国[M].北京:党建读物出版社,2011.

[34]孙道祥.中国特色反腐倡廉理论研究[M].北京:中国方正出版社,2010.

[35]于景森.学习型政党研究——关于中国共产党建设学习型政党的历史、理论与实践[M].北京:人民出版社,2009.

[36]刘建军.中国共产党思想政治教育的理论与实践[M].北京:中国人民大学出版社,2006.

[37]本书编写组.党风廉政建设学习读本[M].苏州:苏州大学出版社,2005.

[38]薄贵利,程志勇.人才强国战略是实现国家强盛的第一战略[J].行政管理改革,2017(10).

[39]王琪.党的思想建设的发展历程与启示[J].理论学习,2017(3).

[40]石仲泉.十八大以来党的思想建设的创新性成就[J].湖北行政学院学报,2017(3).

[41]谭蕾,郑淑媛.新形势下如何加强党性修养研究[J].辽宁工业大学学报(社会科学版),2017(1).

[42]赵政.加强党性修养方能提高政治能力[J].人民论坛,2017(31).